本书出版受华中师范大学中央高校基本科研业务费项目（编号：CCNU20A06010）资助。

本书是湖北省社科基金一般项目（后期资助项目）成果。

土地制度
与村落共同体的变迁

杨家大湾的历史表述

Reform of
Land System and Evolution of
Village Community

A Historical Interpretation of Yangjia Village

杨　柳　／　著

社会科学文献出版社
SOCIAL SCIENCES ACADEMIC PRESS (CHINA)

目 录
CONTENTS

第一章

绪　论

一 问题提出

（一）研究缘起

在社会科学研究领域，研究对象的确立往往是研究者基于其学术旨趣、成长经历和独特思考而做出的自觉选择，反映和折射出学术研究的主观性、自觉性、创造性、超越性等重要属性。习近平总书记指出："一切艺术创作都是人的主观世界和客观世界的互动，都是以艺术的形式反映生活的本质、提炼生活蕴含的真善美。"（《人民日报》，2016）从日常生活批判视角来看，由自然科学、艺术和哲学社会科学构成的人的自觉类本质活动，深刻揭示了人的自由自觉和创造性的本质属性，是人类社会结构的最高层次，它集中地体现出科学研究和哲学艺术"审美愉快"的鲜明特征。根据《论语》记载："子在齐闻《韶》，三月不知肉味，曰：'不图为乐至于斯也。'"这就是音乐之美在孔子的心理审美和精神体验中引起的思想共鸣，这种精神上的震撼和愉悦如此引人入胜，以至于对孔子来说外界的物质感受都不重要了。学术研究集中体现了人的自觉性、创造性和超越性的本质属性。

从选题的社会性来说，具有研究价值的选题，必然是一个真选题，而不是一个假命题，其判断的基本标准在于是否有利于澄清对相关问题的认识，破解现实发展困境和促进社会发展。恩格斯曾深刻地指出："社会一旦有技术上的需要，这种需要就会比十所大学更能把科学推向前进。"（《马克思恩格斯文集》第 10 卷，2009：668）社会需要是推进科学研究的主引擎，不论是哲学社会科学研究，还是自然科学研究，其研究对象都是经济社会发展到一定阶段的产物。因此，学术研究不能脱离社会需要和人类实践。前人留下的研究成果和社会现实状况，既为下一代人开展新的研究提供了基础和前提，又预先规定了他们的起点和所能达到的限度，学术研究受思想理论资源积累和社会现实发展状况的制约，所谓纯粹学术研究是没有的，只有在研究主体和研究客体间形成激荡共生的良好态势，才会闪耀出珍贵的思想火花。

基于这种考虑，本研究以"土地制度与村落共同体的变迁"为主题。这既基于学术的现实情怀——土地问题和乡村治理是中央高度重视、群众高度关心、学界高度关注的重大现实问题，它同经济持续健康发展、社会和谐稳定、加快推进农业农村现代化等重要现实问题都密切地联系着，也体现了研究的理论深度——以土地制度变迁为切入点来分析村落共同体变迁，进而分析村落共同体同土地制度变革、市场经济发展、国家政权下乡、农民利益分殊化之间的深刻复杂关系，深入思考和研究新时代深化土地制度改革同村落共同体之间的关系，从而深化和拓展村落共同体研究的视角。此外，还包含着研究者的理性建构和创作激情，没有理性建构，将不能科学地论证纯洁性的理论依据、现实挑战、内涵特征和发展路径，而没有创作激情，将不能有效地激发研究兴趣，不能支撑持续开展这项研究所需的精神动力，将会使理性建构失去鲜活的色彩，变得索然无味。

首先，基于学术研究的社会责任感。当前，中国特色社会主义进入新时代，提出新问题。新时代新问题为社会科学研究提出了许多具有重大研究价值的选题，这是繁荣和深化社会科学研究的现实基础。深入研究乡村共同体变迁与发展趋势是新时代推进乡村振兴战略的重要组成部分。党的十九大高度重视"三农"问题在国家经济社会发展中的基础性地位，提出了实施乡村振兴的"产业兴旺、生态宜居、乡风文明、治理有效、生活富裕"的总要求，还进一步指出："巩固和完善农村基本经营制度，深化农村土地制度改革，完善承包地'三权'分置制度。"（《党的十九大报告辅导读本》，2017：31）深入落实党的十九大关于土地制度改革和乡村治理的精神和要求，是当前学术界深化农村问题研究的重要课题。同时，从乡村治理的历史与现实维度来看，百年来的中国现代化的一条主线是如何把中国从一个传统的、封闭的、落后的农业社会，变成一个现代的、开放的、先进的工业化社会。在这个过程中，农村最重要的变化，一是具有根本性意义的土地制度变迁，二是与土地制度变迁紧密相关的传统乡村共同体逐步消解。同时，还必须看到，伴随着以血缘和地缘为基础的乡村共同体的消解，建立在社会主义市场经济条件下，党委、政府推动和领导，群众广泛参与，具有法治保障的现代乡村社会治理体制正在形成。加快推进自治、法治、德治相结合的乡村治理体系和治理能力现代化，走中国特色社会主义乡村振兴道路，是党的十九大确定的乡村振兴战略的重要奋斗目标。

其次，基于学术自觉性。学术研究必须以问题为导向，紧扣实际，直面问题，回应社会，努力创新，才能做出有价值、有影响力的研究。深入研究传统乡村共同体消解和新的乡村治理体系的构建，是深入理解中国特色社会主义乡村振兴道路的重要视角。20 世纪 50 年代，在中国共产党的领导和推动下，一场涉及数以亿计农村人口的土地制度改革迅速展开。在这场影响深远的土地制度变迁中，最重要的一点是，以土地集体所有取代了此前在中国历史上长期存在的土地私有制。在此基础上，以家族血缘和地缘认同为基础的社会生活共同体转变为以集体产权为基础的生产共同体。20 世纪 70 年代末，随着中国共产党重新确立以经济建设为中心的执政路线，改革开放成为一项基本国策。农村改革的主要内容是推行以家庭联产承包责任制为基础的基本经济制度改革，核心是在明确土地产权集体所有的基础上，以家庭为单位进行土地"两权分离"改革，承认和保障农民的土地承包权，将家庭收益状况同土地的经营收益联系起来。家庭联产承包责任制是在改革开放和建设社会主义市场经济的时代背景下发生的，这项制度在激发农民积极性、解放农村生产力的同时，也带来农村利益分化、资源流出和村落共同体消解等诸多后果，在这种情况下要更加注重乡村治理结构改革（《人民日报》，2018）。

最后，基于个人成长经历。费孝通先生曾说："我越来越觉得一个人的思想总是离不开他本人的切身经历。"（费孝通，2009）根据路径依赖理论，每个人的行为和思想都会受到成长环境和学习经历的深刻影响，这些在很大程度上决定着一个人的行为方式和发展道路。我的成长也是这种社会化的产物。我对农村的直观感受和心理体验来自年幼时在农村生活的场景，既有"绿树村边合，青山郭外斜""泉眼无声惜细流，树阴照水爱晴柔"的唯美写意，也有"昼出耘田夜绩麻，村庄儿女各当家""乡村四月闲人少，才了蚕桑又插田"的劳累不息，还有"莫笑农家腊酒浑，丰年留客足鸡豚""田夫荷锄至，相见语依依"的熟人社会。这些在某种意义上奠定了我研究乡村共同体的情感基础。现在看来，这些当然不是乡村生产生活的全部，乡村生产生活远不是想象中的绿色、悠闲和美好，尤其是新中国成立以来，乡村在经济发展、社会生活和思想观念等方面经历了深刻变化，在对外开放、市场经济和土地经营制度改革、新型城镇化的大背景下，传统小农生产社会基础正在快速消解，传统乡村真正获得了现代化的历史机遇，这对几千年以来的乡土中国来说是一个全新的变化。那个我们的祖祖辈辈曾经生活的农村，在市场经济、国家动员和现代技术的综合作用下，正在发生历史性变革，我们所熟悉的农村生活共同体正在消解，新的治理体系和治理格局正在形成，新型工业化和城镇化、乡村振兴战略为农村新发展提供了历史性契机。这些个人经历和社会变化促使我产生一种动力、情感、兴趣和责任，从学术研究的高度，认真思考当前农村共同体所面临的问题和出路及其对中国社会转型和国家现代治理的影响。正如有学者所指出的，要使研究具备相当的学术含量、理论内涵和现实意义，需要研究者具备多种素质，除了必须具有强烈的学术情怀、科学的研究方法之外，还必须具备深层的忧患意识和自觉的责任意识、人文情怀。对本研究来说，一方面，要从科学研究的理性高度，科学地分析社会主义市场经济背景下乡村共同体同土地制度变迁之间的深刻复杂关系；另一方面，更重要的是，要以当事人的责任态度和自觉意识，以同情共感的精神状态去展开研究。只有努力将这两方面结合起来，才能使研究富有理论深度和情感力量。

（二）研究起点：土地与村落共同体

马克思在研究古代社会时指出，土地对建立在其上的共同体及社会成员具有多重意蕴，既提供劳动对象，具有劳动资料意义，又是活动空间，是人类社会和共同体组织建立的基础。马克思指出："土地是一个大实验场，是一个武库，既提供劳动资料，又提供劳动材料，还提供共同体居住的地方，即共同体的基础。"（《马克思恩格斯全集》第 30 卷，1995：466）

马克思形象地指出了土地作为传统社会里最重要的生产资料和社会财富对各个民族所具有的重要意义。中国自古以来就是农业国家，具有深厚的农耕文明传统，土地孕育和滋养了深厚的中华文明，形成了以东方农耕文明为底色的历史传统。在传统话语中，"土"有多重含义：一指土壤、田地，如《击壤歌》"凿井而饮，耕田而食，帝力于我何有哉"；二指领土、疆域，如《诗经·小雅·北山》"溥天之下，莫非王土。率土之滨，莫非王臣"；三指土地神，如《公羊传·僖公三十一年》"诸侯祭土"；四指情感或理想的寄托和表达，如《诗经·魏风·硕鼠》所言"硕鼠硕鼠，无食我黍！三岁贯女，莫我肯顾。逝将去女，适彼乐土。乐土乐土，爰得我所"。在土地的多重属性中，除了具有物理和空间的物质属性，作为重要的社会生产资料和劳动对象，土地还具有重要的社会属性，土地所有权掌握在谁手里、归哪个阶层所有，直接决定着乡村共同体的基本利益格局。研究村落共同体，必须对土地的基本属性，尤其是其社会属性予以深入分析和了解。

1. 作为空间的土地

人的生存与发展离不开一定的自然－地理环境，自然环境的制约是首要的制约，只有依靠劳动从自然界获取必要的物质能量，才能支撑社会的正常运转。这一点在生产力尚不发达的前现代社会尤其明显，即使到了现代工业社会，随着社会生产力的提高，人类自主性逐步增强，这种人对自然的依赖和自然对人的制约有所减弱，但也不能摆脱地理环境的束缚。列宁指出："地理环境的特性决定着生产力的发展，而生产力的发展又决定着经济关系的以及随在经济关系后面的所有其他社会关系的发展。"（《列宁全集》第38卷，1986：459）地理环境是人类从事社会生产、开展社会活动、满足自身需求，须臾不可脱离的空间和物质－能量前提，是支撑人类社会从低级向高级演化所不可缺少的、经常的必要条件。恩格斯指出："因此我们每走一步都要记住：我们决不像征服者统治异族人那样支配自然界，决不像站在自然界之外的人似的去支配自然界——相反，我们连同我们的肉、血和头脑都是属于自然界和存在于自然界之中的；我们对自然界的整个支配作用，就在于我们比其他一切生物强，能够认识和正确运用自然规律。"（《马克思恩格斯文集》第9卷，2009：560）地理环境在为人类社会存在发展提供必要物质基础的同时，也限制和约束着人类社会的生产生活展开的限度，不能超出地理环境和自然规律所许可的范围，否则就要受到自然规律的惩罚，即使人类社会发展到高级阶段，对自然的探索和利用能力大大加强，也必须更加自觉地尊重和利用自然规律。

地理因素对共同体的政治体制、政治治理、政治行为、民族精神和社会习俗等方面产生深远影响。亚里士多德系统地研究了国土空间同经济发展、军事防御、内部治理、人口治理等之间的关系。关于城邦规模大小与人口多寡，亚里士多德认为，构成一个理想城邦，"公民群众和土地（境界）就是所谓各种条件中的重要事项"（亚里士多德，1965：357～358），其在量上既不能太大也不能太小，判断依据是"足以达成自给生活所需简要而又是观察所能遍及的最大数额"（亚里士多德，1965：361～362）。关于城邦地理位置，亚里士多德认为，"一个城邦的地理环境应该是敌军难于进入而居民却容易外出的"（亚里士多德，1965：363），"海洋对于一邦的城市及其全景无疑是有利的，这不仅对国防有益，也可凭以流通物资，使境内获得充分的供应"（亚里士多德，1965：364）。在《论法的精神》一书里，孟德斯鸠专门在第三卷以六章的大篇幅系统地论述政治体制、政治状况、社会习俗、人的性格和体质、法律形式和内容等社会因素同土壤气候、地形地势的莫大关系，他指出，"土地肥沃的国家通常是'单人统治的政体'，土地不肥沃的国家常常是'数人统治的政体'"，"居住在山地的人坚决主张要平民政治，平原上的人则要求由一些上层人物领导的政体，近海的人则希望一种由二者混合的政体"（孟德斯鸠，1959：334～335）。孟德斯鸠还论述了地域大小对政体的影响，"共和国从性质来说，领土大小应该狭小；要不这样，就不能长久存在"（孟德斯鸠，1959：147），"如果从自然特质来说，小国宜于共和政体，中等国宜于由君主治理，大帝国宜于由专制君主治理的话，那么，要维持原有政体的原则，就应该维持原有的疆域，疆域的缩小或扩张都会变更国家的精神"（孟德斯鸠，1959：150）。另一位启蒙思想家卢梭也认为，"国君制只适合富饶的国家；贵族制只适宜于财富和版图都适中的国家；民主制则适合于小而贫穷的国家"（卢梭，2003：100～101）。托克维尔认为，有助于美国维护民主共和制的主要原因有三项，即"上帝为美国人安排的独特的、幸运的地理环境；法制；生活习惯和民情"（托克维尔，1989：351）。这些重要学术著作中关于土地与共同体的相关思想为研究土地变迁与村落共同体之间的关系提供了重要学术资源和思想启发。

土地是村落共同体的基础。一定数量的土地是村落共同体存在和发展所必需的和首要的空间条件。村落共同体必然要依托一定地域，只有在一定的地域范围内，村落共同体成员才能开展生产生活的各项活动，如婚丧嫁娶、衣食住行、精神娱乐、人际交往等都必须有社会化的自然活动空间，否则这些社会活动都无法进行。传统的农村社区是在相对固定的地域范围内建立形成的稳定的共同体，地理上的相对稳定和封闭是传统村落生活的空间基础，相应的地域空间条件是形成村落共同体不可缺少的物理承载。地域共同体首先是对自然空间的人为改造，也就是自然的人化，赋予自然事物以社会属性。具体来说，是共同体成员通过劳动改造自然土地、划分归属和收益、获取生产资料和生活资料的过程和结果，在这个过程中结成具有共同体属性的人际关系和情感联系。

不同地域特征为村落共同体熏染了独特的地理底色。冯天瑜教授等指出："地理环境的差异性、自然产品的多样性，是人类社会分工的自然基础，它造成各地域、各民族物质生产方式的不同类型。文化的地域性特征与地理环境的千差万别存在经常的关系。"（冯天瑜、何晓明、周积明，2015：21～22）研究村落共同体，首先要关注共同体所赖以建立的土地、河流、地形等自然环境，生活在一定地区的人们通过劳动在地理环境、自然物质与社会生产之间架起联系桥梁，奠定共同体存在的物质基石，培育出不同地理底色的地域文化特征，由此形成共同体内部的组成方式、关系结构、利益分配等方面的差异。不同地域的社会生产和社会特征首先是在地理差异基础上发展起来的，生活在不同土地上的人们，在长期生产生活中形成不同的生产方式、社会组织、风俗习惯和性格特征。比如，我国的黄河中下游地区地处温带，有江河灌溉的便利条件，这样的环境为农作物发展提供热能和水源，农业得到最先发展，形成依托江河灌溉便于从事农耕生产的农民群体，农业文明所追求的稳定和谐、勤劳保守、守望相助等特征就与此有关；而北方寒带草原地区具有发展畜牧业的广阔场所，为游牧民族发展壮大提供了天然栖息地，以在马背上的游牧生活方式过活的人们，逐渐形成剽悍的草原游牧文明。作为空间的土地包括地域总面积、耕地面积，还包括地形地势等地理条件，依托地表的河流、湖泊、沟渠等，是村落所属地理环境的总和。不同的地理环境，如平原和山地、内陆和滨海、南方和北方等之间的地理气候差异，在很大程度上决定了人们的社会组织结构和风俗习惯，尤其是在生产力尚不发达的传统社会，农业受地理气候影响很大，往往是看天吃饭，地理条件是决定农作物品种、种植时间、休息时间、收获情况等的重要条件，风调雨顺意味着丰衣足食，"丰年留客足鸡豚"，也意味着国泰民安，"是故风雨时节，五谷丰登，社稷安宁"。因此，作为自然条件的土地空间是影响村落共同体的重要因素，也是研究村落共同体不可忽略的要素。

当前土地制度变化对村落共同体的存续、发展与转型提出严峻挑战。《中华人民共和国村民委员会组织法》（以下简称《村民委员会组织法》）第三条明确指出，村民委员会根据村民居住状况、人口多少，按照便于群众自治，有利于经济发展和社会管理的原则设立。村落共同体作为一定地域范围内居民有机结合体，地域范围的大小对共同体的形成、凝聚力、公共意识、功能等产生重要的影响。对村落共同体来说，范围越广，人数越多，事务越繁杂，共同体越大，在协商议事、利益分配和思想共识上越难以达成统一，那么组织和开展集体行动就越难。徐勇教授指出："有关农民利益的社会治安、公共设施……需要由地域共同体的成员共同决定。"（徐勇，1997：25）如果乡村共同体的管辖范围过大，就会影响和制约乡村共同体的治理成效。正因如此，《村民委员会组织法》要求村民委员会的设立，要根据村民居住状况、人口多少、群众自治、社会管理等因素来设立。当前农村土地制度改革，尤其是土地征收和土地流转等，成为影响村落共同体存续的关键因素。具体来说，一是那些因为城镇化而被征收或面临征地拆迁的农村地区，会因为土地承载功能的弱化和地理空间的消失，而导致村落共同体的消解和消失，这对村落共同体来说是近乎釜底抽薪式的终结，以挖掘机为代表的工业力量、以资本为代表的市场经济力量和以各种新技术为代表的现代科学的深度结合，显示出近乎摧枯拉朽的力量，迅速改变了那个延续几千年的村落共同体。二是在中央政策的推动和鼓励下，农村土地流转逐步展开，在土地集体所有制的前提下，探索土地经营市场化渠道，试图将土地的社会主义因素同市场经济结合起来，利用资本和市场的力量服务农村农民，这就意味着在社会主义市场经济条件下再造新型乡村共同体。

2. 作为资源的土地

从经济学的角度来看，作为资源的土地具有多重属性，产生多重社会效应。首先，土地既具有生产功能，也具有财产价值。这意味着，土地及其所有产出物，包括农产品、矿产，甚至土地上的空间、水资源和空气，任何一种东西都具有使财富增长的价值。土地的这种属性不论是对整个社会生产和国家粮食安全，还是对个人财富和经济动力来说，都具有极端重要的意义。土地的这种生产功能和财产价值的二重属性，在不同条件下会呈现不同的关系属性，使得土地的生产功能与土地财产价值属性之间存在张力。比如，有学者发现，相比于普通农村地区，市郊农民更加重视土地的财产价值，而不太重视或忽视土地的生产价值（桂华，2018）。这是因为受到城市经济和建设的辐射，市郊土地的财产价值凸显，远远大于利用土地进行农业生产所获得的价值，对单个农户来说尤其如此。同时，由于接近城市，城郊农民更容易获得工作机会，在报酬上也超过土地产出价值，这种情况导致城郊农民将土地当作财产占有，宁可抛荒也不愿意流转出去。

其次，作为一种重要的经济社会资源，土地是稀缺的，而社会需求和人的欲望则是无限的，在供给与需求之间存在供需矛盾，因此资源需要优化配置，这种市场化的资源优化配置意味着，将资源配置到最能体现其价值的地方去，在市场活动中往往表现为"价高者得"的现象。这种市场化的资源配置方式最好的结果，是将最优价值、最有社会需求和发挥最大功用完美结合，但在实践中并不总是如此，市场也会带来资源配置的低效甚至无效，出价最高者往往并不是最有需要者，也不是最能发挥资源功能者，这些问题出现的原因有很多，除了政府的不当干预，还有一个重要原因，即市场本身就是以实现盈利为根本目的，往往会导致各种短视行为，追求短期暴利，同时由于信息壁垒、信息不对称、不当竞争等因素存在，资源配置过程中总是存在各种各样的问题。这些也是当前我国农村土地资源经营管理过程中必须予以解决的重要问题。

土地是村落共同体的生产资源和财富资源。新中国成立后，以土地集体所有为中心形成了村庄利益共同体，发挥着凝聚村落共识、维系村落内部团结的重要作用。以集体所有制为核心的土地产权制度决定了村民自治的乡村治理结构，因而乡村共同体就建立在土地集体所有的经济基础和村民自治的政治结构上，由此形成"土地集体所有－村民自治－乡村共同体"的基本构架。从这个基本构架来看，土地资源的集体所有制是实行村民自治、形成村落共同体的经济基础和利益纽带。土地集体所有制以利益的生产、分配和消费为纽带将村落居民联结为一个利益共同体。当前村落共同体不断衰落、趋于消解的一个重要原因在于，土地集体所有制作为联结居民的利益纽带、凝聚村落共识、推动集体行动的作用和能力在不断下降，从而使整个村落越来越缺乏共同的利益基础和利益纽带，进而维系村落共同体最重要的利益基础不再，村落共同体也难以为继。造成土地集体所有制的利益凝聚功能和集体行动能力下降的原因在于，当前农民利益来源的多元化和土地种植收入低下，在种地不足以满足生存发展需要的情况下，外出工作就成为必然选择，于是产生数以亿计的外出谋生、求发展的农民工。在农村家庭的总收入中，通过承包集体土地进行经营获得的收益占家庭总收入的比例非常低。当前农村的普遍情况是，农村家庭的绝大部分收入都通过外出经商、打工等方式获得。根据国家统计局的数据，2016年我国农村居民人均可支配收入为 1.23 万元，其中工资性收入为 0.5 万元，经营净收入为 0.47 万元。[①] 这两项收入占农民人均可支配收入总额的78.9%。同时，国家统计局的数据还显示，2017 年全国农民工总数为 2.86亿人，比 2016 年增长 1.7%。[②] 这些数据充分地说明，在农民的家庭收入中，外出务工经商成为主要收入来源，否则农民的收入就会受到很大影响，外出务工经商而不是留守务农，成为当前大部分农民的工作选择。事实上，当前农村地区青壮年劳动力大量外出，只留下老人和部分妇女、儿童，部分地区"老人种田"成为常态。根据国家统计局的数据，在农

---

① 《中国统计年鉴 2017》，http：//www. stats. gov. cn/tjsj/ndsj/2017/indexch. html，最后访问日期：2019 年 10 月 30 日。

② 《中华人民共和国 2017 年国民经济和社会发展统计公报》，http：//www. stats. gov. cn/tjsj/zxfb/201802/t20180228_ 1585631. html，最后访问日期：2019 年 10 月 30 日。

业生产经营人员中，55 岁及以上人员占 33.4%，初中及以下文化程度者占 89.6%。[①] 对农民来说，外出务工经商虽然远离家园，辛苦劳累，还面临许多不确定因素和风险，但比起守着为数不多的农田所获得的微薄收入来说，总是更有希望和动力，获得的收益也更可观。因此，在城乡之间的边际收益存在巨大差异的情况下，走出田野，走进城市，从事各种职业，打工挣钱，成为农民的理性选择。这样，当留守务农缺乏比较优势、不能带来更多的收益时，农民普遍会主动选择收入更高的外出打工，他们关注的重点便从乡村转向城市、从土地转向工厂，由此导致乡村集体所有制对农民缺乏应有的凝聚功能和团结作用，作为农村最重要的生产资料的土地也就难以担负起维系村落共同体的重任。

3. 承载共同利益与互动交往的土地

马克思指出："人们奋斗所争取的一切，都同他们的利益有关。"（《马克思恩格斯全集》第 1 卷，1995：82）学者们常常引用马克思的这段话来强调和解释利益驱动在社会关系和人们行为中的重要性。马克思的这段话同样也说明利益相关性对共同体的重要性。共同利益是将人们凝聚起来，形成共同体所必需的物质保障和社会基础，没有共同的目标和利益，社会组织也将无法存在和发展。

在村落共同体中，以土地产权为核心的相关利益是村落共同体最重要的经济基础。以集体所有为主要内容的土地产权为我国村落共同体的存在和发展提供了经济基础。我国的这种土地制度是经过了新民主主义革命和社会主义改造这两次重大社会变革后形成的，不论是在集体化时期还是改革开放时期，都对中国现代化建设产生了重大影响。有学者认为农村的土地制度结构在中国经济发展、顺利推进大规模城市化、提高城市基础设施建设等方面发挥了重要作用。贺雪峰认为："毫无疑问，当前中国土地制度为中国现代化、城市化提供了极大的制度便利。中国之所以可以快速推进史无前例的城市化，以及可以建设良好的基础设施，众所周知的原因就是中国现行土地制度具有极大优越性。"（贺雪峰，2018）在土地集体所有

---

① 《第三次全国农业普查主要数据公报》，http：//www.stats.gov.cn/tjsj/tjgb/nypcgb/qgnypcgb/201712/t20171215_ 1563599.html，最后访问日期：2019 年 10 月 30 日。

的基础上形成其他的社会交往关系，比如，农民在生产生活过程中还会产生相关利益如公共服务的需求、公共设施的建设以及卫生需求等，经济利益与其他社会交往关系一道，构成紧密的村落共同体。利益关联越紧密，村落共同体越持久，持久而巩固的村落共同体越会维持和加强公共利益，二者之间越会形成良性互动关系。因此，对村落共同体来说，最重要的共同利益就是以土地集体所有制为基础的公有产权利益。农村的基本土地制度决定了农村基本利益格局。当前我国农村土地实行以村社为单位的集体所有制度，在土地集体所有前提下，将土地承包权和土地经营权分离，前者以村社集体成员资格权为基础，后者则没有身份上的要求。这种土地权利结构既遵循了社会主义公有制的经济要求，以土地集体所有权为前提，又尊重村社群众的成员资格权，保障农民的基本权益，同时还考虑到土地规模经营和在新型城镇化背景下农村人口流出的社会现实，在制度设计和法律层面具有适应当前中国经济社会发展，扩大农村土地经营效益，尊重农民意愿和利益等诸多优势，是土地集体所有权在新形势下的新发展。

不同的利益关系格局决定和影响着共同体内部的交往互动关系。农村利益关系的核心问题是产权归属关系，不同的产权结构决定了不同的基本利益格局，会产生迥然不同的社会治理效果。在共有产权体制下，占有者之间会以利益为纽带形成交往的相互关系，为共同体的形成和发展提供强有力的经济基础。反之，缺乏必要的共有产权联系，就难以形成稳定巩固的村落共同体。对村落共同体来说，没有共同利益的纽带联结作用，村落就会陷入利益对立，追求分散化利益。从不同历史时期乡村社会内部关系来看，传统家庭私有制下，大部分的土地都属私有，以家庭为单位进行分散经营，但同时在一个村落内部，还存在族田、庙田、学田等乡族共有的土地，这在一定程度上促进了宗族、家族共同体的产生，但在这些共同体内部，村民们并不是平等交往的主体，传统乡村社会的治理秩序以乡绅族老为主导。1949年后，国家先是全面推进土地改革，将土地分给无地或少地的农户，实行耕者有其田；随后，又在全国农村推行集体化，并建立起人民公社制度。在人民公社制度下，人们共同占有生产资料，统一劳动，统一分配，事实上实行的是人与人之间绝对平等的平均主义政策。到20世纪80年代初，在国家的认可与推动下，在农村推行以家庭联产承包责任制为主要内容的土地制度改革，其核心是在坚持土地集体所有的前提下，以家庭为单位进行承包经营，将家庭收入与个体劳动和经营情况直接挂钩，以此鼓励和刺激农民的积极性和主动性，释放了农村生产力。在土地家庭联产承包责任制下，利益关系的深刻调整导致人际关系的剧烈变化，乡村社会内部关系迅速分化，在利益取向、思维方式、行为方式、价值选择、生活方式等方面都呈现巨大差异，尤其是乡村社会内部贫富分化导致的阶层化、人际交往疏离化、社会信任感降低、社会资本流失，难以形成社会共识，集体行动陷入困境，甚至引发村落共同体的权力由"道义本位"向"利益本位"转变，同时村庄也由"道义型共同体"向"利益型分散体"转变（李利宏，2016）。

（三）研究进路：土地制度与村落共同体的变迁

1. 问题的提出

问题是时代的声音，也是研究的起点。鉴于土地是村落共同体在空间、资源、利益和互动等多重关系方面的综合载体，本书提出研究的核心问题：如何准确把握土地制度与村落共同体的内在关系？具体地说：土地制度变革与村落共同体演变的逻辑联系是什么？土地制度变革怎样引起村落共同体的演变？土地制度变革过程中，村落共同体发生了哪些变化？土地制度和村落共同体经历了怎样的变革、变化历程？

围绕着农村土地制度改革与乡村社会治理等重大问题，许多学者展开有深度的研究，形成了许多重要成果。综合已有研究成果，以政策解读和宣传为主的一般性研究较多，以实证调查为基础的综合性分析较少，精细呈现不够，缺乏系统、细致、深入的分析；现有的研究多集中于对土地制度或乡村共同体的某个部分、环节、要素的研究，全面而深入的理论建构和逻辑解析成果较少，一些研究呈现碎片化趋势。因此，非常有必要从整体上系统地把握农村土地制度与村落共同体之间的内在关系，从历时态和共时态的双重维度，以土地制度为核心，引入国家、市场、社会等分析视角，围绕"土地制度与村落共同体"这个核心展开全面、深入、系统和细致的分析和研究。针对当前研究存在的一些不足以及村落共同体的发展现状，以下问题还有待深入分析。

一是对土地制度变革与村落共同体消解过程予以具体细致和深入全面的分析。新中国成立以来，我国土地制度经过了一个深刻的变化过程，经历了土地私有、土地社队所有、土地"两权分离"、土地市场化四个不同土地权属时期，在这些不同时期，国家建构、政府权力、市场力量等对乡村社会的介入方式、影响力度、作用后果等都有所不同，对农村经济社会生活产生了深远复杂的影响，在这个过程中村落共同体经历了形成、演变、衰落、消解的历史变迁。需要对这个过程进行细致描述，具体说明土地制度变革以什么方式和途径，如何同其他因素相结合、相互作用，消解或重塑了不同时期的村落共同体，使村落共同体呈现不同的存在形态。也就是说，深入分析土地制度在村落共同体演变中发挥的基础性作用，具体说明在不同历史时期，由不同土地制度所决定的乡村经济社会发展形态。为此，在纵向维度上，梳理新中国成立以来农村土地制度沿革的不同阶段，深入分析土地制度变革给乡村生产关系、利益分配、社会组织、人际关系、思想文化等方面带来的根本性影响，从而把握不同时期土地制度与村落共同体具体存在形式之间的内在关系。在横向维度上，立足当前党的乡村振兴战略和农村经济社会发展的新实践、新问题、新趋势，具体分析当前土地征收制度、土地市场化改革等对村落共同体消解与重建所产生的复杂而深远的影响。

　　二是关于"土地制度与村落共同体的变迁"的理论建构。针对当前部分研究碎片化的问题，本书围绕"土地制度与村落共同体的变迁"这个问题意识进行深度展开，以土地制度为自变量，对土地在农村经济社会生活中的基础性地位予以充分关注和重点研究，梳理并构建土地制度变革与村落共同体演变之间的历史线索和逻辑联系，将村落共同体变成一个理论研究的问题和对象，使理论与实践有机统一起来，从而汇聚成一套饱满的农村农业现代化话语下的土地制度与村落共同体研究图式。为深入分析和揭示这个问题，在个案研究生动丰富、细致呈现的基础上，本研究设计村落共同体的研究框架，从一定地域、利益纽带、精神纽带、互动交往、传统文化、社会秩序六个维度，分析不同时期的土地制度同这些要素的互动关系，综合分析村落共同体的变迁过程。通过理论分析，研究不同时期与土地制度变革相适应的村落共同体的现实形态，探讨土地制度变革及其具体内容如何导致村落社会内部结构和治理形式的变化，说明土地制度是通过哪些途径、何种方式来促进村落共同体的变化，重点考察土地制度变革在社会结构、利益分配、人际关系、治理结构等方面所引发的一系列变化，从而揭示以土地制度为核心的制度变革对农村经济社会造成的深刻影响。

三是明确"土地制度与村落共同体的变迁"的历史方位和现实观照。将土地制度变革同村落共同体变迁之间的互动关系放置在具体的历史时空内，明确研究对象所处的时代背景和历史条件。当前，中国特色社会主义进入新时代，社会主要矛盾已经转化，农村经济社会发展不平衡不充分的问题将更加凸显，而土地制度改革和新型乡村共同体建设正是农业农村现代化的重要组成部分，同新型工业化、城镇化、信息化等重大战略相互促进，共同推进农村农业现代化的历史演进。中国特色社会主义新时代赋予乡村共同体发展以诸多新特点。首先，将乡村共同体发展纳入国家农业现代化建设和农村全面改革的战略布局中，坚持农业农村优先发展，通过实施乡村振兴战略，推进城乡融合发展，深化土地制度改革，促进农村治理体系和治理能力现代化，使农村发展和乡村共同体的演变同国家针对农村的重大政策和经济社会发展形势紧密地联系起来。尤其要重视在全面深化改革、充分发挥市场在资源配置中基础性地位的政策背景下，资本、企业、现代技术、市场经济等要素深入乡村，在经济生产、资源配置、社会结构、思想观念、人际关系、治理关系等方面对乡村社会产生的深刻影响，导致乡村共同体的发展呈现衰落与振兴、消解与重建的对立统一关系。其次，以"三权分置"和土地流转为核心的土地市场化改革正在进行，其关键是在坚持土地集体所有制的前提下，通过土地制度创新，充分发挥市场在配置社会资源中的决定性作用，鼓励资金技术下乡，激发市场主体的积极性，支持乡村经济社会发展，提高资源利用效率，释放农村土地活力，为农业农村现代化建设、实现乡村振兴战略提供必要的资本、技术和人才。从传统乡村向现代乡村转变过程中，乡村的经济生产、社会结构、利益配置、思想观念等重要方面正在发生根本性的变化。同时，随着新型工业化和城镇化的推进，农村土地制度改革还同国家土地征收相关联，加剧了乡村土地制度与经济社会变化之间的复杂关系。

需要进一步说明的是，土地制度是一个内涵丰富而又复杂的问题，本研究中作为因变量的土地制度，主要涉及土地的基本权属及其在中国演变的历史轨迹。近代中国，土地制度变革主要经历了三个阶段：新中国成立前的土地私有，人民公社时期的集体所有、共同使用，以及改革开放后的集体所有基础上的"两权分离"和"三权分置"。伴随着土地制度变革的节奏，村落共同体也发生了相应的嬗变和消解。

2. **研究目标**

一是深化土地制度改革与乡村共同体的理论研究。随着我国农村治理形势的日趋复杂，原有的村落共同体逐步消解，无法有效回应农民对生存、发展与情感的需要，在这种情况下，迫切需要重新思考乡村共同体理论，为探索新时代背景下健全乡村治理体系、实施乡村振兴战略提供理论支持。当前学术界在研究乡村治理时，大量地引入和借用西方社会学、政治学、人类学等相关学科的各种理论，这成为一种普遍学术现象，甚至被默认为学术规则，理论引证成为证明学术能力和认识水平、研究深度的表现，违背了理论应用主要是深入研究、把握规律、深化认识的初衷，理论借鉴与交流反而陷入误区、走向歧路。同时在学术心态上，这种现象还折射出某种"西天取经"的思维定势（林毅夫，2012：229）。改变这种中西文化交往不对称的状况，最根本的在于以高度的文化自觉和理论自觉，使学术理论研究植根中国伟大社会主义实践、传承优秀传统文化、反映国家民族波澜壮阔的历史变迁，构建反映中国气象和品格的学术话语体系，增强学术话语的生命力、传播力和影响力，提升文化自信和理论自信。对思考和构建乡村治理的中国话语体系来说，就是要紧扣当前社会主要矛盾转化，抓住实施乡村振兴战略、推进国家治理体系和治理能力现代化的历史契机，深入乡村实践、走入田野、直面问题，在重点把握乡村社会与现代国家建构、市场经济发展、传统文化、制度变迁、城市化等维度的关系中，以高度的学术自觉和务实的研究风格，走出一条中国特色的乡村振兴之路。

二是为新型乡村共同体建设提供有益的思想资源。从根本上说，新型乡村共同体建设是为了更好地满足群众对美好生活的需求，使广大农民群体共享经济社会发展成果，切实提高农村和农民的生活水平和幸福指数。

具体来说，其一是通过优化乡村治理格局，改变政府主导下的单一治理模式，选好配强村"两委"干部，增强基层民主的实效性，以利益联系为纽带，将群众动员起来做群众工作，为社会提供更多更好的服务，满足群众多样化的需求。其二是完善农村基本经营制度，引入市场竞争机制，支持农村经济社会发展。深化农村土地制度改革，完善承包地"三权分置"制度，加快构建现代农业产业体系、生产体系、经营体系，提高农业创新力、竞争力和全要素生产率，培育各类专业化、市场化服务组织，推进农业生产全程社会化服务，帮助小农户节本增效，通过一系列措施为农村乡村治理提供坚实的物质基础。其三是促进社会组织的发展，提高社会组织参与能力。当前乡村共同体陷入困境的原因之一在于，农村社会成员之间的联系纽带缺失，尤其是缺乏服务性、公益性、互助性农村社会的组织。没有组织联系的平台和组织，就不会有合作、共识和集体行动，乡村共同体自然缺乏运转的组织基础。加强和培育适合农村社会的组织，在重塑乡村共同体中发挥着不可替代的独特作用。

二 文献回顾

(一) 共同体概念的演变

1. 古希腊时期：城邦 (Polis) 共同体

古希腊时期，在地中海地区分布着许多相互独立的城邦，这些城邦实行不同类型的政治制度，其中就有著名的建立在奴隶制基础上的雅典民主制。以柏拉图和亚里士多德等为代表的古希腊诸多学者对城邦制度进行了深入分析和研究。研究古希腊时代的共同体，必须对古希腊独特的政治体制和民情予以关注：一是建立在奴隶制基础上的雅典民主制，这种民主制既同今天欧美主流民主制有本质区别，也同当时希腊诸城邦实际运行的其他政治制度有所不同；二是理性主义精神，发源于古希腊的理性主义精神是西方文明的重要源头，也可以说是西方元典精神；三是古希腊以城邦为单位的松散联盟政治状态，城邦是独立的政治单位。这些是我们分析和梳理古希腊时期城邦共同体的历史基础。

在《理想国》一书中，柏拉图认为共同体是成员们团结互助、各尽所能以实现各取所需、共同发展的自由之所。具体来说，柏拉图的城邦共同体有如下特点。一是试图将伦理学、政治学和哲学融合起来，它的领导者和管理者是聪明睿智而且正义无私接近于神的哲学王，由此城邦共同体的政治活动是由集哲学家、理论家、政治家与神父等诸多角色于一体的全能型人来领导。这一点不同学者有不同认识，有人认为这其实是柏拉图的反讽，通过展示哲学王的不可能和局限性来说明将国家治理寄希望于哲学和哲人统治是不可行的（斯密什，2015：68）。其他学者则从柏拉图的独特人生经历出发，认为柏拉图深受其老师苏格拉底之死的影响和冲击，柏拉图认为民主制下的多数人决定原则和治理方式难免带来灾难和悲剧，对民主制下民众智慧和行为有一种深刻的不信任，因此柏拉图试图将国家治理寄托在受到良好哲学教育，以理性、智慧和正义著称的哲学王身上（杜特兰，2013：22）。这种观点实际上认为柏拉图赞同精英主义治国之道，认为群众乃是乌合之众，缺乏理性，容易被煽动，陷入狂热，其理智和德行不足以担负起治国安邦的重任。其实问题的重点不在于柏拉图的哲学王式的统治者是否存在或者这一统治是否可行，而在于柏拉图深刻揭示了在国家政治活动中，为了维护统治合法性而表现出的政治社会化、意识形态化、宣传话语系统等相互交织的复杂政治行为。政治活动总是在一定哲学世界观的指导下展开，导致政治行为的哲学化、艺术化，同时哲学也不可避免地政治化和意识形态化。另外，根据柏拉图的论述，城邦共同体之所以要选择哲学家来担任领导者和统治者，是因为只有哲学家才看到了事物的真实本质，才知道真、善、美，才不屑于去专政弄权，因为他们有更高的精神追求和人生境界，所以，只有哲学生活才能轻视权力，由不爱权力的人来掌权才不会导致混乱（柏拉图，1986：281）。

二是城邦存在的目的是谋求社会最大幸福。在《理想国》的第四卷中，柏拉图借苏格拉底之口，指出城邦的最终目的是使整个社会享受最大幸福，而不是使某一部分人受益（柏拉图，1986：133～134）。关于城邦幸福，柏拉图选取一种差异化的角度来对城邦的最大幸福进行分析，他认为城邦由不同阶层和群体组成，这些不同阶层和群体在城邦组成结构中居于不同位置，承担着不同职责，发挥着不同作用，共同维系着城邦社会秩序和良性运转，因此，幸福问题要放在城邦整体下来考虑，不能将各个群体的幸福单独割裂开来看，因此公正的社会就在于每位社会成员都能各就其位，陈力就列，每个部分都能和谐相处有序运转，"正义就是有自己的东西干自己的事情"（柏拉图，1986：155）。

三是城邦共同体的局限与困境。柏拉图提出了经久不衰的"洞穴"的隐喻和意向。柏拉图假设，一群人从小就生活在一个洞穴里，身体被固定着，眼睛只能看见前方洞穴的墙壁，在墙壁上看到各种影像，也就是通过火光或阳光照射/投射在墙壁上的各种影像，那么这些人会认为自己在墙壁上看到的阴影就是事物本身，即使他们当中有人走出洞穴，到了外界，看到了真实世界，认识到形成阴影是阳光的作用，但这些现实却不会被这群从小生活在洞穴里的人所接受和认同，反而会被他们排斥和拒绝，他甚至会被看作危险分子，遭受迫害乃至死亡（柏拉图，1986：272~276）。柏拉图关于洞穴的隐喻的核心，是强调教育对灵魂转向的作用，对认识理性世界的真、善、美的重要作用，同时也暗示着城邦不过是一种洞穴，居住在其中的人都是一群囚徒，城邦的各种影像，包括秩序、价值、认同等，都是立法者、政治家、史学家、小说家和艺术家等创造的，因此哲学的作用在于挑战和批判既有的被认为是确定无疑、被当作真理的东西，而城邦的统治者，也就是哲学王的职责就是启发那些灵魂达到善的高度，不能仅仅独善其身，而是要管理好、教育好整个城邦（柏拉图，1986：279）。按照这一思路，对那些具备优秀品质和卓越才能的哲学家来说，治理国家和管理社会是一种负担、责任和义务，而不是一种荣耀、权力和享受。当然，在对话中，苏格拉底认为"我们强迫他们关心和护卫其他公民的主张是公正的"（柏拉图，1986：280），因为哲学家是城邦培养的，是城邦最有能力、最理智和最公正的人，可以更好地参与城邦的哲学生活和政治生活，有义务也有能力为城邦的繁荣和发展做出贡献。

亚里士多德认为，共同体是人类的生活群体，其基本的特征在于共同利益、目的和活动方式，凡具备这些特征的人类群体都可称为共同体。亚里士多德关于城邦共同体的理论是按照"家庭－村坊－城市（城邦）"的逻辑进行阐述的。首先，他考察了人类社会最基本的组成形式，认为家庭能满足人类最基本的社会需求，包括饮食起居、生殖繁衍、抚养赡养等基本社会功能，因而是社会基本的组成形式。在家庭基础上，为了满足扩大生产生活的需要，形成了家庭联合组成的村坊，村坊通常由辈分最高的长老管理，而城市由若干村坊联合组成，是社会进化到高级完备阶段的产物（亚里士多德，1965：6）。

其次，城邦形成和发展是为了共同的善和正义，实现人类优良的生活，这是早期在自然中产生的社会团体不断进化的终点，也是社会进化趋向其至善本性的必然趋势（亚里士多德，1965：7），因此亚里士多德认为基于人生存发展而产生的城邦是每个人生活所必需的，城邦是人的高级政治组合。亚里士多德强调城邦共同体的政治伦理价值，认为其存在的最终目的是实现善德和至善，突出强调以公共利益为核心的政治正义性（亚里士多德，1965：133、143）。政治正义表现为对平等理念的认知和追求，"正义包括两个因素——事物和应该接受事物的人；大家认为相等的人就该配给到相等的事物"（亚里士多德，1965：152）。

再次，关于城邦共同体的政权组织形式，亚里士多德以实现公共利益和统治人数的多寡为依据，将城邦共同体的政权组织形式分为三种正宗政体及其衍生出的三种变态政体。亚里士多德认为，统治者的人数可以是一个人、少数人或者多数人，当这些统治者实施统治的目的是维护和扩大城邦公共利益时，这样的政体就是正宗政体，正宗政体按人数多寡可以分为君主政体、贵族政体、共和政体。而仅仅是为了追求少数人的利益时就是变态政体，变态政体可以分为僭主政体、寡头政体和平民政体。亚里士多德实际上是从政治哲学的角度来分析和认识城邦制度的，探讨了城邦共同体的政治合法性问题，他重点关注的和反复强调的是城邦的政治伦理和政治价值，即"共同善""善德""自足至善"（亚里士多德，1965：142）等，认为其本质在于道德平等的自由公民之间的一种关系，因此他认为城邦共同社会生活，包括婚姻关系、氏族祠堂、宗教仪式和文化活动等，都是社会生活的常见内容，是实现城邦"自足而且至善的生活"和"优良生活"（亚里士多德，1965：143）的终极目的的手段和方式。按照亚里士多德关于城邦共同体的论述，城邦是由自由人组成的团体，为了实现"共同善"而结合在一起的有机整体。

最后，亚里士多德还注意到，城邦共同体不可避免地存在派系和党争，公民往往因为竞争和利益分配展开激烈较量，为了避免内部竞争导致共同体衰亡，亚里士多德认为最重要的是实行法治，推进宪政或立宪政府，"常人既不能完全消除兽欲，虽最好的人们（贤良）也未免有热忱，这就往往在执政的时候引起偏向。法律恰恰正是免除一切情欲影响的神祇和理智的体现"（亚里士多德，1965：172）。在法治条件下，公民的权益受到平等对待，避免一个人、少数人或多数人恣意专横，"凡不能维持法律威信的城邦都不能说它已经建立了任何政体"（亚里士多德，1965：195）。

不同的学者从不同角度对亚里士多德的城邦共同体进行了解读。美国政治学者萨拜因在其《政治学说史：城邦与世界社会》里对亚里士多德的城邦共同体进行了评述。他认为亚里士多德的城邦共同体不仅指领土、经济活动、政治独立，更重要的是其政治价值导向，即国家是出于社会生活的需要，为了实现和追求善的生活而产生，因此国家是一种更为发达的因而也是更加完善的共同体，人类要发展完善自己，就必须生活在城邦中（萨拜因，2015：204）。萨拜因还就亚里士多德城邦共同体的自足完善性进行分析，他指出亚里士多德认为城邦统治者是自由自主的行动者，可以采取明智政策来对城邦发展进行自我纠正和改良，从而维系城邦发展，这种改良主义政治哲学是不成立的。萨拜因认为，城邦共同体命运不完全取决于其自身内部管理能力和水平，而主要取决于它与城邦外部世界的关系，"那种认为城邦可以不顾这些对外关系所确定的限制条件去选择它的生活模式的看法，乃是根本错误的"（萨拜因，2015：216）。总之，萨拜因认为亚里士多德所注重和追求的自给自足的城邦共同体是难以成立的，因为它始终面临着一个难以解决的政治困境，即如何在保持自己独立性的同时，加强同其他城邦的经济和政治联系（萨拜因，2015：217）。美国学者史蒂芬·B. 斯密什教授认为，亚里士多德的城邦共同体是一个小型社会，具有封闭社会的特征，城邦既不能过大也不能过小，这是一个由信任、友情和亲密关系凝聚起来的熟人关系主导的相对封闭的社会（斯密什，2015：83）。

综合来看，亚里士多德的城邦共同体理论建立在雅典城邦社会基础上，有其独特的历史经验基础。亚里士多德关于共同体的探讨，有两个重要问题值得我们关注：一是共同体同个人关系，也就是国家管理同个人权益之间关系；二是国家组织形式同共同体兴衰之间关系。就前一个问题来说，亚里士多德似乎从社群主义角度来分析问题，强调社会和城邦的重要性及其政治价值导向，城邦共同体对人的优先性，社会之外没有真正的人。就后一个问题来说，则是亚里士多德政治学讨论的核心问题，他详细考虑了三种正宗政体和三种变态政体，试图揭示最好的政体形式，从其思想倾向来看，他倾向于将平民政体的优势和贵族政体的优势结合起来，避免二者的不足。

2. 古罗马时期：法律制度下的国家共同体

到公元 1 世纪时，整个地中海世界的城邦国家都被纳入罗马帝国体系内。尽管当时还没有形成现代社会自觉认同的民族国家意识，但城邦时代无可挽回地衰落了，古希腊各个城邦以及埃及和亚细亚各国都被统合在罗马帝国统治之下。在古罗马时期，不论是在地域、人口、多样性还是在社会复杂程度等方面，都大大超越了古希腊城邦时代，城邦时代的落幕和古罗马帝国时代的来临，首先表现为在国家学说上发生了重大变化。政治思想需要把两个问题解释清楚，或者需要用共同的价值体系予以澄清，一是有关个人的归宿、生活和地位问题，二是关于对世界的认识，是否所有的人都有共同的人性。关于这些问题的思考使得罗马形成了不同于古希腊城邦时代的政治思考，其中以波利比乌斯和西塞罗为代表。

波利比乌斯以罗马统治下的广阔疆域及政治体制为其理论的现实基础，试图阐明罗马人以什么样的方式在半个世纪内就征服了世界，并以什么样的政体进行统治。他认为罗马之所以强大到能统治世界，是因为它采用了混合政体，而那些单纯的政体都以特定的方式蜕变，在罗马的混合政体中，执政官、元老院和民众大会分别代表君主政体、贵族政体和平民政体，这三者之间的相互制衡和相互促进，是罗马强盛的政治保障。波利比乌斯认为，国家共同体的产生受自然法则（也即"逻各斯"）的支配和控制，人们顺应"逻各斯"的安排，依靠"群体性"的本能特征结合起来，组成共同体（波利比乌斯，2013：403～409）。

西塞罗关于共同体的认识集中体现在他的《国家篇　法律篇》中。西塞罗认为，共同体是人民的共同事业或财产，国家共同体不是人的简单的集合，而是在社会精神和共同伦理的指导下，一群人为了实现共同利益关系而组成的联合体（西塞罗，1999：35）。他认为，人们联合起来的原因在于人是一种政治动物，天生就是生活在社会关系中的，不能孤立于社会和人群之外。因此，国家联合的第一原因更多地在于其伦理精神，能够把公民凝聚起来的共同意识和情感是国家存在的基础，因此，在伦理意义上，国家实际上是道德共同体，是一个由拥有共同财产和遵守相同法律的人组成的道德集合体。国家共同体存在的目的就是实现和维护人民的共同利益，使大家共同享受联合起来的好处（西塞罗，1999：35）。西塞罗的国家共同体有如下特征。

一是对国家政体的深入研究。西塞罗在继承亚里士多德政治学的基础上，以统治者人数多寡为标准，将共同体的政治体制分为君主制、贵族制和民主制，这三种政治体制都有其不可避免的缺陷，如在君主制下臣民享受的权利太少，贵族制下群众享有的自由太少，而民主制容易导致暴民的狂暴和为所欲为（西塞罗，1999：37），因此西塞罗认为混合政体是最优的，恰当的政体在于君主制、贵族制和民主制的积极因素的混合，他认为在宪政的制衡和约束下，可以在政治精英和普通群众之间形成一种平衡和和谐，避免政体蜕变带来的种种弊端和动荡（西塞罗，1999：53），他认为这是支撑罗马帝国走向强大的重要政治保障。在此基础上，西塞罗还认为政体的变化是循环的。

二是强调国家共同体的法律保障。西塞罗继承和发展了斯多葛学派的自然学派，他对自然法学的阐释和论述，促成了自然法学在西欧的广泛传播。西塞罗认为，存在一种先定的普世的自然法，自然法有两个来源，即上帝和人的理性。自然法体现为国家政治体制，成为约束所有国家和民族的基本规范，是任何统治者都不能违反的铁律。因为自然法符合自然本性，适合于所有人，而且永恒不变，自然法的首要问题是区分正义与不正义。人为法以自然法为依据，而不是相反，因此任何良法都是符合而不是违反自然法，法律的根本目的是实现公民的安全、国家长久和人民生活的安宁幸福（西塞罗，1999：188）。西塞罗指出，法律是国家统治最大的善，没有法律的国家就不是一个国家（西塞罗，1999：189）。

三是指出理性、理智与习俗、历史的有机结合对缔造国家共同体的重要作用。一方面，西塞罗对理性的重要作用予以充分关注，认为国家和法律都是伟大缔造者理性的产物，法律根源于高度理性的人们对于公平和正义的诉求和探索，是衡量正义与非正义的标准（西塞罗，1999：158）；另一方面，作为务实的政治家，西塞罗又对国家形成和运作过程中的历史习俗和惯例、精神等维度予以高度重视，认为理性与习俗、法律与惯例的结合是国家共同体发展壮大的原因（西塞罗，1999：160～161）。西塞罗的基本逻辑是，自然法是人为法的源头，其核心是正义与非正义问题，人是有理性和智慧的生物，能够通过自身的思考认识并理解自然法，按照自然法的要求和精神制定人为法，人为法是自然法的具体体现和执行。西塞罗还指出人与神的共同之处在于都拥有理性和美德，理性的集中反映就是法律，美德发展到极致就是自然，人与神都主张正义，因此人要服从神，人性根源于神性，由此人与神都是宇宙共同体的成员（西塞罗，1999：161）。他还将宗教法列为首要的法律，其作用在于促进民族精神上的凝聚力，这对个人的精神具有重要的塑造作用（西塞罗，1999：191）。

相比于亚里士多德的城邦共同体，西塞罗的国家共同体有若干需要注意的地方：亚里士多德的城邦共同体是由平等的自由公民组成的政治实体，这些少数自由公民之间是平等的政治关系，公民资格被局限在城邦的一小部分人中；而西塞罗从国家存在的共同利益和共同认同出发，认为平等是一种道德要求，每个人都应当享有和得到某种程度上的尊重，因此西塞罗认为国家是靠伦理道德和法律制度联合组成的人的共同体。显然，亚里士多德的共同体和西塞罗的共同体存在重要的区别，这种不同的主要原因在于，二者所处的政治环境和政治视野不同。在亚里士多德生活的时代，小而独立的城邦是主要政治单元，不存在统一的幅员辽阔的大帝国，人数少而且占人口总数比例小的自由公民是城邦的主要政治力量。在西塞罗生活的时代，罗马靠武力和征服不断扩大自己的领土，成为横跨欧亚非的大帝国，疆域早已超越一城一地的局限，统治这些疆域上原先属于不同政治体制、政治信仰、生活习俗、生产方式的人群，城邦时代的政治统治方式不再适用，因此，罗马不断调整政治体制和统治手段，尤其是在完善法律、推行法治等方面，进行了前所未有的探索与实践，为后世留下丰富的法律遗产。

3. 中世纪：神学共同体

欧洲中世纪的主流思想家们旨在以基督教神学思想为总纲解释社会发展和历史进程，其他学科都被纳入神学范畴内。学者们的主要任务在于阐发上帝的荣光、伟大和神圣，论证上帝的全知、全能和全善，为人间从属于天国、人类社会从属于神定秩序提供理论来源与思想依据：人与上帝沟通的中介和桥梁是天主教会，天主教会是上帝在人间的代理人，"无人能获得关于上帝的知识，除非通过上帝与凡人之间的中保，耶稣基督这个人"（奥古斯丁，2006a：444），人们通过天主教会得到指引和救赎，从而为神权凌驾于世俗之上提供思想和理论上的依据，从根本上说是服务于天主教会集团对世俗的统治。奥古斯丁和阿奎那是欧洲中世纪最有代表性的思想家，他们关于神学共同体的论述代表了那个时代对这个问题的认识和思考。

奥古斯丁依据《圣经》中关于人类祖先亚当和夏娃的相关论述，将人类分为按人类生活和按上帝生活的两个部分和两种社会共同体，并把这两个部分称作两座城，即属地之城和属天之城。根据奥古斯丁的论述，在按人类生活的社会共同体里，存在种种罪恶和堕落，"要与魔鬼一道经历永久的惩罚"，而在按上帝生活的社会共同体里，"预定要由上帝来永远统治"（奥古斯丁，2006b：633）。因此，人隶属于两种共同体，一种是世俗共同体，另一种是天国共同体。人类社会发展的历史就是世俗共同体与天国共同体相互斗争的历史。根据奥古斯丁的思想，人性以及人的理性和理智等来源于上帝的无所不知和无所不能的神性，世俗生活和政治国家是上帝创造宇宙秩序的一部分，人的社会生活要符合上帝的意志与法则，人要真诚地向往和信奉上帝，以此获得上帝的认同，真正实现理性灵魂的和平与不朽（奥古斯丁，2006b：926）。

一是在世俗共同体与天国共同体的关系上，世俗生活、人的努力与奋斗的最终价值体现在对上帝的真诚信仰和服从以及由此获得的永生和安宁，人类社会的意义最终要归属于天堂的法则，属地之城的存在指向天空之城（奥古斯丁，2006b：635）。这一方面是因为上帝制定了宇宙主要法则，"没有任何事物可以逃避自然法则，而这条法则是由指导着宇宙和平的最高的造物主和规范者制定的"（奥古斯丁，2006b：923）；另一方面是因为人的理性和认识能力是有限的，不能凭借自身能力去摆脱各种苦难、不幸和荒谬，也不能凭借自身理性去真正认识上帝，而只有通过神与人之间的中介，即对耶稣基督的信仰和耶稣基督的指引，才能获得真正幸福。

二是在人与人之间的关系上，奥古斯丁指出人的社会充满了各种不幸、矛盾和斗争，包括伤害、怀疑、敌视和战争，在友谊高尚的朋友之间也不可避免地充满了类似的事情，在家庭内部也充满了对情感关系的各种考验，即使是在和平时期，国家内部也充斥着动乱和流血（奥古斯丁，2006b：912），总之，大地上充满了巨大的罪恶，人们因为残酷的社会生活而迫切地需要和平和安定的住所，人们对永久和平的向往和追求必然会虔诚地信仰上帝。因为上帝是宇宙造物者和规范制定者，上帝有两条主要诫命，即爱上帝和爱邻人，只有信仰上帝的人才能真正享有永久和平和至善。奥古斯丁还论述了奴隶制度存在的合理性，他认为人的本性是自由，上帝创造的人中最初没有奴隶，奴隶有两个来源：一是对社会上违法犯罪行为的惩罚，因为犯罪而产生对这些罪犯的奴役；二是来源于正义的战争，不正义一方战败后，为了消除他们的罪，就把他们变成奴隶。

阿奎那是欧洲中世纪重要的神学经院哲学家，他将没有宗教印记的亚里士多德思想和学说转换、改造成天主教学者的基石，为教会的存在及其合法性提供理论上的辩护。萨拜因曾指出："在不到一个世纪的时间里，人们担心会成为一种反基督教革新的思想被转换成了一种新的并希望是永恒的基督教化的哲学体系。"（萨拜因，2015：387）阿奎那试图构建一个包罗万象的神学体系，在各个专门知识基础上建立和阐述适用于所有学科的普遍原则，基督教神学则是整个体系的最高峰，以天主教的道德和信仰解释自然形成、历史发展、人类社会、政治国家及其相互关系，他的共同体理论建立在神学政治学基础上。在继承了亚里士多德的共同体理论的基础上，阿奎那认为："人天然是个社会的和政治的动物，注定比其他一切动物要过更多的合群生活。"（《阿奎那政治著作选》，1963：44）具体来看，阿奎那的神学共同体内容如下。

一是从价值导向来看，阿奎那主张在尘世社会建立一个神学共同体，其功能不仅在于协调社会利益关系，化解社会矛盾，使人们享受到充裕而安宁的现实生活，更重要的是感受上帝的荣光，强化对上帝的爱和信仰，树立上帝在人间的绝对权威，维系基督教在人间的正统地位和利益归属（《阿奎那政治著作选》，1963：85）。人类社会存在是有其终极价值的，而这种终极价值是由宗教来赋予和引导的，世俗的幸福与生活最终指向上帝与天国，因此，社会最终意义在于彼岸天堂，而不在于此岸人生。阿奎那认为："人们在尘世的幸福生活，就其目的而论，是导向我们有希望在天堂中享受的幸福生活的。"（《阿奎那政治著作选》，1963：87）当然，为了实现神学共同体这种终极目的，阿奎那并不否定世俗国家共同体在统治过程中所发挥的重要作用。他认为，君主是上帝任命的，是上帝在人间的代表，因此不能寻求满足自己的私利和私欲，而要实现公共的繁荣和幸福（《阿奎那政治著作选》，1963：87、94），不能随意征税和课捐，臣民们捐税的目的是促进公共利益，除非是发生敌人入侵等情形时，君主才可以征收除普通税之外的特别税，如果仅仅是为了满足穷奢极欲的生活而征收例行捐税之外的款项，是不能被允许的，如果是大臣们征收了额外税金，君主要在可能情况下归还给原主，在找不到原主的情况下，这些额外税金就应当用于增进公共或宗教目的（《阿奎那政治著作选》，1963：95）。

二是从共同体内部关系来看，阿奎那承认且拥护社会不平等和社会等级制度，认为人们之间是天然不平等的，"我们必须承认，即使在堕落以前，人们之间也非有某种悬殊不可，至少就两性的关系来说就是如此"（《阿奎那政治著作选》，1963：102），社会不平等与等级的存在是合理的，合乎神的旨意与安排。在人与人之间不平等的基础上，产生两种统治方式。一种是奴隶制度。阿奎那认为，虽然人都是由神创造的，但人是带着原罪来到世间的，因此人沦为奴隶，是神对人的原罪的惩罚，是符合神的意志的。这种思想反映在法律上，就是"万民法"中对奴隶制的规定，阿奎那认为在法律中肯定奴隶制是符合神的旨意的。还有一种就是对无罪状态下自由民的统治。阿奎那认为，人们之间是不平等的，但人又是天然要过政治生活的，因此，即使在无罪状态下，也总是存在一些人对另一些人的统治和治理（《阿奎那政治著作选》，1963：103）。人与人之间的这种不平等关系反映在政治体制上，阿奎那认为最好的政体是君主政体（《阿奎那政治著作选》，1963：48）。他认为，在多数人治理的情况下，会产生各种分歧、议而不决等问题，客观上在多数人的基础上需要集中和统一，如果不能统一，就永远处于不确定的状态，相对于多数人治理，政府掌握在一个人手里会更加容易达到目的，"由一个人掌握的政府比那种由许多人掌握的政府更容易获得成功"（《阿奎那政治著作选》，1963：48）。阿奎那还批评了君主制的对立面和变种，即暴君政治，认为暴君政治是最坏的政治形式，在暴君政治条件下，君主拥有的权力越大，国家的规模越大，所造成的社会危害就越大（《阿奎那政治著作选》，1963：50）。

三是从共同体制度规范来看，阿奎那针对制度规定的论述有两点值得注意。首先，肯定私有制在共同体中的重要作用。阿奎那认为，取得和处理包括土地财富在内的私有权是完全被允许的，因为人们总是非常关心获取同其切身利益相关的东西，而不是社会公共事务，而且当每个人都能从事其生产业务时，社会治理和社会秩序会更加有序稳定，这样国家也会处于一个比较和平的环境，相反，在那些联合所有的人中间，才更容易出现纠纷（《阿奎那政治著作选》，1963：146）。当然，阿奎那对私有制的强调和承认是以有利于公共幸福为条件的，"人们只应当在有利于公共幸福的情况下把有形的东西保留下来作为他们自己的东西"（《阿奎那政治著作选》，1963：146～147）。其次，强调法律的重要作用，阿奎那认为法律制定是为了实现公共福利，而不是某种个别利益，因此，根据神法制定的人间法必须同公共利益相挂钩，以增进公民的普遍利益为目的。阿奎那并没有停留于对法的公共利益的一般论述，而是指出因为公共利益是由许多个别利益构成的，所以法律制定必须考虑到这些不同具体需求，注意法律的时代背景以及法律对后世的影响（《阿奎那政治著作选》，1963：122）。在法律范围内，法律的规定在于制止社会上大多数人可能违反的较为严重的恶性行为，尤其是那些损害别人的严重危害社会行为。法律的责任必须是为了社会正义和公正，促进社会公共利益的分配，使人们内心感到满意，如果不能实现这个目的，那就是恶法，只会助长统治者的贪婪与虚荣，增加臣民的负担（《阿奎那政治著作选》，1963：124）。

4. 近代欧洲以"人"为基础的共同体

政治国家的近代化是以王权的加强和神权的衰落为起点和标志的，尤其是商品经济发展，导致商人阶层的壮大和资产阶级的崛起，呼唤着强有力的政治民族国家的建立，结束一盘散沙的政治局面。于是，加强王权、推进中央集权、推进君主专制主义成了席卷欧洲的主要发展趋势，在以法国为代表的西欧各个地方，君主专制制度都得到了不同程度发展。

马基雅维利正是敏锐地预测到当时欧洲政治发展趋势和潮流的第一人，其政治理论主要反映在《君主论》一书中，该书的主题是面对国家兴衰，尤其是意大利当时正面临着政治衰朽和外患不断的混乱状态，必须采取有力的君主专制制度，维护君主权力，建立强大国家。他将政治同道德、宗教、伦理等分离开来，指出政治就是政治，不以道德、伦理来约束和评价政治行为和政治人物，主张国家政治以获取、维护和扩大政治权力为核心，君王要像狐狸那样狡猾，像狮子那样凶狠（马基雅维利，1985：84），要时刻怀疑他的大臣，而优柔寡断、瞻前顾后的性格和行为是愚蠢的，为了政策实施取得政治成功，即使采取残忍、不道德的手段也在所不惜（马基雅维利，1985：74～75）。马基雅维利的理论和主张反映了当时西欧社会加强王权，推进中央集权，建立统一的民族国家的历史需要。萨拜因认为："在他那个时代，没有任何人能够像他那样清楚地洞见到欧洲政治演化的方向，没有任何人能够比他更理解那些正在被淘汰的制度的过时性质，也没有任何人能够比他更承认赤裸裸的强力在这一进程中所具有的作用。"（萨拜因，2015：9）马基雅维利的共同体思想建立在政治学理论的基础上。具体来说，马基雅维利的共同体思想主要包括以下几点。

一是共同体中的道德问题。根据马基雅维利的政治哲学观，政治是君主实现政治统治意图的行为，除非受到影响，否则政治行为不应考虑道德、伦理、宗教等关系维度，"君主为着使自己的臣民团结一致和同心同德，对于残酷这个恶名就不应该有所介意"（马基雅维利，1985：79）。马基雅维利认为，君主的荣光在于掌握和保有权力，只要做到这一点，他所采取的手段总是被认为是光荣的，并受到赞美（马基雅维利，1985：86），君主出于更大更重要的政治目的，比如为了安全需要和维护臣民利益需要，可以妥善地使用某些残暴奸诈的手段，这样可以帮助他们维护自己的地位，在占领一个国家时，要采取毕其功于一役的方式使用一切损害行为，避免日后反复折腾，这样尽管最开始给人民带来伤害，但随后能使人民重新感到安全，再通过施恩布惠的方法争取人民的支持（马基雅维利，1985：43）。马基雅维利还谴责了当时还在政治意识形态领域里占主导地位的基督教美德，认为基督教美德加深了人的奴性，基督教所宣扬的谦逊、恭顺、灵魂崇高等让人望而生畏的素质，只会让人更加软弱无力，屈从于恶人而不知道反抗。

二是共同体的人性基础。马基雅维利主张普世的利己主义，认为人性本恶，对人性中的恶做了深入分析，"关于人类，一般地可以这样说：他们是忘恩负义、容易变心的，是伪装者、冒牌货，是逃避危难、追逐利益的"（马基雅维利，1985：80），为了获取和扩大自己利益而不断争斗，如果没有法律及其背后强权的约束，人就会始终处于斗争状态之中，因而国家共同体统治者也必须采取利己主义的动机和行动。马基雅维利认为维护自己的切身安全和利益是每个人的需要，但单个的人又是软弱无力的，因此需要强有力的政府治理，除非得到国家有效管理和保障，个人是没有能力保护自己权益免遭他人侵犯的。他指出，成功的政府必须把保障公民的财产安全和生命安全作为首要目的，因为这是人性首要需求。

三是共同体的法律维度。马基雅维利将法律制定作为国家的一般性原则，法律和由法律产生的政府决定了人民的民族特殊性，而公民的道德和美德都源自法律，法律及其背后强权是社会凝聚的最终力量。当一个国家开始腐败的时候，它是没有能力自己改造自己的，必须由某个立法者负责改造政体和法律制定。马基雅维利所考虑的不是一个政治单位的问题，而是认为国家共同体的民族性格是由法律制度塑造的，源自立法者的远见卓识。马基雅维利倾向于认为一个政治专制者也是一个民族命运的主宰者，一个统治者可以凭借政治天赋改变政治衰朽，建立新的公共精神和政治局面。当然，马基雅维利也认为，即使在一个君主国，国家政治稳定也要依靠法律有效治理，为了防止暴力发生，必须使用法律手段来制约官员们滥用权力，无视法律规则的政治乱象最终带来整个社会的混乱，如果统治者随意占有臣民的女人和财产，就很容易激发社会反抗，应在尽可能的情况下实施仁政（马基雅维利，1985：81）。

欧洲宗教改革后，随着启蒙运动的深入开展，笼罩在欧洲政治与思想界的神学思想体系逐步瓦解，启蒙思想家开始认真思考政治权威、政权合法性、服从与反对等重大政治问题，在这个过程中逐步形成了以社会契约论为代表的政治理论，对当时政治思潮起到引领与重塑作用，为现代政治合法性奠定了新的理论基础。社会契约论的核心问题是，人们之所以要建立政府，服从国家，遵守法律，约束自己，原因在于人们的约定服从和共同承诺。相比较君权神授理论，社会契约论将政治国家统治合法性问题归结为社会约定和人民同意，而不在于所谓上帝的神圣意志，突出了人的主体性和重要性，为民主政治发展提供了理论基础。总的来看，根据社会契约论，共同体主要指以国家为单位，基于人的意志，由人们相互协定而形成的政治单位。近代社会契约论以霍布斯、洛克和卢梭等人为代表，他们从不同角度对社会契约论进行了阐述，在思想内容上有所不同，因而他们关于社会共同体的相关论述也不尽相同。

霍布斯在《利维坦》一书中通过描绘国家成立之前的原初状态来论证国家共同体成立和存在的必要。他认为，在前国家条件下，人与人之间的自然能力大致平等，没有人处于绝对优势，即便是最弱的人，运用谋略联合起来也足以杀死最强的人（霍布斯，1985：92），人与人之间因为争夺生存资源而关系紧张，每个人都会被自身安全、利益和权力所驱使，时刻提防别人威胁到自己的生命和财产安全，"由于人们这样互相疑惧，于是自保之道最合理的就是先发制人，也就是用武力或机诈来控制一切他所能控制的人，直到他看到没有其他力量足以危害他为止"（霍布斯，1985：93），因而人与人之间关系如同狼与狼之间关系，由此霍布斯得出建立国家共同体的重要性，"在没有一个共同权力使大家慑服的时候，人们便处在所谓的战争状态之下。这种战争是每一个人对每个人的战争"（霍布斯，1985：94），这种状态导致社会动荡不安，生产与再生产无法进行，摧毁社会文明，使人的生活始终处于恐惧和危险中，同时由于没有共同权力和法律，社会公正不复存在。霍布斯的共同体思想有这样一些特点。一是国家共同体以人性恶为存在基础，霍布斯认为人性的本质在于永不满足，是从一个目标到另一个目标不断发展，"得其一思其二、死而后已、永无休止的权势欲"（霍布斯，1985：72）是人类所共有的普遍倾向，正是因为人为了获取生存资源、获得权力和赢得尊重，倾向于相互争斗、敌对和战争，所以才需要建立国家共同体，建立政府，制定法律，遏制人的破坏欲。二是国家共同体的合法性基于人民的契约。正是因为人在自然状态下过着一种可悲的生活，人的理性驱使人们寻求一种有组织有保障的和平生活，于是相互之间订立社会契约，将一部分权力委托给国家行使，由此建立国家。国家的权力是所有参与缔约的人共同让渡和承认的，因此服从国家就是服从自己，国家的基本作用是抵御外来侵略和制止内部相互侵害（霍布斯，1985：131）。

洛克关于政治共同体论述的核心内容是论证权力分立与制衡的重要性，他认为不同权力之间和不同势力之间的分权制衡是政治共同体健康发展的基础。洛克关于政治共同体的思想，一是采取"自然状态－战争状态－政治共同体"的论证逻辑，同霍布斯描绘的每一个人反对每个人的自然状态不同，洛克认为人类自然状态是一种完备无缺的状态，人们根据自然法来行动，自然法要求人们按理性来行动，相互之间是平等关系，不存在隶属关系，不得侵犯他人的生命、健康和自由、财产，即便是惩罚犯罪行为，也要根据理性的自然法来处置，发挥惩罚的纠正和禁止的作用（洛克，1964：3～5）。虽然人类自然状态是美好的，但是人所享有的那些权利很不稳定、不安全，不断受到别人的威胁（洛克，1964：77）。洛克称这种状态为战争状态，人们的生命健康、财产权和人身自由权等都得不到保障。为了维护自己的安全和利益，免于受压迫和强制，受理性支配的人们就有权利对任何外来强制进行反抗（洛克，1964：11）。为了避免战争状态，人们组成社会，建立政治国家，由国家权威来进行权利救济，制止侵害，结束战争状态。二是政治共同体的核心问题是关于个人与国家关系。洛克坚持权利优先的价值取向，划定国家权力行使边界，充分保障个人权利，而调节国家与个人关系的准则是法律。洛克认为："处在社会中的人的自由，就是除经人们同意在国家内所建立的立法权以外，不受其他任何立法权的支配；除了立法机关根据对它的委托所制定的法律以外，不受任何意志的统辖或任何法律的约束。"（洛克，1964：15）除了依据立法机关制定的法律，任何人都不能被限制自由或剥夺其他相关权利。在人民所享有的诸多权利中，洛克尤为重视自由权和财产权。关于自由权，洛克认为人享有不受绝对的、任意的权力约束的自由，自由同人的生命、健康密切联系，自由是人的本质属性，不能通过契约方式进行转移，把自己交给任何人进行奴役（洛克，1964：15）。关于财产权，洛克明确指出，"财产权就是为了规定和保护财产而制定法律的权利"（洛克，1964：2），"人们联合成为国家和置身于政府之下的重大的和主要的目的，是保护他们的财产"（洛克，1964：77）。不论是在自然状态下，还是在政治社会里，都是为了维护个人权利，个人权利必须得到有力保障。三是国家建立的基础在于人们的契约，一旦订立契约，成立国家，个人就对国家负有服从义务，"当每一个人和其他人同意建立一个由一个政府统辖的国家的时候，他使自己对这个社会的每一成员负有服从大多数的决定和取决于大多数的义务"（洛克，1964：60）。在国家内部，国家权力分为立法权、执行权和对外权。其中，立法权是最高权力，属于人民，人民享有最高权力来罢免或更换立法机关，其他一切权力属于立法权（洛克，1964：94）。

在启蒙思想家群体中，卢梭是一位相当独特的思想家，他的思想同当时主流的启蒙思想有着显著的差异和不同。比如，他崇尚朴素简单的生活方式和友好仁爱的情感，反对理性、知识、科学和技术，他理想中的生活是淳朴自然的田野生活，是自由孤独的野蛮人，"他们过着本性所许可的自由、健康、善良而幸福的生活，并且在他们之间继续享受着无拘无束自由交往的快乐"（卢梭，1962：120～121），而各种技术发明、语言发展和理性活跃，所谓的文明造成了社会的腐化和堕落、专制等灾难和混乱（卢梭，1962：124）。但科学和理性等价值要素正是近代启蒙思想家们最为珍视和极力倡导的，这导致了他同以狄德罗为代表的百科全书派之间的巨大分歧。卢梭关于政治问题的思考也同样如此。卢梭对政治共同体的思考集中反映在《社会契约论》这部著作中，有以下几点值得注意。一是政治共同体既是道德伦理问题，也是权力和法律问题。卢梭认为，人们共同缔结契约是一项政治行为，这种"结合行为立刻就产生了一个道德的与集体的共同体"（卢梭，2003：21），社会本身是道德和正义的力量，人生活在社会中，生而自由、生而理性，社会秩序乃是为其他一切权利奠定了基础的一项神圣权利，而社会秩序建立在约定基础上（卢梭，2003：4～5）。二是社会共同体以理性的人为基础，人的理性具有先验性，"一个人一旦达到有理智的年龄，可以自行判断维护自己生存的适当方法时，他就从这时候起成为自己的主人"（卢梭，2003：5）。卢梭还认为，只有道德的自由才使人类真正成为自己的主人，服从自己制定的法律才有真正的自由（卢梭，2003：26）。正是因为人有分析、认识和追求自己幸福的欲望和权利，具有同其他人交往、商议、签订协议的能力以及创建政府的能力，所以政治共同体成立的基础在于公意，公意产生于人民对公共利益的认识和依归（卢梭，2003：35）。三是政治共同体产生和存在的合法性在于社会公约。卢梭批评了霍布斯主权在君的"契约共同体"，提出了主权在民的"公意"的"契约共同体"。卢梭认为，社会公约要解决的根本问题是，每一个结合者将自身权利转让给集体，建立一个共同体以保障全体联合者的人身、财产和自由等各项权益，而缔约者仍像以前一样充分享有自由。社会公约产生主权者，主权者由构成主权者的个人组成，因此主权者只能维护公共利益，而不是相反，主权者的权力不会超出也不能超出公共约定的界限（卢梭，2003：41）。

5. 德国古典哲学：政治共同体与伦理共同体

康德在《单纯理性限度内的宗教》中区分了两种形式的共同体，即政治共同体和伦理共同体。康德认为，伦理共同体是一种超越我们人类的理解，存留在我们心中的一种信仰，"我们还是可以说，为了成为宗教的道德基础，特别是成为一种公共宗教的道德基础，这一奥秘只有在被公开地讲授，并被当作一个崭新的宗教时代的象征时，才会被启示出来"（康德，2003：155）。同时，康德把伦理共同体称为我们人类的"特殊义务"，即我们心中的道德准则、道德义务，其特殊性就在于尽管每一个人都只服从于自己的私人义务，但会偶然地一致趋向一种共同的善（康德，2003：155）。

康德的伦理共同体以道德宗教观为基础。康德的《单纯理性限度内的宗教》是对基督教进行道德阐释的一次努力与尝试，使基督教同单纯理性相结合，从而完善基督教。按照基督教的传统说法，上帝的本质就在于其全知全能全善，是绝对永恒的存在，在上帝与人之间存在一条不可逾越的鸿沟，这条鸿沟的存在是教会和神职人员存在的意义所在，教会发挥着沟通上帝天国与凡间世俗的作用。但在启蒙运动中，上帝及其在人间的代表受到猛烈批判，上帝的角色和形象被颠覆，宗教该如何自处，在现代社会中扮演什么角色，发挥什么作用，这是康德在《单纯理性限度内的宗教》中所要解决的问题。因此，康德在该书中，试图将对上帝的理解和界定纳入道德与理性范畴。康德认为，上帝的本质是道德和理性，道德的立法者、慈善的统治者和公正的法官是上帝所独具的道德品质。康德指出："普遍的真正的宗教信仰也就是信仰上帝：（一）他是天地的全能的创造者，即在道德上是圣洁的立法者；（二）他是人类的维护者，是人类的慈善的统治者和道德上的照料者；（三）他是他自己的神圣法则的主管者，即公正的法官。"（康德，2003：145）康德从道德角度界定基督教会，认为基督教会应当是一个建立在单纯理性基础上的伦理共同体，服从善的原则和道德要求，以此树立真正的教会形象，并对不符合道德理论和伦理准则的现实中的教会提出批评。

关于政治共同体，康德实际上指的是共和国，尤其强调人民作为立法者对人类公共行为准则的制定，强调个人对共同体的守法义务，具有强制性的特点（康德，2003：91~93）。在康德看来，一个政治共同体的公民只要遵守法律，不去做法律禁止的事情，法律就应该保护其权利，而个人在精神道德层面上仍然可以留在伦理自然状态下，因为法律只针对和惩罚具有社会危害性的社会行为。当然，这也可能出现这样一种情况，即生活在政治共同体中的人不是一个有德性的人，他没有达到道德的境界。康德还对这两种共同体进行比较。首先，康德指出这两种共同体有一个共同特点，即都以自然状态为参照。在自然状态下，由于不存在公共权威，每个人都是自己行为的法官，人类社会总是陷入相互敌对的战争状态，不能形成和谐稳定的社会秩序，因此，一方面，要在全社会建立起公共权威，即政治共同体，解决社会对权威和统治的需要；另一方面，要在人类精神道德层面，建立伦理共同体，促进内在德性。其次，康德还指出政治共同体与伦理共同体的差异：政治共同体从属于人类社会公共法则，强调强制性的义务和规则以及行为的合法性，"把每一个人的自由都能限制在这样一个条件下，遵照这个条件，每一个人的自由都能同其他每一个人的自由按照一个普遍的法则共存"（康德，2003：93）；伦理共同体强调人的德性，对上帝的义务，而不是对公共法则的遵守，他认为伦理共同体比政治共同体更优越，因为政治共同体主要是依靠国家权力和法律，规范和强制人们的社会行为，通过法律实施来稳定社会秩序，而伦理共同体指向道德精神，强调内在道德的升华和提升，是更高层次的和谐。

黑格尔以绝对精神为核心，构造了现代国家共同体，这一共同体扬弃了家庭和市民社会的国家形式，是绝对精神的自我确证和实现。分析黑格尔的国家共同体思想，有几点需要予以特别注意。一是国家是最终目的和最高权力，对个人具有优先性和至上性，其存在的目的不仅仅是保护个人财产和自由，还在于人只有在国家中，成为国家成员，"才具有客观性、真理性和伦理性"，"人是被规定着过普遍生活的；他们进一步的特殊满足、活动和行动方式，都是以这个实体性的和普遍有效的东西为其出发点和结果"（黑格尔，1961：254）。在黑格尔的伦理共同体方案中，国家无疑是其中枢和灵魂，"国家是绝对自在自为的理性东西"，"成为国家成员是单个人的最高义务"（黑格尔，1961：253）。二是国家共同体与绝对理性。黑格尔对卢梭和费希特等人仅仅从个人意志来理解国家的共同意志提出批评，认为国家是普遍意志，是绝对合乎理性的意志，国家也不仅仅是基于个人意志而共同缔结契约的产物，如果这样理解国家和个人关系，就不能真正理解国家自为的绝对理性本质，国家就成了单个成员任意的事。黑格尔强调国家是绝对自在自为的理性东西，国家具有客观意志和客观精神，"客观精神是在概念中的自在的理性东西，不论它是否被单个人所认识或为其偏好所希求"（黑格尔，1961：255），而人的主观意志是客观意志的一个片面环节，因客观意志而合乎理性。黑格尔充分认识到主观自由的不确定性引发的现代性困境，指出现代性的核心问题在于处理个人自由同公共自由之间的张力，国家共同体的合理性在于客观自由和主观自由的统一。三是公共自由与个人自由，黑格尔将现代自由的理解同现代制度构建，尤其是政治国家和法律制度结合起来，在政治共同体中理解人的自由和公共自由。这种国家主义政治观思想的历史背景在于19世纪初处于四分五裂的德国政治状况，"德国不再是一个国家"，"真正说来没有一支部队可以去集中合编，这最明显地表明了德国已分解成一些独立国"（黑格尔，2008：19）。这种四分五裂的政治状况导致德国的软弱无力，削弱了德国的国家权力和行动力。在黑格尔看来，国家的独立自主具有极端重要性，"现实精神的自为的存在在这种独立性中达到了它的定在，所以独立自主是一个民族最基本的自由和最高的荣誉"（黑格尔，1961：339）。因此，黑格尔的自由主要指一个民族在摆脱无政府主义状态，建立民族政府和国家后才获得的自由。黑格尔指出，政府"必须把对它组织和维护权力这种本分并非必要的事情听任公民自由处理；（因而）把对它内外安全并非必要的事情听任公民自由处理"（黑格尔，2008：35）。

6. 马克思："虚幻的共同体"和"真正的共同体"

马克思和恩格斯在《〈黑格尔法哲学批判〉导言》《德意志意识形态》《共产党宣言》《1844 年经济学哲学手稿》《论住宅问题》等重要文献里，从共同体的存在基础、存在价值、历史意义、内在动力等方面系统地阐述了共同体理论。总的来看，马克思是按照生产力发展 – 人的异化 – 自由人的联合体的逻辑来论述共同体的。马克思认为，社会共同体的发展是一个以生产方式发展为基础的历史过程。人类社会共同体在发展过程中，首先表现为对自然环境和自然力、自然资源等的依赖，这是由人类生产力不发达的原因决定的，随后发展为对人的依赖，表现为各种封建的和奴隶制的人身依附关系，或者是压迫与不平等关系，最后表现为对人对物的依赖和屈从，这是基于以大机器生产的现代生产力大发展为基础的，这种庞大的社会化生产力在资本主义生产关系下，变成一小部分人对大部分人剥削和奴役的手段和工具，人变成自身创造物质财富的奴隶，这就是资本主义生产关系下人的异化现象。马克思认为："人的依赖关系（起初完全是自然发生的），是最初的社会形式，在这种形式下，人的生产能力只是在狭小的范围内和孤立的地点上发展着。以物的依赖性为基础的人的独立性，是第二大形式，在这种形式下，才形成普遍的社会物质变换、全面的关系、多方面的需要以及全面的能力的体系。建立在个人全面发展和他们共同的、社会的生产能力成为从属于他们的社会财富这一基础上的自由个性。"（《马克思恩格斯文集》第 8 卷，2009：52）马克思又指出："物的社会性离开人而独立，另一方面显示出，在整个生产关系和交往关系对于个人，对于所有个人表现出来的异己性的这种基础上，商业的活动又使这些物从属于个人。因为世界市场（其中包括每一单个人的活动）的独立化（如果可以这样说的话）随着货币关系（交换价值）的发展而增长，以及后者随着前者的发展而增长，所以生产和消费的普遍联系和全面依赖随着消费者和生产者的相互独立和漠不关心而一同增长。"（《马克思恩格斯文集》第 8 卷，2009：55）

马克思的共同体理论的基本内容是，在生产资料私人所有条件下，社会生产力的发展和社会分工的发达，加剧了资本和物的力量对人的剥削、奴役和控制，人沦为日益扩大生产力的附庸，在以前各类虚假的共同体里，自由和权利只对统治阶级的成员才有意义，只有在自由人的联合体中，联合起来的人共同驾驭这些生产力，人们才能得到真实而全面的自由。马克思指出："在真正的共同体的条件下，各个人在自己的联合中并通过这种联合获得自己的自由。"（《马克思恩格斯选集》第1卷，2009：199）马克思认为，存在阶级对立的共同体形式包括资本主义国家共同体都是一种冒牌的、虚假的共同体，这一共同体打着实现普遍利益的幌子维护着特定集团或特定阶级的利益，其中的自由则是特定阶级即统治阶级的自由。因此，对于被统治阶级来说，这类共同体是一种束缚、一种桎梏，因而也是一种违背社会发展规律的和反人性的"虚假的共同体"。只有彻底实现普遍利益与个人利益相统一的共同体形式才是真正的共同体，马克思和恩格斯指出"自由人联合体"是人类真正的共同体形式，在"自由人联合体"中，每个个体在自觉的基础上进行联合并通过这种联合获得自由和全面的发展。

马克思的共同体理论的根本目的在于打破人的自由全面发展的外在社会束缚。1848年马克思和恩格斯在《共产党宣言》里指出："每个人的自由发展是一切人的自由发展的条件。"（《马克思恩格斯选集》第1卷，2012：405）而46年后，1894年恩格斯在写给朱泽培·卡内帕的书信草稿里再次强调这个命题在马克思主义理论中的重要意义（《马克思恩格斯选集》第4卷，2012：647）。在马克思和恩格斯看来，生产力发展、阶级斗争、社会生活条件改善，归根结底都以促进人的自由全面发展为指向，人是社会发展的最终目的。马克思和恩格斯在《德意志意识形态》里，还以形象生动的笔调描绘了一幅人自由发展的浪漫画卷，呈现未来社会的理想景象："任何人都没有特殊的活动范围，而是都可以在任何部门内发展，社会调节着整个生产，因而使我有可能随自己的兴趣今天干这事，明天干那事，上午打猎，下午捕鱼，傍晚从事畜牧，晚饭后从事批判，这样就不会使我老是一个猎人、渔夫、牧人或批判者。"（《马克思恩格斯文集》第1卷，2009：537）人作为有反思能力的主体性存在，自由发展、享受创造是人的主体性的本质要求，同时也是社会创新创造、经济社会发展的动力来源。人们根据自己的兴趣，有选择地从事学习和工作，从压力束缚下的被动学习到自我发展的主动学习，从资本私有制下的被动劳动到平等参与下的享受创造，这将是人的历史发展的重要飞跃和进步。

建立真实的共同体的基础就在于现代大工业迅速发展。只有现代化生产力充分发展，才能为人类解放提供足够的物质基础，"历史上周期性地重演的革命动荡是否强大到足以摧毁现存一切的基础；如果还没有具备这些实行全面变革的物质因素……那么，正如共产主义的历史所证明的，尽管这种变革的观念已经表述过千百次，但这对于实际发展没有任何意义"（《马克思恩格斯选集》第 1 卷，2012：173）。而资本主义大机器工业生产方式在历史上第一次造成人类普遍解放的可能性：一方面，资本主义解放并极大地发展了生产力，社会物质财富极大丰富，"资产阶级在它的不到一百年的阶级统治中所创造的生产力，比过去一切世代创造的全部生产力还要多，还要大"（《马克思恩格斯选集》第 1 卷，2012：405）；另一方面，以资本、科学技术和雇佣劳动为核心，资本主义生产关系迅速发展，社会日益分裂为两大直接对立的阶级，这就为人的解放提供了历史前提，而如果没有生产力的充分发展，"在极端贫困的情况下，必须重新开始争取必需品的斗争，全部陈腐污浊的东西又要死灰复燃"（《马克思恩格斯选集》第 1 卷，2012：166）。

7. 滕尼斯：同现代社会相对应的共同体

滕尼斯的共同体理论建立在对共同体（Gemeinschaft）与社会（Gesellschaft）的辨析基础上，共同体是一个同社会相对应的概念。其中，共同体也被称为"礼俗社会"，社会被称为"法理社会"。滕尼斯指出："共同体是持久的和真正的共同生活，社会只不过是一种暂时的和表面的共同生活。因此，共同体本身应该被理解为一种生机勃勃的有机体，而社会应该被理解为一种机械的聚合和人工制品。"（滕尼斯，1999：54）在滕尼斯看来，共同体是"亲密无间的、与世隔绝的、排外的共同生活"，其成员基于共同的善恶观、价值观和传统习俗，区分自己、我们与他者，而在法理社会里，人们以理性为基础表现出工于心计的行为特征，契约与个人主义至上。滕尼斯还指出，共同体是人基于土地的有机结合，根植于对土地的神圣感和亲密感，农耕的生活方式，由于"持久地保持与农田和房屋的关系，就形成了共同体的生活"（滕尼斯，1999：78），进而他认为共同体就是一种基于人的本质属性的自然生活方式，是一种人类的"亲密的、秘密的、单纯的共同生活"，建立在人的生理需求以及由此产生的血缘、地缘和精神关系之上（滕尼斯，1999：52），体现了人的本质属性的自然生活方式，是有机地浑然生长在一起的整体，是"人的意志完善的统一体，并把它作为一种原始的或者天然的状态"（滕尼斯，1999：58）。根据滕尼斯的共同体理论，共同体的基本类型主要有血缘共同体、地缘共同体和精神共同体，"血缘共同体作为行为的统一体发展为和分离为地缘共同体，地缘共同体直接表现为居住在一起，而地缘共同体又发展为精神共同体"（滕尼斯，1999：65）。共同体的第一种社会形态是以血缘为基础形成的家庭、家族和氏族、部落等社会组织形式，并在此基础上扩大为社区。共同体的第二种社会形态是村落，以地理关系和空间相邻关系为基础，在生产与生活、娱乐中形成的地域性共同体，包括狩猎者、游牧民的"家长式自治共同体"、中世纪领主与农民的"地方自治共同体"等。共同体的第三种社会形态是精神共同体，为了一个共同目标而组织起来，进行合作与协调，如近代以前的手工业团体和宗教团体。

滕尼斯的突出贡献在于首先从社会学的意义上区分了传统社会与现代社会的关系。当然，滕尼斯所说的基于血缘、情感、地缘的传统共同体在现代西方已经难觅踪影。而在中国，随着城市化、信息化和市场经济迅速发展，社会结构迅速变迁，传统的乡村共同体也受到很大影响，传统共同体赖以维系的条件逐步消解，以现代城市为主要载体的资本运作、科学技术和市场经济等现代社会要素深刻地改变了人们的生存方式。但就此认定滕尼斯的共同体理论已经过时，未免显得武断。事实上，即使在高度发达的现代城市里，人们也存在对相互依赖和相互支持的社区网络和社区情感的强烈需求，那些基于兴趣、爱好、宗教信仰、社会阶层、职业群体等形成的各类社会群体也始终存在，并没有淹没和消失在城市化和工业化、市场化的浪潮中（莱瑟姆等，2013：115）。传统社会共同体的消解和解体，其有深刻的经济社会背景，但这并不意味着人们在思想上、情感上和心理上就没有需求，现代社会里人们对情感慰藉、认同感、安全感和关系网的需求，必须通过某种途径得到满足，只不过共同体的情感表现形式和满足途径发生变化。事实上，滕尼斯自己在区别"家族社区"和"村庄社区"时就已经发现，血缘关系与情感联系在这两种共同体中是相互混杂的，"基于生育的权威"在家族社区中"父权式统治"占有优势，而在村庄社区中则"志同道合"更能发挥作用（滕尼斯，1999：85）。这意味着，共同体的划分只具有相对意义，我们可以借助滕尼斯的思想资源，将共同体中情感和伦理因素扩展到社区或社会，形成新的社会联系的纽带。

8. 韦伯：互动交往的共同体

马克斯·韦伯基本上沿用了滕尼斯关于共同体与社会的二分法，提出"共同体"与"结合体"的概念，认为共同体关系的核心在于情感与传统，"结合体"关系指向理性和利益。韦伯认为："所谓'共同体'关系，是指社会行动的指向——不论是在个案、平均或纯粹类型中——建立在参与者主观感受到的相互隶属性上，不论是情感性的或传统性的。"（韦伯，2011：76）韦伯从理性和利益角度对结合体进行界定，他指出，"所谓的'结合体'关系，是指社会行动本身的指向乃基于理性利益的动机（不论是目的理性或价值理性的）以寻求利益平衡或利益结合"（韦伯，2011：76）。韦伯还指出，典型的社会结合体类型有市场交换、社会结社和宗教团体三类，而共同体关系则建立在情感性、情绪性或传统性的基础上（韦伯，2011：76～77）。

根据韦伯的界定，判断共同体的关键在于成员对社会关系产生相互的主观认识和主观感受，否则即使出身于相同种族或族群，或对某种后果有相同的感觉，也并不意味着构成共同体。韦伯认为，仅仅是居住地域接近、有血统关联、拥有共同语言等的人还不能成为共同体，即使是处于相似情境的人们也不意味着构成共同体，这些只是"共同体"得以形成的基础条件，只有当人们之间共同的感觉"导致彼此行为的相互指向时，一种社会关系方在他们之间产生，而不仅仅是每个单独个人对环境的关系"（韦伯，2011：79）。韦伯认为，"共同体"包括以下条件：一是共同体成员之间同情共感，形成情感上相互指向和相互隶属关系；二是共同体关系是与斗争相对立的，但不排除即使在最亲密的共同体关系中，仍有加诸弱者身上的各种强迫，或者存在生存竞争关系；三是成员之间互动关系，感觉到彼此行为相互指向，并且"只有当这样的关系包含了相互隶属的感觉时，才算是一种'共同体'的关系"（韦伯，2011：79）。显然，在韦伯看来，共同体与社会的区别在于成员之间的互动性感受和情感，而不是所构成关系的基础，比如血缘、地缘或职业，成员的情感认同和感受是共同体区别于以理性和利益为基础的社会的关键。

当然，韦伯认为这种区分并不具有绝对意义。他认为大多数的社会关系同时具有共同体的特征和社会特征，即便是那些"社会关系主要考虑是如何冷静的可计算性或目的理性"（韦伯，2011：77）中，也会产生和掺杂情感因素，因而不可避免地产生共同体的特征。韦伯指出，大多数社会关系中都存在自然的集体特征，社会成员在关心自己的利益和兴趣的同时，总会产生对公共利益、他者利益和诉求的关注，并采用各种形式和途径予以回应，当人们参与社会关系、产生各类社会互动时，总会产生互相依存的共同感觉。同样，"相反的，一种通常被视为主要是共同体的社会关系，可能会有部分甚或全体成员在行动上或多或少地指向目的理性式考虑"（韦伯，2011：77）。可见，韦伯关于共同体与社会的区分，是一种理论上的权宜，也是从更好地理解和认识共同体的角度所做的相对划分，不存在纯粹社会或纯粹共同体，这一点我们在研究韦伯的共同体理论时必须予以明确。

（二）乡村共同体的本位研究

关于乡村共同体的本位及其性质是认识乡村共同体社会、讨论乡村共同体治理的思想基础和出发点，具有重要学术价值和现实意义，学界对此有不同认识。概括来说，关于乡村共同体的本位及其性质的认识，有以下四种具有代表性的观点。

一是乡村共同体的"地主－佃农两极社会"。这是在我国学术界长期居于主导地位的一种主流看法，具有较强的意识形态色彩。这种观点认为，传统农村社会建立在土地私有制基础上，以土地买卖和占有为基础形成了地主和佃农的两极关系。建立在土地私有制基础上的中国地主制经济是传统农村演变的历史基础。王亚南认为，围绕着中国经济社会发展史的一些重要问题，比如亚细亚生产方式、中国官僚政治、民族问题和社会长期停滞等，都可以通过地主制经济得到较好的解释（王亚南，2007：9）。他认为，从秦朝开始形成并延续 2000 多年的官僚政治的经济社会基础就在于地主制经济发展，官僚政治要害在郡县制和官僚制，以郡县制代替分封制，结束了以前的分国而治、分土而食的贵族制，官僚制以中央任命官员代替贵族，结束了贵族对地方社会的把控，政治权、经济权等都收归中央，加强了中央集权的官僚主义政治（王亚南，2007：11）。由此形成家国一体的基本社会格局。在人口膨胀与土地资源紧张的基本格局下，因土地兼并造成大量失地农民，他们生活困顿，流离失所，社会矛盾激化，他们揭竿而起，形成中国历史上大大小小的农民起义现象，由此造成历史上周期性的战乱和王朝更替。同时，在乡村共同体的地主制经济和地主－佃农两极对立基本格局下，形成了以血缘关系、官民关系、两性关系和天人关系等为主的乡村关系网。毛泽东曾把政权、族权、神权与夫权归结为"四大封建关系"和"四大绳索"（《毛泽东选集》第 1 卷，1991：31），不仅为暴力革命推翻农村乃至全国封建制度提供合法性依据，而且提供了解释中国经济社会结构的理论框架。

　　二是乡村共同体的"小共同体本位"。持这种观点的学者认为，中国自古以来就是一个皇权不下县的国家，农村社会是由乡绅乡贤主导治理的，治理的手段和纽带主要依靠习惯法、习俗、伦理等，由此形成一个具有温情脉脉的价值认同和道德共感的小共同体。小共同体建立在自给自足的小农经济上，在血缘和地缘的基础上形成了熟人社会或自家人社会，交织着血缘、地缘、伦理、道德、情感、利益等多重因素，具有较强的封闭性和自治性。传统乡村治理中，处于主导地位的是乡贤乡绅等乡村精英分子，由于家国同构的政治体制和国家授权承认，这些传统乡村精英发挥着承上启下的重要作用。徐勇教授认为，中国历史上存在"皇权不下县"和"县官治县，乡绅治乡"政治传统，国家正式权力到县级为止，县以下主要依靠乡村精英进行治理。乡绅是乡村社会拥有特殊社会地位的人，通常指那些有土地财产和国家功名双重权力资源的特殊人员（徐勇，2006）。徐勇将这些乡村精英称为"小主权者"，同政治国家大共同体相对应地存在。一般情况下，这些"小主权者"同政治皇权共享一套家国天下、儒家伦常的政治价值观，因此，这些乡绅的治理权和社会地位得到国家认同，具有某种国家授权和认可的意义，能够同国家共同体保持一致，但二者之间也存在抵触和矛盾的一面，乡村共同体对国家权力也存在消解、侵蚀等现象，从而弱化国家政权组织体系的权力集中和渗透能力（徐勇，2007c）。张乐天的《告别理想：人民公社制度研究》一书认为，村落是中国农村的本体传统，中国农村乃至整个社会基本构成单元是村落。张乐天还深入探讨了人民公社与农村传统之间的关系，人民公社制作为一种外部制度嵌入，同村落原有的治理格局、习惯习俗和思维方式并不完全兼容，对原有村落治理格局造成复杂影响，一方面同传统村落之间存在矛盾和冲突，另一方面存在部分融合现象，融入农民生活，成为中国村庄的一部分。同时，人民公社制度客观上瓦解了传统乡村社会，促使乡村社会从传统向现代转变，为传统村落向现代农村发展提供了历史契机（张乐天，2005）。

三是乡村共同体的"大共同体本位"。持这种观点的学者认为，中国乡村社会既不是建立在土地私有基础上的地主－佃农对立的两极社会，也不是建立在乡绅主导的"小共同体本位"之上，而是基于"大共同体本位"的"伪个人主义"社会。秦晖通过对汉代农村社会基层治理的"里－社－单"体制分析，指出基层社会治理体制的政教合一性、自上而下的合法性、基层政权性、非宗族的政治设置等诸多特点，最关键的是基层政权的权威合法性来自国家政权的认可和授予。秦晖认为，秦朝开创了中央集权的君主专制传统，以高度集权的君主专制基础形成大共同体的一元化统治传统，而农村并不存在自治的小共同体，反而在大共同体的权力侵蚀下不断解体，乡村共同体的这种解体并不是由公民权利成长引起的，而是由国家权力膨胀造成的。乡村小共同体的破产充分说明中央集权的强大和对地方的驾驭。同其他文明相比，中国的乡村组织的共同体性更弱，基本原因就在于强大的中央集权的存在和膨胀，西方在经历传统社会向现代社会转变的过程中，曾有过"公民与王权的联盟"阶段，而在中国，"公民与小共同体的联盟"则是现代化的必要中介（秦晖，1998）。秦晖的基本结论是，在秦汉时代，国家政权的影响力和控制力就已经深入乡村基层，除了短暂的一些历史时段外，国家一直采取"编户齐民"的方式对乡村实施有效控制，传统中国中央集权导致大共同体权力充分发展和异常发达，而小共同体深受这种国家权力影响，并不存在学界所论证的伦理的、血缘与温情的自治性乡村共同体。而历史上王朝末期的社会战乱，根本原因在于国家过度从农村汲取社会资源，导致农民破产，农民不堪忍受而奋起反抗，酿成周期性的社会大乱（秦晖，1999b）。

四是乡村共同体的"家户制传统"。"家户制传统"同乡村共同体的"小传统本位"既有联系，又有区别。"家户制传统"实际上是对"小传统本位"的再深入和再细化的研究，主张乡村社会的本位是家庭。徐勇教授和邓大才教授等人对乡村社会的家庭本位进行了研究。邓大才指出，在传统乡村社会里家的重要性大于族，家的重要性更大于村。农民以家庭为单元进行生产、生活、交往和政治参与，家是最基本的生产单元、生活单元、交往单元、政治单元，还是一个"法人单位"（邓大才，2016）。徐勇教授对"家户制传统"进行了详细论证（徐勇，2013）。徐勇认为，中国乡村社会的本位不是村社制，而是家户制。通过研究俄国和印度的村社制，徐勇认为，俄国和印度的村社制存在时间很长，从原始社会一直延续到 20 世纪，俄国的村社制可分为自然生长阶段的原始村社类型、沙俄时期国家建构的地方性村社、苏联时期国家建构的国家/集体/农庄三种类型和三个阶段，贯穿这三种类型的是村社制内部的土地集体所有制，在集体共有基础上，形成了村社制的整体性和一元性等特点。在此基础上，徐勇指出村社制是以村社集体为本位的组织形态，村社集体在村庄内部享有集体人格权威，利用这种人格权威，村社集体拥有对重分土地、劳动互助、扶贫救济、召集会议等的管理权限。中国农业文明传统肇始于秦代所形成的自由个体家户制度，为了获取税收而编制户口的"编户齐民"，使农民在人身上是自由的，独立生产、经营和生活，由此不断地再生出无数的自由家户小农，即学者们所谓的"两千年皆秦制"。在中国长期历史演进中，以血缘关系为基础的家户长期居于主导地位，是整个社会的基本组织单位，也是一种经营体制，是中国传统社会的"细胞"，由此形成数千年中国的家户经营传统。与俄国和印度的村社制相比，中国村落建立的基础是以家户为单位的小农，构成中国农村基层社会的内核，村落不具有俄国村社制所拥有的集体人格权威，对农村社会治理发挥重要作用的是家户经营制和国家的户籍管理制度，由此决定了中国家户制与俄国、印度村社制的重大区别：村社制强调集体权威、个体对集体的服从和依赖，而家户制以家庭为基本单位，强调家庭对村落的相对独立性和自由性；村社制的财产具有共同享有的特征，而家户制的财产则属于家庭所有；村社制下的纳税单位是村社，家户制下的纳税单位是家户；村社制下的村社是地方自治单位，具有行政功能和地方权威性，家户制下的村落是家户基础上自然形成的自然村，主要是家族自治功能。

（三）乡村共同体研究的维度与视角

1. "国家－市场－社会"

"国家－市场－社会"的分析和研究维度是一个广泛应用的、比较有解释力的分析框架。

一是注重国家、市场与村庄在乡村共同体中的综合作用。毛丹认为，分析中国乡村共同体的关键在于具体分析国家、市场和村庄三种不同力量相互作用的情形，以及这三种向度力量相互作用对乡村共同体的影响。关于村庄与国家关系，他认为尽管理论上存在完全由社区内部自发产生的村落共同体的可能性，但实际上国家力量和市场力量总是参与到对乡村共同体的塑造和改变过程中，不能排除国家力量和市场力量的重要作用。清末以来国家权力通过各种形式渗透到乡村，在社会秩序、村落边界、资源汲取等方面加强对乡村行政管理，乡村共同体的发展受到外界的深刻影响和干预。毛丹还具体分析了村庄与市场关系，他认为改革开放以来我国农村在继续保持土地集体所有基础上，不断深化市场体制机制改革，有利于使农村发展同市场相结合，但同时由于资本、政府、农民各方所处位置和利益取向并不完全一致，在农村市场经济过程中出现了各种利益冲突和矛盾，其中资本在自我增值和利益最大化的驱动下，会忽视农民的利益诉求，以牺牲环境为代价，采取各种手段获得最大利益；而农民对市场抱着一种"合则用，不合则去"的实用态度，随着经济收益形势变化而不断调整自己对市场和资本的态度。政府则在发展地方经济、追求 GDP 的同时，注重社会稳定，对经济发展与社会稳定有着双重追求，在实际过程中会产生各种行为。中国政府在推进乡村经济社会改革发展过程中，往往会在市场化、社会化与农民利益保护之间不断寻找平衡点。在这种机制作用下，一方面，传统的乡村共同体趋向消解，在市场的雇佣关系、等价交换、优胜劣汰等机制的作用下，村庄生产生活所需资源依赖于市场配置，村庄卷入市场经济大潮中，受到国家整体经济发展形势的深刻影响；另一方面，农民和村庄为应对市场经济的经营风险和残酷竞争，开展内部合作，成立各种农村合作组织，同时国家基于统筹城乡发展的考虑，实施新农村建设，保护农民利益，增强农村经济活力，这些又在一定程度上在重建乡村共同体。毛丹还依据农村与市场、国家、城市之间作用关系的变化，认为当前农村正在经历从农业共同体到城乡社区衔接带的弱质自治社区的大转型，他还从经济共同体转型、治理共同体转型、农民社区转型等方面对大转型进行分析（毛丹，2010）。

黄家亮在对全国多个地区农村基层治理实践实地调查的基础上，认为当前中国乡村治理面临着四个方面的新形势：乡土社会的现代性变迁；乡村社会结构的深刻变化；个人权利意识的崛起与价值观念的多元化；利益纠纷的集中爆发与社会矛盾的复杂化。为应对这些方面的深刻变迁、推进乡村治理转型，各地进行大量各具特色的实践，总体上呈现以下几种趋势：通过"法律下乡"推进乡村秩序重建；通过"服务下乡"推进城乡一体化公共服务体系构建；通过"信息下乡"推进产业转型；通过开发利用传统资源激发社会自身活力。未来中国乡村治理应该从以下方面着手：构建"政府－市场－社会"合作共治的复合治理体系；通过农村社区建设实现基层政权重塑；积极培育经济、社会组织，拓宽农民社区参与渠道；将网络等新型技术手段应用于乡村治理创新（黄家亮，2015）。

二是从乡村自治与政权下乡的二元互动展开研究。邓大才依据20世纪日本"满铁"的"中国农村习俗惯例调查"资料，从乡村自治与国家政权建设关系的角度，分析了传统农村向现代社会转型过程中乡村自治机制与国家权力作用下乡村社会呈现的复杂变化。他认为，传统乡村社会是一种家政村治的传统，家是农民最重要的场所和单元，家政主要靠土地和家长来维系，其重要性大于村政。村治主要依靠习俗惯例来治理和维持，国家除征收田赋外，基本不进入村庄，但清末以来的国家政权下乡的过程，重点在于汲取农村财税资源，加剧了农村衰败，在一定程度上破坏了村庄原有治理体系，但没有完全替代习俗、惯例等农村传统治理因素（邓大才，2016）。

2. "伦理－精神－文化"

"伦理－精神－文化"的基本逻辑是，共同体是人组成的，人是文化塑造的，因此文化属性是共同体的基本属性。这个视角有一个理论前提，就是承认传统文化在历史上和现实中的重要作用，认为传统文化有其不可忽视的重要现代价值，要对传统文化进行创新性转化。这同党的十九大关于推动中华文化发展所提出的"创造性转化、创新性发展"的基本原则是一致的，同时也是对文化传承客观规律的深刻认识和尊重。

概括来说，学者关于共同体的文化因素分析可分为两类不同的价值取向和研究风格：部分学者侧重于展示共同体文化的多样性、丰富性、复杂性和独特性，强调地方性知识和独特文化对共同体的重要作用，这些学者力图展现不同共同体文化的特殊性、丰富性和多样性，这类研究多集中在个案调查和研究中；还有一些学者侧重揭示共同体文化的一般规律和具有普遍意义的理论，他们一般从社会总体出发，重视理论在解释社会共同体现象中的作用，提出要发现复杂社会现象背后的一般规律，除非从理论和整体的高度，不然就难以科学理解和把握社会问题，其研究特点是重共相、重整体、重一般。关于共同体文化分析的这两种不同研究取向反映了文化多样性与社会一般性之间的复杂关系。张光直曾从人类学的角度剖析过这个问题，他认为要在对个案研究进行深入调查的基础上，把个别文化同其他各种文化形态进行比较研究，在尊重文化独特性和相对性的同时，兼顾文化的世界性和一般性（张光直，1995）。具体来说，这些研究成果又可以细分为如下观点。

一是注重从共性角度去分析共同体的文化现象。采取这种研究思路的学者一般首先提出一个理论框架，以此为理论指导去解释、分析所面对的研究对象，或者根据田野调查数据或案例，在对既有理论分析得失的基础上，提出自己的理论分析框架。① 这种视角认为个性中孕育着共性，以共性概括特殊性。在这个视角下，许多学者提出了理解乡村共同体的文化范

---

① 比如，周雪光和艾云的《多重逻辑下的制度变迁：一个分析框架》（《中国社会科学》2010 年第 4 期），冯平等的《"复杂性现代性"框架下的核心价值观构建》（《中国社会科学》2013 年第 7 期）等。

式。比较有代表性的研究成果是徐勇教授提出的传统社会"以文治理"的观点，主张借鉴传统文化治理的经验，建立超越传统血缘关系的公共文化。徐勇认为，"以文治理"是中国国家治理的重要特点。不同的社会形态产生不同的文化，并发挥相应的治理功能，具有阶段性特征。传统中国以自然经济为基础，社会形态表现为"人的依赖关系"，形成了以人伦为中心的文化习俗。运用文化习俗进行"以文治理"具有内生性、民间性和生活性的特征，并表现为以家庭为载体，以乡贤为榜样，以官员为表率。社会主义市场经济改变了传统的"人的依赖关系"，形成了普遍的社会交往，物质生产力得到迅速发展。但市场经济特有的"物化"社会倾向开始出现，需要通过"以文治理""以文化人"加以克服。现阶段的"以文治理"要借鉴传统，努力使社会主义核心价值观大众化、生活化，发挥家庭、乡贤的作用，高度重视超越血缘地缘的公共文化建设（徐勇，2017）。王铭铭教授从人类学的角度，提出了"一样的人、不同的文化"的观点，认为尽管人类在种群上有区别，但人类遗传学的研究表明人类基本没有什么区别，人类生物学上的种族差异几乎可以忽略，种族上的差异不可能导致风俗、智力、文化等社会属性，人的基本属性是社会性，是由人类文化塑造的（王铭铭，2016：12~13）。还有的学者认为共同体文化建设要从差异中寻求共性，尽管存在不同的社区且其居民在文化属性和精神等方面存在特殊性和差异，但是仍然可以在这些不同和差异中寻求统一和共识，要在以党建文化引领社区文化建设、挖掘本土文化资源、增强社区互动互助、提炼社区精神标识等方面增加社区共同体文化认同（黄家亮，2010）。

二是注重乡村共同体文化多样性和特殊性，强调个性研究的特殊性，以地方性社区知识补充现有文化。如周大鸣和詹虚致认为，不同时期的经济社会背景决定了不同形式和内容的农村社会共同体内容，而共同体最本质的特征是基于共同的认同和归属形成边界清晰的群体，当前随着城市化和工业化、市场经济的深入发展，农村社会共同体在认同感和归属感上也受到很大影响。周大鸣和詹虚致以潮州所城的田野资料为基础，将祭祀圈概念与地域认同相关联，探讨所城村落共同体的形成与祭祀圈信仰组织之间的关系，描述所城祭祀圈的民间信仰仪式对村落认同的加强和巩固，以及在祭祀圈的影响下村落共同体的产生。在现代快速的社会变革下，所城的村落共同体不仅没有消失，反而依靠着祭祀圈的存在而延续了下来。他们认为，独特的祭祀文化是维持潮州村落共同体的主要原因。根据周大鸣和詹虚致的研究，乡村宗教信仰呈现多元神的特征，包括城隍、妈祖、观音、土地等各路神明。在信仰方式上也是多样化并存，形成神明－庙宇－庙社的信仰体系，信众以神明为精神信仰对象，以庙宇为依托，形成庙社的社会组织。由一个个庙社形成的祭祀圈，发挥着文化承袭和精神认同的重要作用，成为民间整合的重要方式和载体，它整合了村落的人际关系，使人们更为密切地联系在一起，形成稳定的村落共同体（周大鸣、詹虚致，2013）。

3. 社会资本

村落共同体社会资本突出地表现为整个村落共同体内的习惯、民俗、历史、传统及社会信任，包括村落内村民之间的互信以及村落整体在更高层次的区域系统中的声誉。村落共同体社会资本强调社会资本的公共性质，是村落内村民在长期的博弈合作中形成的，有利于村落内村民集体行动的产生。

池上新根据美国学者帕特南的社会资本理论，以田野调查数据为依据，将农村共同体的社会资本分为社会网络、社团参与、共同体互惠、共同体规范及社会信任五个方面。通过对统计样本的计量分析，他认为农村社会网络对社会共同体有正向作用，农村社会网络越发达，社会秩序越规范，爆发社会冲突的可能性越小，交往规模的扩大和深入发展有助于增强村民的互惠互信关系。有效社团参与同样有助于增进居民的交往和了解，有助于降低村民之间的社会纠纷和冲突，同时各种社会团体还有助于培养公共意识，为人们提供相互联系和交往的平台，增强共同体信任感。关于村落共同体的互惠和规范，池上新的研究表明，村落共同体的互惠机制和行为规范机制越发达和完善，村民之间交往就越频繁，社会网络资源总量就越大。关于社会信任，社会信任度越强，居民参与社会团体和公共事务的积极性越高，越有助于村落交往关系网络的扩大。在这些评价指标相互之间，社会网络与互惠规范、互惠规范与社团参与、社团参与与社会信任之间，存在复杂的因果互动关系（池上新，2013）。

4. 基层协商民主

从基层协商民主的角度去分析村落共同体是微观政治学研究领域的一个重要视角和重要课题。党的十八大以来，执政党从发展中国社会主义民主政治、应对世界范围内不同政治道路竞争挑战的政治高度，深刻指出协商民主在社会主义民主政治中的重要意义，认为协商民主是中国民主政治的重要实现形式，在扩大社会有序参与、保障人民权益、促进科学民主决策、化解社会矛盾、促进社会稳定、增加社会共识、加强和优化党的领导等方面发挥着独特作用。党的十八大将社会主义协商民主纳入社会主义民主政治的范畴，指出社会主义协商民主是我国人民民主的重要形式（《十八大报告辅导读本》，2012：27）。选举民主与协商民主是中国民主制度的两个重要组成部分。2015年，中共中央印发《关于加强社会主义协商民主建设的意见》，中共中央办公厅、国务院办公厅印发《关于加强城乡社区协商的意见》。《关于加强社会主义协商民主建设的意见》指出，不断完善村民会议和村民代表会议制度，积极探索村民议事会、村民理事会、恳谈会等协商形式。为了提高基层民主协商的效率，该文件还特别指出要注重吸纳利益相关方、社会组织、外来务工人员、驻村单位参加协商。党的十九大指出，协商民主是中国特色社会主义民主政治的特有形式和独特优势，要加强协商民主制度建设，形成完整的制度程序和参与实践，保证人民在日常政治生活中有广泛持续深入参与的权利（《党的十九大报告辅导读本》，2017：37）。这些重要文件的相关规定为发展基层协商民主提供了政策依据、指导思想和实施方案。基层协商民主的实施情况是反映和衡量农村村民自治的重要维度，基层协商民主的制度设计既是来源于基层干部群众在解决矛盾纠纷和化解利益冲突中的创新创造，也是村庄内部协调能力、合作能力、组织能力等的重要表现形式，反映了村庄的集体行动能力和内部凝聚力。基层协商民主为丰富和发展基础民主政治提供了有效的组织形式和参与平台。基层协商民主的优势在于，利益相关方平等参与到协商过程中，都有表达自己意见和诉求的机会，能够就同一问题进行深入沟通，通过商量、妥协、求同存异、理性包容、利益补偿等方式，发挥增进共识、化解矛盾、促成合作、提高效益的重要作用。这种制度设计使得普通群众也有机会参与到相关问题和决策过程中，改变了以往只有少数精英参与，普通群众参与不足的状况。

　　郎友兴基于对基层协商民主经验的观察和研究发现，基层协商民主创新案例通常发生在农村，农村的共同体属性同基层协商民主创新能力有着深刻内在联系。基层协商民主同乡村共同体互为依托，存在一种互构关系，具体来说，共同体是基层协商民主产生与发展的社会基础，同时基层协商民主为重构共同体提供了一次难得的机会和一个重要的渠道。从村庄的共同体性质来看，中国农村具有德国社会学家滕尼斯所界定的基于共同生活体验和情感认同的共同体属性。农村社会共同体是成员合作、交往、认同的社会纽带。这是基层协商民主能够契合中国农村实际，在农村顺利运作的社会基础。协商民主是一种建立在利益协调基础上的共识性政治，本质上是共同体下道义的重现，这种共同体的道义体现为农民的公平正义的认同和诉求。如果缺乏乡村共同体的社会基础和道义支撑，协商民主就难以有效地运行和可持续发展。同时，从基层协商民主的维度来看，农村基层协商民主实践之所以能够创造出丰富多样的实践形式，在于协商民主制度程序上的合理性，协商民主为基层党组织和政府同社会各方面进行有效沟通和协调提供了一个有效组织平台，通过这个平台，基层党组织可以准确收集群众的意见和要求，同时党的领导可以确保协商始终服务和服从于中心工作，使协商民主沿着正确方向发展。同时执政党的领导、推动和协调是不可或缺的一环，各级党组织在发展协商民主中，发挥着一种核心作用，在推动协商民主制度化、程序化过程中，执政党通过这种制度安排将社会各方面力量纳入正式体制和程序内，使利益相关方就共同问题进行讨论协商和沟通整合，在优化决策、化解矛盾、分配利益、形成共识中达到增强党的领导、提高经济社会效率、降低社会运行成本的重要目标（郎友兴，2016）。

（四）乡村共同体的主要研究范式

1. 村落共同体

　　该研究范式认为具有封闭、内聚特征的村落是中国乡村社会的基本结构单元。20世纪40年代，日本学者平野义太郎利用南满铁路公司的"中国农村习俗惯例调查"资料，提出了研究中国农村的"村落共同体"范式。平野义太郎认为，中国农村具有强大的凝聚力，村落具有自治机构，这些自治机构是在地域和历史沿革基础上自然形成的，既具有经济功能，也具有生活功能，构成乡村社会有机共同体。他还将中国村落同西方村落进行比较研究，认为中国村落建立在家族邻保、相互协作的小农生产基础上，形成了守望相助、整体亲和的乡土生活特征，乡村社会在农田水利设施建设、农田耕作、村庄安全、家族祭祀、民间信仰、婚丧嫁娶、道德共识等方面都具有共同体意义。

2. 基层市场共同体

美国学者施坚雅在《中国农村的市场和社会结构》一书中提出了"基层市场共同体"理论假设。施坚雅认为，不能仅从单个农村来认识中国乡村基本结构，因为不论是从结构上还是功能上，单纯的村落都是不完备的，构成中国基层社会结构的是以基层村镇为核心形成的基层市场共同体（施坚雅，1998：40），这种基层市场共同体平均辐射 18 个左右村庄，人口大概 7000 人，约 1500 户，以市场为中心形成一个正六边形结构（施坚雅，1998：44）。施坚雅还考察了基层市场共同体的周期性和流动性，指出由于市场规模、需求总量和利润等限制，生意人不得不从一个集贸点流动到另一个集贸点，以获得足够的收益（施坚雅，1998：11）。根据施坚雅的基层市场共同体理论，中国乡村社会不是一个封闭和自给自足的自治单元，而是与外界有着千丝万缕的联系，其中重要的联系纽带就是分布在广大乡村的市场交往体系，这些市场交易将一个个村庄联系起来，构成农民同村外世界联系的重要渠道。基层市场共同体的重要作用在于：一方面，满足农村的生产生活需要，农民衣食住行以及对信息的需求都依赖基层市场的供给，农民还可以通过基层市场将自己生产的物品进行出售，基层市场为维持农村的供给平衡提供场所和平台；另一方面，通过基层市场，农产品可以进入更高层级的市场体系，在农村与城市之间编织起交通的渠道和纽带。更重要的是，基层市场共同体除了具有市场交往的经济意义外，还具有基本的生活意义和文化意义：一是由于经常性的交往和参与，农民对其身处的基层市场非常熟悉，对市场区域情况比较了解；二是农民婚姻关系范围常常同市场辐射区域范围相吻合；三是宗族关系是否在同一个市场体系内而呈现不同变化，同一个市场体系内的宗族关系常常比较稳定持久，而不在一个市场体系内的宗族关系则随着时间的侵蚀而瓦解；四是许多重要农村社会组织和团体，尤其是与农业有关的社会组织，都把基层市场作为组织单位；五是农民的娱乐生活范围和内容同基层市场紧密相连；六是不同市场体系之间的度量衡会存在差别（施坚雅，1998：44～52）。

3. 文化网络共同体

杜赞奇在《文化、权力与国家：1900—1942 年的华北农村》一书中提出"权力的文化网络"分析框架，旨在从文化及合法性的角度，研究国家权力影响下的乡村社会发展，探讨 20 世纪上半叶中国国家政权建设与乡村社会之间的关系，描绘国家权力介入乡村社会的各种途径和方式，如经纪人、宗教组织、乡绅、象征性符号等。在"权力的文化网络"理论中，杜赞奇将文化及其合法性置于对国家权力分析的基础上，"权力"是个人、群体和组织通过各种手段以获取他人服从的能力，包括暴力、强制、说服及继承原有的权威（杜赞奇，2010：4），而"文化"指的是社会中存在的各种象征符号和规范体系，主要包括民间习俗、宗教信仰、道德情感、价值认同和家族血缘等，"文化网络"由乡村社会的多种组织体系及塑造权力的各种规范构成（杜赞奇，2010：1）。按照杜赞奇的"权力的文化网络"理论，文化网络是国家权威存在和发挥作用的基础，决定了乡村社会及其政治活动范围和参照坐标，国家权力的运行和发挥作用依赖于文化及其合法性，文化网络是国家及其代表者权威生产与再生产的来源，如果国家要对乡村进行有效统治，必须建立适应社会文化网络的新组织。杜赞奇认为，村庄共同体的内聚性本质在国家政权渗透下不断消解和变化，这种变化主要表现在村庄界线、摊派比例及征收方式、村庄政权组织等方面，这些变化并没有促使村庄变成一个合作实体（杜赞奇，2010：160），事实上，市场活动降低了村庄权威，村庄政权的正规化导致其与乡村社会文化网络脱节，乡村不再是一个具有强大内聚力的共同体，更多的是一种具有多种功能的实体（杜赞奇，2010：178）。

4. 小农村社共同体

中国学者温铁军对这一观点进行了有说服力的论证。他认为村社成员内部公有制条件下的小农村社制是中国农村经济社会的基本类型（温铁军，2009：6）。温铁军对农村社会结构的分析建立在他对农村基本经济制度，尤其是土地制度分析的基础上，他认为中国社会基本矛盾是人地之间的矛盾，并且在人口持续增长下日趋紧张，同时受制于城乡二元结构的体制性矛盾，农村基层社会以土地所有权和使用权的"两权分离"为基础形成相对合理的财产关系，这种产权关系边界以建立在血缘地缘关系基础上的自然村落为边界，由此基于村社内部的成员资格权而形成村社集体所有制（温铁军，2009：9）。温铁军还从历史纵向的角度，将新中国成立前农村的社会结构与新中国成立后，尤其是改革开放后的农村社会结构进行对比研究，他认为传统农村是一种以自耕农为基础的小农村社传统，新中国成立后我国进行了三次以"均分"土地为核心的农村基本经济结构调整，基本上是按传统农村社区边界，以社区成员资格为依据进行土地平均分配（温铁军，2009：35）。改革开放以来，我国农业基本经济制度是土地集体所有制及在此基础上的统分结合的双层经营体制，庞大人口基数与土地资源有限性之间的矛盾决定了农村土地更多地具有生存保障和福利功能，因此中国乡村是建立在土地集体所有、村社内部共有、对外排他的小农村社制度基础上（温铁军，2009：297）。而改革开放以后，农村虽然在形式上恢复了小农经济形式，但在经济基础和时代背景上发生了根本变化，决定了当前小农村社的新特征：一是农村土地、水利和其他生产设施的集体所有，农村经济基础和所有制结构发生重大变化；二是当前城市化和工业化迅速发展，农村外部宏观环境发生重大变化，农村小农经济不可能再退回到传统社会（温铁军，2009：39）。因此，温铁军认为中国乡村是建立在社区成员共有制的基础上，为解决农村劳动生产率低下、提高农村经济活力、应对城市资本对农村挤压等一系列问题，其出路在于挖掘和利用传统农村的组织资源，重新培育建立在家庭承包经营基础上的各类农村合作组织，将外部市场关系转化为内部合作制度，从而降低交易费用（温铁军，2009：16）。

三　研究方法与分析维度

（一）研究思路与方法

1. 研究思路

在研究思路上，本研究既从宏观整体，尤其是从党的十九大提出的实施乡村振兴战略的高度，来思考乡村共同体的存在意义、发展方向和建设路径，将乡村共同体研究纳入国家整体发展战略布局中，使研究具有政策高度和理论深度，同时又从微观层面，深入乡村实体，从历时性维度和共时性维度，仔细考察影响和制约乡村共同体的现实与历史因素及其相互缠绕而衍生的复杂关系，呈现乡村社会共同体内部的精细内容。具体来说，坚持自上而下与自下而上相结合的研究思路，在进行个案研究和"解剖麻雀"的同时，强调中央政策导向和国家权力、市场经济的深刻影响，不使个案研究走入狭隘偏僻、细枝末节的误区，避免本书沦为琐碎繁杂的材料收集和素材堆积的技术性工作，而使个案研究始终围绕主题展开，彰显学术研究的理论性和反思性，从宏观维度和理论高度理解和解释发生在城郊村落的那些深刻变化和生动故事；另外，走出书斋，深入基层，依靠田野，寻找灵感，增长见闻，做对话、同情与理解式的研究，以中国故事丰富文本、启发思想、发展理论，不使理论成为抽象刻板的教条，从而力图在上下、内外、理论与实践之间达成相互勾连、互为补充、共同推进的良好态势，进而使本研究既有丰富坚实的田野素材支撑，又具有较好的学理高度、学术深度和政策敏锐性。

2. 研究对象

本研究的研究对象"杨家大塆"是一个典型的城郊村，隶属武汉市黄陂区横店街道。村民们对于村庄一直沿用"杨家大塆"这一称呼，较少使用正式的行政称呼，因此全书也统一把研究对象称作"杨家大塆"。关于杨家大塆的前世与今生，会在第二章详细说明。

选择杨家大塆作为研究对象，是因为它已经完成了由最初的地缘共同体、宗族共同体走向彻底瓦解的全过程。和中国大部分农村一样，杨家大塆在土地制度发生变革的大背景下，由新中国成立前的宗族共同体过渡为集体化时期整齐划一的集中统一共同体，再从改革开放后逐步开始消解。从这个层面上看，杨家大塆只是村落共同体走向消解的一个历史缩影。在城镇化、工业化发展背景下，杨家大塆有着作为城郊村的特殊性，其耕地、宅基地逐渐被征收，宅基地房屋被拆迁，土地市场化程度、共同体消解速度及显性化程度远远高于同一时期的非城郊村庄。截至 2014 年，全村 989.5 亩耕地仅剩 23 亩；截至 2017 年底，全村 238 户中的 192 户已被拆除，曾经鲜活的杨家大塆很快被从地图上抹了去。共同体地域意义上的消失意味着共同体彻底的终结。在这个层面上，杨家大塆对于那些尚未拆迁或者仍将存在的村庄而言，具有作为研究对象的特殊意义。同时，笔者认为，在市场化大潮中，以血缘关系为纽带的传统村落共同体都将会逐步消解，只不过杨家大塆的命运是城市化，而其他乡村共同体则蝶变为以市场关系为纽带的现代新型乡村共同体。

3. 研究方法

根据村落共同体形成、演变、解体的时间跨度，本研究运用了以下三种具体的研究方法。

（1）深度访谈。深度访谈法是社会学和人类学研究中广泛应用的方法，通过无结构式的、直接的、面对面的交谈，获得深度事实以及被访谈者对某一问题的潜在动机、态度、情感等复杂细节。由于本研究涉及的年代跨度较大，涉及新中国成立前、新中国成立后集体化时期的历史，以及近年来征地拆迁等相关政策的执行，深度访谈是较好的研究方法，在深度访谈基础上形成多个案例，为观点的论证提供事实依据。本研究的访谈对象包括下列范畴和人员。

①黄陂区国土资源和规划局、黄陂区发展和改革委员会、横店街道办事处、横店国土资源管理所多个部门领导、工作人员。笔者有幸与他们分别进行了多次深度的访谈、座谈，听到了权威的官方声音，也听到了发自地方政府官员内心的声音。

②杨家大塆村民委员会主要成员，包括村支书、村主任、副主任、民兵连长、妇女主任共5人。村干部为笔者提供了强有力的帮助与支持，通过他们，了解了全村共238户居民的基本情况，为下一步针对个体村民的深度访谈奠定了良好基础。

③杨家大塆经历、见证过新中国成立前土地私有制时期的七八十岁长者。

④杨家大塆经历、见证过新中国成立后集体化时期的人员（主要出生于1970年之前），其中包括曾经的幸福大队支书、大队长、副大队长、民兵连长、妇女主任、会计；小队生产队长、副队长、会计、出纳、记工员、妇女队长。

⑤曾经的东风人民公社（横店区）乡长、武装部长、书记员。

⑥杨家大塆改革开放后历任村委会部分成员。

⑦杨家大塆约122户普通村民。他们都属于"失地农民"，其中的青壮年在周围工业园区、武汉市区或其他省份打工，年龄稍大的则周期性地在周围工业园区和武汉市区内打工。

⑧"走出"杨家大塆的人员21名。他们出生、成长在杨家大塆，由于时代变迁，在恢复高考以及改革开放之后，从塆里走了出去。由于原生家庭的关系，每年多次回塆里看望亲人或祭祖。

深度访谈的具体方式，主要采取了以下三种：①圈定式访谈，即研究者圈定必须访谈的对象，这包括上述黄陂区、横店街道相关政府部门领导以及工作人员，现任杨家大塆村民委员会成员；②推荐式访谈，即让访谈对象推荐访谈对象，这一方式具有针对性，可以提高访谈的质量和效果，厘清共同体发展每一阶段的具体情况，使研究更趋于完整和完善；③追溯式访谈，即通过访谈了解到一些事和事件涉及的人后，顺藤摸瓜，沿着线索继续追寻当事双方甚至第三方进行访谈，探寻各方意见。实践证明，这个方法可以使案例事件更加客观、透明，能够深挖到很多意想不到的第一手资料，同时，也极大地提升了访谈效果。

比如笔者在调研中听说塆里两兄弟因为之前征收耕地的补偿款和增补款而闹到彻底翻脸，村委会为调和矛盾不得不暂扣增补款。事件属于带着强烈主观色彩的家庭内部纷争，为了保持"价值中立"，笔者分三次，用三种不同的沟通方式分别与兄弟二人、第三方的村委会相关干部进行了深度访谈，客观地厘清了整个事件的来龙去脉。

这里需要补充的一点是，针对村民的深度访谈，塆里的房屋布局提供了很多的便利。空间和视线对于大部分农村的公共生活至关重要，曾经的杨家大塆，因为是一个大家族，每栋住宅之间都有道路连着，象征着开放而又紧密的家户和交往方式，从一家进入另外一家，又或是一家聊天另外一家参与进来，都是常有的事。而后来的杨家大塆，为了在宅基地拆迁中获取最大化利益，户与户之间几乎都横着无人居住的待拆迁房。笔者刚进入杨家大塆调研时，看到的是高低不平的房挨房，所有道路仅可勉强通过一辆轿车。这种隔断视线的空间，虽然压抑，但对于某些敏感案例的一对一深度访谈提供了良好的隐蔽性。如果杨家大塆还是过去那样开放的交往方式，有些访谈恐怕无法顺利进行。

（2）实地文献分析。深入研究乡村共同体的民间文献、政策文件及理论成果，充分利用既有研究成果展开研究。从社会学、政治学、人类学、马克思主义理论等经典文献和理论中抽丝剥茧，对比印证，寻找差异，分析原因，寻求思想资源和理论思考，在此基础上探讨乡村共同体建设的理论源头，形成本书关于乡村共同体的分析体系。此外，对于本研究，黄陂区档案馆、黄陂区财政局、黄陂区统计局、黄陂区国土资源和规划局、横店街道办事处、杨家大塆村委会给予了大力支持，同时提供了大量文献资料。这些文献资料大致分为以下类别。

①黄陂、横店、杨家大塆情况介绍类，包括《黄陂通志》《黄陂县情要览》《横店镇志》《杨氏宗谱·清白堂第二卷》（通过黄陂区档案馆、杨家大塆村委会获得）。

②档案、资料、数据类。根据文献出处不同，笔者将它们分成六类。第一，1949～2006年黄陂县（区）①委员会文件材料一百余本（通过黄陂区档案馆获得）。其中新中国成立初期的文件很多为手写版，且年代久远，很多已模糊不清，笔者后期对其进行了加工、修订。第二，黄陂县（区）1978～2017年全口径财政收入表（通过黄陂区财政局获得）。第三，黄陂区2016年统计年鉴（通过黄陂区统计局获得）。第四，黄陂区2005～2017年国有土地出让收入完成表、黄陂区2005～2015年土地征收和出让情况汇总（含历年土地存量、土地征收面积、土地出让面积、征地补偿金额、土地出让金额）、杨家大塆土地资源和规划情况及综合图（通过黄陂区国土资源和规划局获得）。第五，横店街道办事处关于启动"杨家大塆片区改造项目"的请示（通过横店街道办事处获得）。第六，杨家大塆1994～2014年耕地征收情况表（通过杨家大塆村委会获得）。

（3）浸入式观察。"要说明中国社会是个什么样的社会，科学的方法只有实地观察，那就是社会调查。"（费孝通，2009a）浸入式观察（immersion）意味着笔者要在所选择的村子居住较长的时间，与村民建立起笔

① 1988年撤销黄陂县，设立武汉市黄陂区。

者就是他们其中一分子的互动关系。迈克尔·V. 安格罗西诺等人分析了大量田野研究的文献，认为观察法正从古典传统里的程序转变成一种文本视角。这种视角强调研究者和研究对象之间的互动与对话关系。笔者采取的浸入式观察就是一个研究者和研究对象互为主体性的过程。成功的参与和互动，最基本的条件就是关系的建立。而笔者的先天优势在于，家中有亲属是杨家大塆村民并长期在那里居住。此外，笔者年幼时有过一段在当地生活的经历，因此，一部分村民于笔者而言，不算陌生。这些特殊的"背景"，使得笔者在调研中后期顺利融入邻里关系，成为邻里中的新成员，村民十分乐意回答各种问题，甚至包括比较敏感的家庭内部矛盾问题。

笔者 2015 年 7 月前往杨家大塆调研，由村委会副主任引导进入"现场"。当时杨家大塆刚好处于宅基地拆迁的敏感阶段，因此，一部分村民看到是村干部"带来的城里人"，有的有抵触情绪，有的是不想"蹚浑水"，并不愿意讲"真心话"。尤其村里出了名的一家"钉子户"，更是将村干部和笔者拒之门外。经过后来多次的走访，以及和熟识的、当地有威望的乡贤沟通，由这户男主人唯一信任的村里的"能人"引荐，"钉子户"最终向笔者"打开心扉"，心酸地诉说了自己的遭遇，以及受到的各种"不平"待遇。在村里做调研的大部分时间，笔者都住在塆里的亲属家，亲属属于塆里的老辈，深受村民尊敬。借助亲属在塆里的声誉和威望，以及笔者反复地各家串门、聊天，逐渐熟悉并融入了杨家大塆的生活，与大多数村民建立起信任，获取了大量珍贵的第一手资料。村里耄耋的老者向笔者讲述新中国成立前和新中国成立初期的故事，让那段似乎尘封多年的历史再次跃然于眼前；花甲的长者向笔者描述集体化时期以及改革开放初期的往事，仿佛历历在目；而在谈到近年来最让人兴奋的征地拆迁时，几乎所有的村民都滔滔不绝。有的村民拿出自家弟弟的欠条，有的甚至直接摆出和自家哥哥为了征地补偿款而闹上法庭的诉讼状，大声痛斥、哭诉。这一切都让笔者感慨曾经的共同体一去不复返。同时，笔者目睹了 2017～2018 年杨家大塆被拆迁的全过程，从计划拆迁到动员村民签订拆迁协议、对外招标，再到拆迁、动工，经过紧张激烈的博弈较量之后，曾经鲜活的村落很快在地域意义上"消失"了。

对村落进行田野调查所采用的办法和方式同在城市中进行社会调查所采取的方式有较大区别。进入乡村，意味着研究者要重新适应时间和地点在生活中被建构的方式。笔者进入杨家大塆调研之时，塆里的耕地早在几年前就已被征收殆尽，整个塆子的村民成了名副其实的"失地农民"，加之周边临空工业园的发展，村里大多青壮年白天在园区打工，傍晚回家，和城市朝九晚五的上班族相差无几，因此，白天的杨家大塆就只剩老人和部分妇女儿童。要对村里这部分"上班族"进行访谈，不得不等到休息日；而平日里那些文化程度较高、比较好沟通的老人和妇女，下午无一例外都要去"码牌"（打麻将），这是村里最流行的娱乐方式，也缓解了无地可种的无聊与失落感。刚开始调研时，尚未摸清村民们的生活规律，下午出去访谈，发现家家户户几乎找不到人，循着麻将声才找到了人们的聚集地——棋牌室①。自那以后，每一次串门和访谈只在上午进行，或是下午在棋牌室和旁边站着围观的老人聊上几句。

本研究对于研究方法的最大创新之处在于把村民访谈和其背景材料②、村干部访谈三者相结合，采用"两方访谈和背景材料三重法"。具体来讲，就是在与某个村民访谈前，笔者会先通过村干部拿到其相关资料，然后用访谈的方式从村干部那里得到一些额外的、资料里没有的信息，侧面了解村民情况。在与村民的访谈中，就可以和笔者提前掌握的信息进行相互补充、相互印证，不仅提高了访谈质量，还构建了完整、生动的案例内涵。而这种方法的运用不仅是方法论的问题，也是一个实践问题，笔者幼年在杨家大塆生活的经历以及"天然"的与杨家大塆的联系，使得村干部把笔者看作大半个内部人，在这个研究方法的实施运用过程中，他们也乐于提供支持与帮助。这也是很多研究者无法具备的优势。

（二）村落共同体的分析维度

共同体理论与实践引起了来自社会学、法学、政治学、哲学、人类学等多个学科的学者浓厚的研究兴趣，在众多学科的学者们的共同努力下，形成了多学科交叉研究、相互促进、共同推进的良好态势，使得共同体研

---

① 所谓"棋牌室"，实际就是村民为了后期拆迁"种"的毛坯砖瓦房。平时不住人，只是用作每天下午打牌的场所。关于"种房子"，后面章节会详细讲述。

② 村委会有每个村民的基本情况介绍资料，相当于简化版的"简历"。

究领域也逐渐形成了一个"学术共同体",累积了蔚为大观的研究成果。尽管如此,共同体的相关理论依然存在诸多争议,难以达成一致意见,许多问题仍然有待深入研究和澄清。综合现有研究成果,由于所处的历史阶段和时代背景、学科背景、研究旨趣的不同,不同学者所得出的结论和观点并不一致,有的甚至完全相左。比如,滕尼斯关于共同体的界定同吉登斯关于共同体的界定就完全不同,涂尔干强调共同体的社会认同和道德准则,而安德鲁·海伍德则强调共同体的政治属性和组织状态,哈耶克则从自由主义立场批评了传统的血缘地缘共同体,认为这样的共同体对日益扩大的社会交往和社会分工是无所助益的,再比如安德森的"民族国家"共同体则强调归属感和身份认同,认为共同体可以突破地理上的限制,基于共同文化和历史,也可以成为共同体,如犹太人共同体。在实践中,我们也注意到,每一种共同体在范围、大小、亲密程度、利益关联、认同基础等方面都不尽相同,这也是学者们对这个问题存在分歧,甚至激烈争论的重要社会根源。当然,对这个问题的不同认识有助于从不同侧面深化对其的认识和理解,有助于启发后来者,让他们得以在一个较好基础上做出更有创见性和前瞻性的研究成果,从而达到揭示事物发展规律、认识事物本质、更好地指导社会实践的目的。在本书的研究中,笔者尝试从"一定地域""利益纽带""精神纽带""互动交往""传统文化""社会秩序"六个维度来构建分析我国村落共同体的研究指标体系。具体来说,把这六个抽象的维度分别细化为具体的一级指标,每个一级指标下,又分别确立二级指标,部分二级指标下还设立三级指标、四级指标,通过对这些指标的观察,展现村落共同体在每一历史时期的丰富内涵,阐述村落共同体嬗变的原因和规律,分析土地制度变革与村落共同体变迁的内在联系。这些指标体系的形成基于田野调查得来的丰富资料,同时也广泛参考和充分借鉴了已有的关于共同体的理论分析,尤其得益于马克斯·韦伯在《社会学的基本概念》里从情感、理性、合作、斗争、认同等维度对共同体的分析(韦伯,2011:77~79),张康之、张乾友(2012:24)在《共同体的进化》里从利益、交往、竞争、制度等维度对共同体的分析,费孝通和王铭铭关于文化对人的社会化塑造的论述(费孝通,2009b;王铭铭,2016:8~14),李国庆在《关于中国村落共同体的论战——以"戒能-平野论战"为核心》一文里从农村社会组织建设、社区文化、村民认同、日常交往等方面对乡村共同体的阐述（李国庆，2005），徐勇教授在《中国家户制传统与农村发展道路——以俄国、印度的村社传统为参照》一文里从互助合作、利益分配和血缘认同等维度对以家户制传统为基础的乡村治理格局的论述（徐勇，2013）。

1. 一定地域：行为边界

地理环境和地域范围具有重要的社会学和政治学意义。不论是规模较大的民族国家共同体，还是规模较小的村落社区共同体，甚至党的十八大以来习近平总书记提出的人类命运共同体，都以相应的地理承载和活动空间为物质基础，共同体的形成和变化离不开一定地域范围。因为人的社会交往活动总是在地理单位内发生和发展的，不可能在想象和文本中产生和演变。地理空间对共同体的存在与演化有两点重要意义：一是为社会关系的产生、发展和演化提供了物理基础；二是地理边界和地域范围同时也确定了共同体的边界，为共同体成员的集体认同感提供了判断依据，当集体成员区分"我们"与"他们"时，往往与共同体的地域范围是一致的，因而不能忽视地理标识所具有的重要社会属性和政治属性。

从西方学界对共同体的认识来看，不同学者在不同时期、基于不同理论、从不同角度，对共同体的地域性做出了重要论述，形成了丰富的研究成果。

早在古希腊时期，亚里士多德就从政治地理学的角度，指出疆界大小、地理环境、山势地形、交通便利等因素对城邦共同体的安全、繁荣和治理的重要意义。亚里士多德认为，城邦是人为了满足生活需要的有机结合（亚里士多德，1965：7~9）。从这个意义上说，亚里士多德的城邦等同于共同体，而城邦建立在自然村落上，是村落联合并向高级社会形态演化的最终成果。亚里士多德还指出，土地是城邦最重要的因素，土地数量及性质对于财富生产具有十分重要的意义，同时城邦必须有适合的地理位置以利于防守，还要有交通上的便利，适于对外经济交往，维持城邦繁荣（亚里士多德，1965：363~365）。从18世纪开始，工业革命的浪潮席卷西方，在工业革命和市场经济强大动力作用下，西方率先展开从传统农业社会向现代社会的跃迁，传统乡村共同体逐步解体，新的工业社会生产生活方式逐步确立。伟大变革时代也是伟大理论产生的沃土。这种巨大社会变迁引起了许多学者对社会共同体理论的深入思考，其中以滕尼斯关于共同体与社会的研究为代表。滕尼斯关于共同体的理论建立在对共同体与社会的辨析基础上。正如克雷格·卡尔霍恩所言，18世纪和19世纪的共同体思想，很大程度上是建立在"城市和乡村是对立的"这一概念上的。进入20世纪，随着交通、交流技术的迅速进步，世界各地被更加紧密地、频繁地联系起来，西方学者以更加开放的视野去研究共同体问题，对共同体又有了新的认识，主要是消解了土地在早期研究中的意义，主张去地域化，对具有浓厚地域性特征的共同体进行拓展，更注重从经济利益、共享文化、归属感和认同感等维度来界定共同体。美国芝加哥社会学派的学者帕克认为，共同体是在一定空间由社会分子聚合而成，其成员在其中有一定住所，并共同生活和合作的组织。帕克等认为共同体从根本上说既是一种经济组织，因为其中的人们共同生活并促进分工，同时也是一个文化的团体，有共同的风俗、语言和组织（帕克、伯吉斯、麦肯齐，1987：2）。帕克所描述的共同体，实际上指已经建立在现代市场经济和社会分工基础上的各类社会组织，在内容指涉上等同于滕尼斯所言的"社会"，而与滕尼斯所界定的共同体已根本不同。齐默尔曼则从共同体内涵演变上，追溯了共同体曾经的含义，认为共同体一度主要指以地缘和血缘为基础的自然演化而来的团体，在这个团体内成员彼此熟悉、相互合作、交往频繁，在此基础上形成相互依赖的情感纽带和精神认同。英国社会学家吉登斯从现代性的角度，提出"脱域"机制理论（吉登斯，2011：16），认为现代性大大延伸了时间和空间，前现代社会的时间和空间是一致的，社会活动大多数情况下是地域性活动，但现代社会的到来把空间从地域范围分离出来，那些地域性事件受到来自遥远地方的社会关系的深刻影响。总的来看，吉登斯并不认为现代性的后果是共同体的瓦解。他认为，尽管脱域机制导致非地域化的社会现象，但非地域化意味着再嵌入，它使得那些来自地方经验和信息得以全球化的社区被知道和共享，因此，吉登斯既不认为全球化摧毁了地方性共同体、吞噬了个人，也不认为我们会活在一个陌生世界里（吉登斯，2011：124～125）。

　　西方国家作为现代化的先行者，其在从传统社会走向现代社会过程中，各类共同体变迁的历史经验和治理经验对我们是有借鉴意义的。西方学者基于现代性与传统的二分法，对共同体研究所取得的理论成果也是值得重视和借鉴的。当然，我们还要看到，中国作为一个地域发展不平衡的发展中大国，有着自己独特的历史境遇和特殊国情，同时在发展阶段和发展道路、社会制度、意识形态等方面也同西方国家有着重大区别。因此，研究乡村共同体，必须立足于本土，既要注重本国历史文化资源，尤其是深厚的农耕文明传统，又要注重发展道路选择，从中国特色社会主义发展道路的高度来认识问题，构建符合中国需要、具有解释力的共同体理论。

　　从中央政策对共同体的重要论断和权威界定来看，中央将共同体界定为一定地域内人们的有机联系体，在城市一般是指居委会所管辖社区，在农村一般是指在传统村落基础上建立的行政村。很显然，中央是从加强国家治理基础、巩固党的执政根基、提升社会管理效率的角度，来界定社会生活共同体的地域范围。这是明确管辖范围和主体责任、加强社会管理、推进社会治理的前提条件。2000 年，中共中央办公厅和国务院办公厅转发《民政部关于在全国推进城市社区建设的意见》（中办发〔2000〕23 号）（以下简称《意见》）。该《意见》明确指出，社区是指聚居在一定地域范围内的人们所组成的社会生活共同体，同时还明确城市社区的范围，即经过社区体制改革后做了规模调整的居民委员会辖区。2006 年，党的十六届六中全会明确指出，要积极推进农村社区建设，把社区建设成为管理有序、服务完善、文明祥和的社会生活共同体，同时还将社会生活共同体同农村居民自治、农村社区建设结合起来，实现政府行政管理和社区自我管理有限衔接、政府依法行政和居民依法自治良性互动（《〈中共中央关于构建社会主义和谐社会若干重大问题的决定〉辅导读本》，2006：26～27）。从该文件精神来看，乡村社会生活共同体以法定行政村为基本地域范围，使村民自治的发展方向和奋斗目标更加明确，即要把农村建设成管理有序、服务完善、文明祥和的社会生活共同体。2007 年，党的十七大报告指出，要以城乡社区为基本单元，建设管理有序、服务完善、文明祥和的社会生活共同体（《十七大报告辅导读本》，2006：29）。2015 年，中共中央办公厅和国务院办公厅印发的《关于深入推进农村社区建设试点工作的指导意见》明确指出，农村社区的范围以行政村为基本范围。① 2017 年，中共中央和国务院印发《关于加强和完善城乡社区治理的意见》，指出将城乡社区作为推进社会治理的基本单元，并提出要推进城乡社区治理体系和治理能力现代化的重要奋斗目标。

可见，综合党和国家的重要政策和《宪法》《村民委员会组织法》等法律的相关规定，我国乡村共同体的地域范围以法定的行政村为边界，这既是出于社会管理的可操作性和可行性的现实需要，同时也是尊重村落传统边界的结果。乡村共同体往往建立在传统的小农村社（温铁军，2009：9、168）的地域基础上，是法定村级行政单位、传统小农村社、传统乡村生活单元三者在一定区域上的重合，折射出历史传统和现实逻辑在当下时空的交汇融合，因此，地域上的改变同时也意味着村社共同体的变化。可以说，当前乡村共同体存在的危机首先来自地域边界和地理环境上的改变，这表现为：一是随着市场经济深入发展，流动性人口猛增，大量人员走出传统村社，不仅在地理距离和空间位置上远离农村，走入城市，形成一种"两地社会"现象，而且在情感、思想、认同上更多接受城市生活，乡村共同体逐步成为一种遥远而模糊的记忆，归属感淡化甚至不复存在，乡村精神共有家园失去地理依托，更重要的是在经济收入和利益分配上，这些外出工作者主要通过市场经济的商品货币关系和雇佣与被雇佣的方式获得，对他们来说，城市劳动报酬收益更高，原先乡村利益生产与交往关系网被打破，斩断了乡村共同体的重要经济纽带功能和对土地那种脉脉温情；二是随着城镇化的迅速推进，大量农村土地被征收或被部分征收，"皮之不存，毛将焉附"，传统村落实体在城市化和工业化过程中被打散，原先乡村共同体诸如土地、人员、资金、社会组织等构成要素转化为城市生产生活的一部分，土地用途的改变使农民进城上楼，这不仅是一种地理环境和生活方式的改变，还是一种价值观和心理体验上的巨大冲击。

为了更好地探索地域在乡村共同体研究中的社会学意义，经过深入调查和反复思考，本研究在构成乡村共同体的"一定地域"维度下设置三个

---

① 《中共中央办公厅、国务院办公厅印发〈关于深入推进农村社区建设试点工作的指导意见〉》，中央人民政府门户网，2015 年 5 月 31 日发布，http：//www.gov.cn/xinwen/2015 - 05/31/content_ 2871051. html。

一级指标，分别是地理环境、居住环境、村庄土地。

在"地理环境"指标下，设置地理位置、地貌特征、气候特征和自然资源等具体二级指标。尽管当前人类改变世界和利用自然的能力得到迅速发展，但经济社会发展仍然受到地理环境因素的深刻影响。美国学者贾雷德·戴蒙德在《崩溃：社会如何选择成败兴亡》一书中指出尽管没有一个社会的崩溃可以完全归咎于环境变化，但生态环境变化、气候变化和人类对此的应对措施是影响文明兴衰的关键性因素（戴蒙德，2011：11）。地理环境和所能利用的资源属于乡村的自然禀赋，对社会生产生活和组织形态具有重大影响：一是决定了农作物的种植时间、种类、长势和收成；二是决定了乡村对内对外交往交流的便捷程度，影响乡村的交易成本；三是自然资源的种类和多寡将影响乡村经济社会发展形态和发展程度。在"地理位置"二级指标下，设置三级指标地理边界，它是共同体存在的根本，改革开放后农民逐渐"脱域"，意味着共同体地域意义上的消失，这是共同体走向消解的重要标志。

在"居住环境"指标下，设置卫生状况、乡容村貌、自然生态等具体二级指标。卫生状况主要指实行垃圾和污水处理、废弃物循环利用机制，以及秸秆随意抛弃和焚烧等脏乱差问题。乡容村貌主要指房前屋后有无乱堆乱放情况，公共场所干净整洁程度，厨房、厕所、牛栏猪圈的改造情况等。自然生态主要指村庄绿化率、历史文化遗产和古树名木等受保护情况。

在"村庄土地"指标下，设置耕地、宅基地两个二级指标，根据土地不同性质，设置土地总面积、土地征收、土地流转三个三级指标，"土地征收"三级指标又包含征收历史、征收缘由、征收面积、剩余面积等具体四级指标。土地是乡村最重要的自然资源和社会资源，在人口与土地资源关系紧张的情况下，土地客观上发挥着社会保障的福利性作用，因此土地总量与村庄财富息息相关。征地其实是土地用途的改变，部分或全部农民失去土地，更意味着村落共同体赖以存在的物理空间不复存在。土地流转是深化农村基本经营制度改革，推进农业规模化发展的重要方式，在保留承包权的前提下，将土地经营权流转出去，对许多外出工作者来说是一个双赢的选择。

2. 利益纽带：生产生活

经济活动及相关利益的生产分配是维系和巩固共同体不可替代的纽带。马克思从唯物史观的角度，深刻指出了生产和再生产在社会共同体中的基础性作用。马克思是从人的生存需要和社会物质生产的角度来展开分析的，他指出，"我们首先应当确定一切人类生存的第一个前提，也就是一切历史的第一个前提，这个前提是：人们为了能够'创造历史'，必须能够生活。但是为了生活，首先就需要吃喝住穿以及其他一些东西。因此第一个历史活动就是生产满足这些需要的资料，即生产物质生活本身，而且，这是人们从几千年前直到今天单是为了维持生活就必须每日每时从事的历史活动，是一切历史的基本条件"（《马克思恩格斯文集》第 1 卷，2009：531）。物质资料的生产是人类社会和历史的基础，也是推动社会发展的原动力。物质利益关系是社会的本质属性。社会共同体的真正根基建立在一定生产方式及利益分配关系基础上，"人们之间一开始就有一种物质的联系。这种联系是由需要和生产方式决定的，它和人本身有同样长久的历史"（《马克思恩格斯文集》第 1 卷，2009：533）。这种建立在社会分工基础上的共同劳动决定了人"不仅是一种合群的动物，而且是只有在社会中才能独立的动物"（《马克思恩格斯文集》第 8 卷，2009：6），单纯的孤立的人类活动是没有的，人一开始就是社会的人，必须在社会合作中才能扩大生存来源，不断生产日益丰富的物质财富和精神财富。马克思明确指出，人类本质体现在人的社会活动中，而社会活动总是历史的、具体的，"为了进行生产，人们相互之间便发生一定的联系和关系；只有在这些社会联系和社会关系的范围内，才会有他们对自然界的影响，才会有生产"（《马克思恩格斯文集》第 1 卷，2009：724）。因此，不能对社会共同体做个人的原子式理解，也不能对社会做抽象的先验式理解，而是要立足于经济社会实践本身，采取历史唯物主义分析视角，从共同体所赖以产生的具体历史条件出发，分析共同体的经济关系、社会关系、文化关系和伦理关系。

可见，共同体必须有共同的经济生活，只有建立在共同的现实利益之上，共同体才有稳定可靠的现实基础。对于乡村共同体的存在与发展来说，村集体经济的存在与壮大为农村基层自治组织团结带领群众、服务群众、增强村级自治组织凝聚力，提供了必要物质基础和经济手段。当前乡村共同体出现的凝聚力衰退、向心力弱化、团结力不强等问题，都同村集体经济状况恶化、村级自治组织服务和动员群众能力有限有很大关系。从国内学术界研究来看，一些学者认为，重建乡村利益联结纽带，是加强农村经济社会发展的重要途径。温铁军教授认为，中国推进农村农业现代化，解决"三农"问题，不能照搬西方"土地私有化"和"市场化"的理论，主要原因在于西方在推进城市化和现代化过程中，是以对外开疆拓土、海外殖民和资源掠夺、矛盾转移等为前提，当前中国不具有这样的历史条件，不能以这种方式来转移矛盾，缓解人口与资源、人口与土地之间的紧张关系。因此，解决当前"三农"问题，要立足农村现有基本经营制度，通过建立农民协会，推动建立各种农村合作组织，提高农业的组织化程度，以此实现乡村自治，使组织起来的农民在与地方权力和资本的博弈中拥有谈判地位，就能够保护自己的土地财产（温铁军，2013，2015）。张晓山（2015）认为，经济发展新常态下，农业农村面临着转变发展方式、推动农村现代化的重任，当前要在坚持以家庭为基本经营单位的基础上，适度发展农业规模经营，同时发展形式多样的农村合作组织，促进农民之间合作，不断提高农村经济社会发展效益。贺雪峰（2015）认为，农村现代化面临着土地种植经营分散与现代农业技术和规模种植之间的矛盾，他通过研究江苏射阳县的"联耕联种"和湖北沙洋县的"按户连片"，认为这两者成功的经验都是根据实际需要对土地耕种关系进行调整，重新调整了乡村土地利益生产与分配格局，因而释放了农业生产力，不仅改变了之前土地分散经营、碎片化严重的格局，还提高了农业现代技术装备水平，降低了种植成本，提高了经营效益。

事实上，加强对农村经济社会建设投入，建立完善城乡融合发展体制机制，鼓励各类社会组织通过各种渠道参与农村事业建设，推动社会治理资源下沉，培养具有现代知识和技术的新型农民，不断提高和壮大农村集体经济组织的实力，是党和国家加强"三农"工作的一贯要求，也是解决"三农"问题的重点工作。党的十八大以来，中央更加注重从统筹城乡经济发展和促进城乡公共资源均衡配置的角度，不断推进农村发展和农民富裕，同时通过深化农村土地制度改革和基本经营制度改革、征地制度改革，发展农业合作社，壮大集体经济等方式和途径，来夯实农村繁荣稳定和生活富裕的经济基础，推进实施乡村振兴战略。党的十八大指出，要加大统筹城乡发展力度，坚持工业反哺农业、城市支持农村和多予少取放活方针，让广大农民平等参与现代化进程、共同分享现代化成果（《十八大报告辅导读本》，2012：23）。党的十八届三中全会从构建新型农业经营体系、赋予农民更多财产权、推进城乡要素平等交换和公共资源均衡配置等维度，系统地提出了农村经济社会发展的改革步骤和方案（《中共中央关于全面深化改革若干重大问题的决定》，2013：22～24）。2015年，民政部印发的《贯彻落实〈关于深入推进农村社区建设试点工作的指导意见〉部门分工方案》明确指出，要畅通多元主体参与农村社区建设渠道，主要包括：各级党政机关、人大代表、驻村单位通过各种方式参与支持农村发展，鼓励吸纳外出务工人员和退休人员回乡创业，鼓励和保障农村集体经济组织独立开展经济活动的自主权，发展新型农村合作金融组织、新型农民合作经济组织和社会组织，还要求将农村公共事业建设纳入村级民主协商议事程序内，这些措施都旨在动员和整合内外资源，加强农村经济实力，推动农村发展、农民富裕，增强农村社区的经济关联，从而加强乡村共同体的经济利益的生产和分配能力。2017年，党的十九大提出了实施乡村振兴的重大战略，指出"要坚持农业农村优先发展，按照产业兴旺、生态宜居、乡风文明、治理有效、生活富裕的总要求，建立健全城乡融合发展体制机制和政策体系，加快推进农业农村现代化"（《党的十九大报告辅导读本》，2017：31）。2018年，中央一号文件强调指出，落实党的十九大提出的实施乡村振兴的重大战略，特别指出要促进小农户和现代农业发展有机衔接，培育各类专业化市场化服务组织，推进农业生产全程社会化服务，帮助小农户节本增效（《人民日报》，2018）。

在本研究中，综合共同体理论以及党和国家关于促进农村经济社会发展的要求，在乡村共同体的"利益纽带"维度下设置六个一级指标，分别是集体经济、个体经济、生产劳动、生活水平、合作社、村民收入。

关于"集体经济"指标，设置集体化生产、集体利益分配、集体企业三个二级指标，"集体企业"指标又包含企业数量和规模两个三级指标。集体经济是社会主义经济的重要组成部分，壮大集体经济，使基层党组织和村民自治组织有团结群众、带领群众、服务群众的手段和资源，对于贯彻执行党的政策主张，夯实党在农村基层执政地位具有十分重要的政治意义。当村庄出现集体经济薄弱，入不敷出，甚至负债累累的问题时，会导致村级自治组织无法为村民提供更多的公共产品和公共服务，不能为村落共同体带来收益和福利，是造成共同体离心离德的重要原因。

关于"个体经济"指标，设置民办企业、职业农民群体两个二级指标。"民办企业"指标包含创办过程、生产方式、数量与规模、消亡过程、村民就业的转移等具体三级指标；"职业农民群体"指标包含职业农民数量、劳作方式、互动形式、互动频率、消亡过程等具体三级指标。改革开放后，随着民办企业迅速兴起，许多农民就近在这些工厂工作，与职业农民群体一样，企业的工人群体也属于业缘共同体。由于土地被征收，以耕地和集体建设用地为依托的民办企业和职业农民群体也随之消亡，象征着作为利益纽带的业缘共同体的解体。

关于"生产劳动"指标，设置生产关系和劳动力商品化两个二级指标。劳动力商品化导致外出务工、人口流动，改变了原本的就业地域，改变了原本经济利益纽带下的生产劳动形式。

关于"生活水平"指标，设置医疗水平、教育制度、交通工具、支付方式、水/电/路等具体二级指标。这些都是维持农村生产生活秩序、保障农民生活水平所不可或缺的必需品。经济活动及相关利益的生产分配是维系和巩固共同体不可替代的桥梁和纽带。随着经济活动的多样化以及生活水平的提高，共同体也必然会发生变化。

关于"合作社"指标，设置规模和专业、经营方式、资金来源、收益情况等具体二级指标。农村合作组织是解决原子化的小农户同集约规模化的现代农业之间矛盾的重要手段，可以使小农户和现代农业发展有机衔接起来。同时，农村合作组织也是考察和认识农村内生的凝聚力、协作意识、妥协精神、市场能力等方面的重要指标。

关于"村民收入"指标，设置收入来源、人均纯收入、家庭财产、利益分化、贫富差距等具体二级指标。村民收入直接决定农民富裕程度和生活水平，生活富裕也是党的十九大关于实施乡村振兴战略总要求的重要组成部分。同时，收入来源反映市场经济条件下农民工作多样化趋势，而人均纯收入则是衡量农村收入分化的重要指标，家庭财产反映农民的消费观和生活要求，利益分化侧重考察市场经济条件下农村内部阶层分化和群体不平等现象。

3. 精神纽带：情感与认同

共同体是人的有机结合，除了利益关联、地域范围外，共同情感、价值取向和心理认同也是社会共同体必不可少的因素和显著特征。

不论是滕尼斯笔下的传统共同体，还是马克思的实践共同体，情感与认同等精神维度是维系共同体存在和发展所必不可少的。当一个人属于某个共同体时，往往在身份和情感上意味着对该群体的认可和认同，它关系到个人与群体的关系，折射出群体生活的伦理性质。滕尼斯认为，社会共同体基于血缘和地缘而产生，在此基础上会产生一种默认一致的思想和信念，从而使人们从空间上的接近到最后精神上的亲近（滕尼斯，1999：73）。滕尼斯指出："相互之间的共同的、有约束力的思想信念作为一个共同体自己的意志，就是这里应该被理解为'默认一致'的概念。"而这种默认一致"建立在相互间密切的认识之上"，因此，"结构和经验的相似性越大，或者本性、性格、思想越是具有相同的性质或相互协调，默认一致的可能率就越高"（滕尼斯，1999：72）。日本学者大冢久雄认为，共同体的基础在于血统、语言、习俗等方面的共同性。他指出："原生的部落共同体，就是为了占有其生活及将其生活再生产并对象化的活动（作为牧者、猎人、农夫的活动）之诸客观条件的第一前提——血统、语言、习俗等的共同性。"（大冢久雄，1999：19）滕尼斯和大冢久雄都对传统的以血缘和地缘为基础的共同体持肯定态度。涂尔干指出："社会成员平均具有的信仰和感情的综合，构成了他们自身明确的生活体系，我们可以称之为集体意识或共同意识。"（涂尔干，2013：42）涂尔干仔细分析了共同意识对社会共同体紧密程度的影响，他认为社会关系紧密程度由三个条件决定，即共同意识与个人意识之间的关系、集体意识的平均强度、集体意识的确定程度。涂尔干还指出，人一旦在思想上产生分歧，人们各怀心思，那么社会离心力就会增加，社会的凝聚力和调节力也将大受影响（涂尔干，2013：113）。

20 世纪 80 年代，随着社群主义理论兴起，桑德尔提出情感型共同体，他指出："社会成员被共同体意识约束……是说，他们认为他们的身份认同……在一定程度上被他们身处其中的社会所规定。对他们来说，共同体描述的，不只是他们作为公民拥有什么，而且还有他们是什么；不是他们所选择的一种关系，而是他们发现的依附；不只是一种属性，而且还是他们身份认同的构成成分。"（桑德尔，2001：181~182）按照桑德尔的观点，这种情感型共同体是现代社会伦理的基础，现实中的人需要通过共同体所传递和灌输的价值观和伦理道德才能成为一个社会化的人，如果失去了情感型共同体，个人就会产生情感缺失和精神迷茫，因此共同体始终要有其核心价值观、思维方式和情感认同。法国社会学家涂尔干从社会分工的视角，认为将个体联系起来的纽带不仅在于利益关系，还在于能够将个体维系起来的社会纽带，即具有道德属性的集体意识和共同意识。美国学者安德森在《想象的共同体》中提出了一个著名命题，即民族是一个想象出来的政治意义上的共同体，不是客观现实的集合，而是一种被想象出来的创造物（安德森，2016：6~7）。也可以说，是民族主义思想创造了民族。当然，安德森并不是说民族是一种虚假的不存在的事物，而是说民族是一个基于想象而创造出来的社会事实。英国学者鲍曼认为，共同体与个人存在道德与义务的双重关系，共同体有责任保护个人，而人们的信任和忠诚是共同体的存在基础，但他并非仅仅将人们的信任和忠诚归因于血缘、地缘或传统等"自然"因素，而是更看重共同体对个人的责任、保护以及个人对于安全的需求和不确定性的恐惧。鲍曼认为，共同体之所以存在，是因为它给茫然无助的人们提供了一种生存和生活的安全保障或"确定性"，让人们得以相互依赖，由此共同体获得了人们的信任和认同。但要成为共同体中的一员，人们就要放弃独立的思考和自由的选择而给予他人及共同体完全的依赖、认同和信任，"失去共同体，意味着失去安全感；得到共同体，如果真的发生的话，意味着将很快推动自由"（鲍曼，2003：6~7）。鲍曼还探讨了现代社会共同体中的认同问题，他认为现代社会共同体是通过宣传与教育培养出的"脱域"情境下的虚假共同体。鲍曼认为，在新的权力结构框架内，重新创造出了一种"共同体的感觉"，而人们真正需要的是一种道德共同体，"需要用长期的承诺、可剥夺的权利和不可动摇的义务才能编织起来"（鲍曼，2003：88）。鲍曼实际上指出共同体需要在互动合作和利益关联中才能真正建立起来，脱离了社会生产生活实际，共同体是无法形成的，只是纯粹想象中的共同体。"钉子共同体"只能"唤起归属感的快乐"，为人们提供短暂、虚假的共同体体验，而没有实质性的权利义务关系，因而是"没有结果的联系"（鲍曼，2003：87）。鲍曼关于"钉子共同体"的论述是对吉登斯所提出"脱域机制"（吉登斯，2011：124～125）的质疑，并反驳了安德森的"想象共同体"。根据鲍曼的观点，共同体更重要的是人与人之间的社会行为，而不能仅仅是某些情感和认同。

从中国学界研究情况来看，许多中国学者在借鉴参考西方学者关于共同体的理论成果时，都立足于中国历史与现实以及个人成长经历和学术体验，提出了大有见地的看法和意见。费孝通先生在切身社区田野调查中，认识到"一个社区中初看时似乎是纷杂的众人活动，事实上都按着一套相关的各种社会角色的行为模式的表演。……而且这个有条有理的结构并不是当时当地的众人临时规定的，而是先于这些人的存在，就是说这些人从小在生活中向一个已存在的社会结构里逐步学习来的。这就是个人社会化的过程"（费孝通，2009a）。费孝通先生实际上指出了既有的社会习惯、习俗和规范对个人思想和行为的塑造。关于社区共同体，费孝通特别强调社区认同感在社区共同体中的地位和作用，认为提高居民的道德素质，培养居民的公共意识、合作能力和参与习惯，是社区建设理论与实践中一个重要而紧迫的课题（费孝通，2002）。秦晖认为，传统中国是一个专制国家，是对编户齐民实行强控制的大共同体本位结构，这种结构既不能纳入滕尼斯的"共同体－社会"两分法，也不能纳入近代化以后的"国家－社会"两分法。他指出，无论是小共同体本位的传统欧洲，还是大共同体本位的中国，在现代化历程中都要经历"个人"的觉醒与"社会"的成长（秦晖，2000）。项继权从社会认同的角度研究了农村共同体的转型与重建，指出一定的认同和归属感是共同体的特征，也是其赖以存在的基础。我国农村先后经历血缘共同体、经济共同体或生产共同体、社会生活共同体等不同发展形态，加强农村社会生活共同体建设，就是要通过加强服务来重建农民对共同体的信任和认同（项继权，2009）。黄家亮从文化建设的角度，以文化建设－社区认同－社会生活共同体为路径，建设社区精神共有家园，提升社区居民的认同感和归属感，这是建设社会生活共同体的不可或缺的精神纽带（黄家亮，2010）。胡荣以社会资本为理论视角，通过考察村庄选举，认为在社会资本的各因素中，只有社团因子和社区认同因子对村民的政治参与起着积极作用，而社会信任因子对村民的政治参与并无显著影响（胡荣，2006）。申鲁菁和陈荣卓认为，乡村社会经历着公共伦理文化的深刻变迁，从人民公社时期体现集体主义价值的公共伦理文化，逐渐陷入后人民公社时期的价值多元且无序的状态中，重构一种有序、多元的乡村公共伦理价值，对乡村现代公共生活方式的生成和确立，实现一种自治的公共生活形式，具有乡村社会整合和秩序建构的意义（申鲁菁、陈荣卓，2018）。

根据中外学者关于共同体的"精神纽带"维度的探讨，本研究拟从社会核心价值观、安全感、认同感、舒适感、归属感、幸福感、文化生活七个方面构建评价指标体系。

关于"社会核心价值观"指标，设置宣传方式、接受程度、践行方式三个二级指标。任何社会都有一个占主导地位的主流意识形态和价值体系，这是政治社会化的需要，使主流政治价值观融入社会各个方面，转化为人们的情感认同和行为习惯。

关于"安全感"指标，设置盗窃、上访、刑事案件、邻里纠纷、黄赌毒等具体二级指标。安全感是人们必需的基本公共产品，是对自身财产安全、人身安全、合法权益的确信状态，是其心理体验基础，没有安全感就不会有认同感、归属感和幸福感。

关于"认同感"指标，设置村庄认同、宗族认同、传统文化认同、价值观、集体记忆及载体等具体二级指标。它们特指在一个共同体内部，每一个成员对共同体所具有的认同感以及基于这种认同感形成的个体联结和互动。这种集体认同或是一种由成员身份（membership）引发的归属感，或是一种由价值观上的相似引发的亲密感，抑或是一种由血缘、地缘、业缘关系等社会联结引发的安全感。正是由于这些归属感、亲密感、安全感的存在，个体和集体之间才会形成一种拉力，拉近个体和集体之间的距离，共同体的内部才会产生团结，共同体才会得到延续。

关于"舒适感"指标，设置人文环境、自然环境、基础设施等具体二级指标。舒适感首先来源于舒适环境，比如房屋建筑干净整洁、道路绿化、无乱堆乱放等，同时公共服务设施完善、服务功能齐全、服务系统完备，舒适感的核心是营造了以人文关怀和美丽宜居为核心和特征的舒适生活。

关于"归属感"指标，设置家庭关系、邻里和谐、团结互助等具体二级指标。归属感是居民幸福感的心理沉淀，是社会生活共同体集体意识的牢固基础，是文化心理结构的核心要素。

关于"幸福感"指标，设置生活、学习、成就、友爱、身心、亲情、安居和期望八个二级指标。幸福感是人们基于自己的生活、学习、工作和家庭等方面的经历和经验而形成的一种自我感受和评价，既具有主观性特征，也是各种社会思潮和现象影响的结果。

关于"文化生活"指标，设置集体化时期的文化采风、改造旧文化、送革命电影下乡三个二级指标。在人民公社时期，文化艺术从来都是阶级斗争的武器，是思想教育的工具，它担负着向广大群众输送社会主义新文化，向资本主义、封建主义的旧文化争夺阵地和改造人的旧思想、旧习俗的艰巨任务。加强思想文化工作，把每一个人的思想统一在社会主义文化这棵大树下，是集体化时期共同体表现出的重要特征。

4. 互动交往：日常联系

农村社会交往网络镶嵌在村民的社会生活中，实际上是属于农村社会的一种社会资本。农村的社会资本镶嵌在农村社会的关系网络中，农村社会交往种类越多、越频繁，社会资本越发达，社会整体效益就越大，处于其中的人获得的收益就越多。

在中国学界，较早使用"社会资本"一词是在 20 世纪 80 年代初，它曾经作为一个经济学术语被使用。[①] 当时学者们主要以马克思在《资本论》里对"资本"的界定为依据，而不是从社会网络、社会关系、互惠合作等维度来认识社会资本。社会学和政治学意义上的社会资本是从西方学术界

---

① 比如，许精德的《研究社会资本扩大再生产应如何计算积累和消费》（《江汉论坛》1981 年第 5 期）、王廷湘的《怎样研究社会资本的再生产》（《理论学习》1982 年第 3 期）、郭继严的《马克思社会资本再生产理论的建立过程》（《社会科学战线》1982 年第 3 期）等。

传入我国的。社会资本源于社会关系，是社会行动者在合作性互动中形成和积累起来的关系网络，是可以产生收入流、能在未来增加收益的资本，也是可以被社会网络的其他参与者所利用的资源。社会资本的主要特点在于：一是具有长期性和稳定性，不是即时的社会关系；二是私人领域内的、非正式的关系，而不是正式的组织成员关系或公共领域内的关系；三是由于行为、情感的投入可变化的关系，而不是一成不变的合同式的关系（边燕杰，2004）。

刘倩认为，要从农户参加的组织状况、家庭中是否有家谱或祠堂、亲戚中是否有人担任村干部、家里是否有亲戚在县城有正式工作、除了父母和岳父母外春节拜年家数、春节拜年花销、各种随礼支出和办事支出八个方面来测量本村中农户家庭社会资本状况（刘倩，2018）。方亚琴和夏建中认为社会资本是理解城市共同体的重要视角，他们选取社区社会关系网络、社会信任和互助互惠机制、社区居民参与社团情况、志愿者组织和行动、社区凝聚力、社会支持、社区归属感七个指标，对社区社会资本进行了测量，研究发现社会资本与城市共同体建设具有正相关性（方亚琴、夏建中，2014）。桂勇和黄荣贵基于在上海某社区的实证调查构建了数学检验模型，提出了社区社会资本维度，包括参与社会组织、地方性社会网络、非正式社会互动、信任、互惠、志愿主义、社会支持、社区凝聚力、社区归属感、家庭社会资本、工作联系、参与公共事务、集体行动、非正式控制等，同时细化每个维度，制定了社区社会资本的测量指标（桂勇、黄荣贵，2008）。张素罗和赵兰香基于对河北省 720 个农户的调查，从信任、互惠互助、团结合作、公共参与四个维度对农村社会资本的存量进行分析。他们还指出，现有农村社会资本既表现出信任、互惠互助以及团结合作等方面的传统社会资本优势，又存在公共参与、公共责任、人际信任及普遍化互惠理念等现代社会资本弱化的劣势（张素罗、赵兰香，2016）。马红梅和陈柳钦对农村社会资本进行分类，认为农村社会资本包括个人社会资本和团体社会资本两个层面，其中个人社会资本以个人和家庭为单位，具体包括人际关系和成员资格；团体社会资本以社区、社会组织、区域为单位，具体包括网络、关系、文化和社会结构规范等要素（马红梅、陈柳钦，2012）。胡中应认为，农村资本包括社会信任、社会规范、社会网络三个方面，要打破以血缘和地缘关系为纽带的分散、封闭型社会资本，重构参与性更强的公共、开放型现代社会资本，防止各参与主体之间难以认同、相互排斥等现象的出现，以解决农村经济发展过程中信息不畅、资本短缺、人才不足、市场狭窄等问题（胡中应，2018）。王春娟认为，传统的农村地区有着丰富的社会资本，发挥着稳定乡村秩序、增加内部合作、整合社会资源的重要作用，当前农村社会资本的缺乏是导致农村治理难题的重要原因，要从农村社区公共空间、社会习俗、公共精神、社区文化、价值认同等方面扩大农村社会资本。促进农村可持续发展（王春娟，2015）。王晶将农村社会资本分为农村家庭社会资本和农村社区社会资本，其中农村家庭社会资本包括家庭社会网络数量和是否有外部社会关系，而农村社区社会资本主要包括社区信任。他认为，社会资本的收入效应主要体现在非农生产部门，家庭的网络规模会显著提高家庭非农经营收入，家庭外部网络会显著提高家庭成员外出务工收入，而社区社会资本会显著提高社区成员的本地工资收入（王晶，2013）。涂晓芳、汪双凤主张从社会信任、社会参与和网络关系的维度来认识社会资本，充足的社会资本有利于增强居民参与社区合作的意愿，促使社区居民建立长期合作的互惠机制，从而克服集体行动困境（涂晓芳、汪双凤，2008）。潘泽泉认为，社会网络、社会信任和社会规范是社会资本的基本内容，这同社区建设的价值追求具有一致性，社区建设的关键在于培育社会资本，为基层民主和社区协商提供良好的社区政治文化（潘泽泉，2008）。

综合当前学术界研究成果，笔者拟从互助活动、民间借贷、人情往来、公共事务、日常交流、半熟人社会、公共空间、仪式性互动、娱乐方式、串门这十个一级指标，来分析和阐述乡村共同体的"互动交往"维度和社会资本。

关于"互助活动"指标，设置生产互助、仪式互助、互助形式及变迁等具体二级指标。农业生产领域的换工、村民过世时的换工，或其他仪式性场合的撑场、帮忙是生产互助、仪式互助的主要形式。换工互助构成了共同体的亲密互动体系，而共同体的变迁会导致互助形式的改变。

关于"民间借贷"指标，设置借贷对象、数额、形式和纠纷等具体二级指标。民间借贷是基于熟人社会和信任关系而产生的社会互助机制，也是反映社会资本的重要指标，它在社会自我调节、资源配置中扮演着重要角色。借贷对象和数额、形式、纠纷反映了农村社会关系的亲疏远近、互助意识、诚信指数、法律意识等多方面情况。

关于"人情往来"指标，设置礼物形式、随礼仪式、随礼金额等具体二级指标。无论是人类学领域还是社会学领域，礼物都是洞悉社会互动形式与内涵的重要媒介。村民们在生活情境中的礼物馈赠创造了一个互动共同体。土地制度的变迁带来现金性收入的增加，导致礼物交换的形式和金额也随之发生变化。

关于"公共事务"指标，设置政治参与、干群关系等具体二级指标。涉及村民对于公共事务参与与互动的积极性。

关于"日常交流"指标，设置场所分布、谈论话题、舆论领袖等具体二级指标。日常交流是村落内部情感交流和村落共识形成的重要平台，有助于村民加强相互了解、增进共识和化解矛盾，是村民获得情感慰藉和情绪疏导的重要渠道和途径，对维系村落共同体意识和情感有不可替代的重要作用。

关于"半熟人社会"指标，设置外姓人进村、居住形式的变化、陌生人数量等具体二级指标。熟人社会向半熟人社会的转变是村民们互动形态的改变，也从侧面反映了农村社会结构的变迁。

关于"公共空间"指标，设置公共活动空间、公共场所等具体二级指标。公共活动空间和公共场所承载着传承村庄传统文化的重担，也维系着村民的情感与互动。

关于"仪式性互动"指标，设置诞辰仪式、婚嫁仪式、乔迁仪式、丧葬仪式等具体二级指标。这些都属于共同体不同的仪式互动形式。

关于"娱乐方式"，设置打麻将、打纸牌、腰鼓队、唱戏、看电影等具体二级指标。考察打麻将和打纸牌的原因、地点、频率等情况，腰鼓队、唱戏、看电影的人数规模和活动频率、地点等，这些农村娱乐生活状况反映了农民精神文化需要和农村精神文明水平。

关于"串门"，设置串门对象、频率两个二级指标。相比村落日常聚会人数众多和地点相对固定的特点，串门反映一种更私密的人际关系，人数少而且地点一般较封闭。

5. 传统文化：创造性转化

传统意味着过去和历史，是当下的之所由来，当下对传统既有继承也有突破，因此，从传统到现代的过程就是社会演变和发展的历史。积极吸收传统农耕文明中优秀部分和积极因素，是加强乡村治理体系建设，提高乡村现代治理能力，实施乡村振兴，建设新的乡村共同体的重要途径和历史资源。

在西方学界，从滕尼斯、涂尔干到韦伯，都将共同体归为"传统"的社会存在。共同体在时间上具有连续性，这和将共同体理解为"传统的"并不一样。共同体对传统的继承、在时间中的延续，只是共同体的一种外部表现特征，而真正关键的东西在于，人们通过共同体来检视和确证当下的集体中依然存在某种集体意识。因此，哈布瓦赫认为，集体记忆才是共同体被理解为"传统"的关键（哈布瓦赫，2002：71）。从这个意义上说，任何实际可体会到的共同体是记忆中的共同体时间上的延续，是继承和创造的结合。

在中国学界，学者们对传统文化的现代转型和现代意义进行了广泛研究，形成若干具有代表性的观点。第一种观点认为，传统文化通过各种方式融入现代社会。李泽厚认为："由孔子创立的这一套文化思想，在长久的中国社会中，已无孔不入地渗透在人们的观念、行为、习俗、信仰、思维方式、情感状态……之中，自觉或不自觉地成为人们处理各种事务、关系和生活的指导原则和基本方针，亦即构成了这个民族的某种共同的心理状态和性格特征。"（李泽厚，2008：30）在李泽厚看来，中国儒家传统文化并不是停留在故纸堆和展馆里一成不变的陈列物，而是通过与日常生活相结合，在生活习惯、居住、思维、交往等各个方面发挥着潜移默化的作用。第二种观点主张借助传统文化来修正现代社会的弊端。以科技理性主义、市场经济为特征的现代工业文明，一方面促进了人类社会极大进步，使许多人享受到现代化带来的成果，另一方面也带来各种触目惊心的严重社会问题，尤其是人的异化和社会道德沉沦、环境恶化等，因此，必须借助传统文化资源来救世补弊。冯天瑜认为，"以现代文明为例，它给人类带来的不仅是利好面的单线前进，还有利好面与弊害面的交错推演"，"必须借鉴元典时代关于协调阴与阳、柔与刚、利与义等对立统一关系的睿智精义，并探讨其在现实生活中的新用"（冯天瑜，2013：43～44）。第三种观点主张对传统文化进行现代的转化。易中天主张，文化传承的目标是现代化（易中天，2007）。易中天将以儒家为代表的传统文化比喻为"馊了的饭菜"和"锈迹斑斑的出土文物"，在传统社会才有其存在意义，只有经过现代文明的打磨和洗礼，儒家思想才能放射出璀璨的光芒（易中天，2011）。

从中央对乡村传统文化的精神和要求来看，要坚守中华文化立场，坚持创造性转化和创新性发展，不断铸就中华文化新辉煌，是中国共产党文化政策的一贯主张。习近平总书记从传统文化传承发展的角度，多次强调要对传统文化进行创造性转化和创新性发展。习近平总书记在党的十九大报告中指出，中国特色社会主义文化源自中华民族五千多年文明历史所孕育的中国优秀传统文化，要坚守中华文化立场，坚持创造性转化和创新性发展，不断铸就中华文化新辉煌（《党的十九大报告辅导读本》，2017：40～41）。这就为建设农村精神文明，丰富发展农村文化生活提供了基本遵循，即要立足乡村振兴的高度，对优秀乡村传统文化进行创造性转化和创新性发展，并积极吸收现代文明优秀成果，提升社会主义农村文化建设水平。习近平高度重视从传统文化中汲取精神资源和营养，他指出："中华文明绵延数千年，有其独特的价值体系。中华优秀传统文化已经成为中华民族的基因，植根在中国人内心，潜移默化影响着中国人的思想方式和行为方式。今天，我们提倡和弘扬社会主义核心价值观，必须从中汲取丰富营养，否则就不会有生命力和影响力。"［《十八大以来重要文献选编》（中），2016：5］习近平总书记还就如何将社会主义核心价值观融入社会生产生活，使之真正变成规范社会行为和思想的指导和来源，指明了努力方向。习近平总书记指出："一种价值观要真正发挥作用，必须融入社会生活，让人们在实践中感知它、领悟它，达到'百姓日用而不知'的程度。"（《习近平关于社会主义文化建设论述摘编》，2017：109）就是要像古代社会那样，将道德教育渗透到衣食住行、言行举止各个方面，通过各种礼仪、制度来规范和约束人们的言行。因此，习近平要求将社会道德同人们的日常生活结合起来，在落细、落小、落实上下功夫，健全社会规约和行业章程，使之成为人们行为的基本遵循（《习近平关于社会主义文化建设论述摘编》，2017：

118）。2018年，中央一号文件充分肯定了传统农耕文化在乡风文明建设中的巨大作用，明确要求，"深入挖掘农耕文化蕴含的优秀思想观念、人文精神、道德规范，充分发挥其在凝聚人心、教化群众、淳化民风中的重要作用"（《人民日报》，2018）。

学界关于传统文化的深入研究为我们思考乡村共同体建设与传统文化的关系提供了重要思想资源，中央关于繁荣兴盛农村文化、加强乡风文明建设的重要决议则是指导当前农村文化建设的基本遵循，指明了农村文化建设的实践路径和发展方向。综合学界研究成果和中央要求，本书围绕乡村共同体的"传统文化"维度，设置宗族活动、宗族文化、传统生活惯习、移风易俗、民间传统文化、传统道德规范、传统乡规民约七个一级指标，来进行田野调查和学理分析。

关于"宗族活动"指标，设置清明节祭祖扫墓、修祖坟、修族谱、修祠堂、元宵节闹龙灯等具体二级指标。尊重祖先、珍视家族传统是传统农耕社会的重要表征，以此为基础演化出乡村伦理关系，又具体化为宗祠、族谱、祖坟等具象化的器物。

关于"宗族文化"指标，设置辈分排行、婚嫁礼仪等具体二级指标。许多村落的文化、礼仪习俗都具有非常浓厚的地域特色，并且依然保留着这些传统。

关于"传统生活惯习"指标，设置打招呼、串门子等具体二级指标。村落共同体不断发生演变的过程中，村民生活惯习的保留来自外界客观社会结构挤压下的村民自身自由选择保留的结果。

关于"移风易俗"指标，设置宗教活动、迷信活动等具体二级指标。当前我国正处于经济转轨、社会转型、思想转变的社会大变革大调整时期，各种社会思潮和思想价值观也异常活跃，农村地区也出现思想迷茫的问题，宗教活动和迷信活动活跃，许多人相信存在上帝神仙和天堂地狱，不少人将人生际遇寄托在鬼神问卦上。

关于"民间传统文化"指标，设置文物古迹、民族村寨、传统建筑、历史遗迹、地区戏曲、少数民族文化等具体二级指标。各种遗迹建筑是村落历史发展的实物承载，地方戏剧和少数民族文化则是符号化的村落历史，都具有文化象征和精神标识的作用。

关于"传统道德规范"指标，设置宗族约束、宗族规范、尊老爱幼、勤劳诚实、勤俭持家等具体二级指标。传统道德规范作为传统村落文化的重要组成部分，在增强宗族权威、宗族认同感以及村民民间凝聚力等方面具有重要的意义。在传统村落文化的熏陶之下，村民会自觉或不自觉地接受村落文化所带来的约束与规范，从而构建有秩序的乡村生活。

关于"传统乡规民约"指标，设置对乡规民约的认同、遵守等具体二级指标。在历史上许多村落都曾在乡绅乡贤的主持下制定了各种乡规、民约和族规，在皇权不下县的历史时期，这些规范在村落自治中发挥着重要的制度性作用。发掘这些传统规约中的合理因素，进行现代转化，是乡村共同体建设的重要内容。

6. 社会秩序：治理的有效性

近代启蒙思想家曾从不同角度，对共同体的产生和治理有效性做过重要论述。霍布斯认为，在没有一个共同权力使大家慑服的时候，人们便处于所谓的战争状态之下（霍布斯，1985：94）。霍布斯指出，人与人之间是战争关系，为争夺资源、维系生存，人与人之间的关系像狼与狼之间的关系一样，处于丛林社会，所以要平息战乱，制止纷争，就是要订立契约，转让权力，成立国家，将公共权力提交给政府组织，由政府垄断暴力去治理社会，从而维护公共秩序（霍布斯，1985：99～101）。卢梭从否定最强者权力和奴隶制度开始，认为国家只能建立在基于公意的社会公约上，由代表公意的国家制定法律，人民服从自己制定的法律，这样就可以避免政治迫害和不公正（卢梭，2003）。当代美国政治学者亨廷顿对共同体与有效治理进行了卓有成效的探索。亨廷顿在考察第三世界国家政治发展状况时指出，一个国家首要的公共物品是有序有效的政治治理，缺乏有效的政治共同体和有效的政府是第三世界国家长期陷入混乱的重要原因（亨廷顿，2008：2）。他甚至指出，有效政治治理是区分道德社会和非道德社会的标准，一个缺乏权威的弱政府，不仅不能履行职能，而且是个坏政府，同时还是一个不道德政府。亨廷顿指出共同体包含道德和谐、互利互惠、政治机构及其制度化等要素，他尤其强调制度化和有效治理机构在复杂社会共同体发展中的决定性意义，"复杂社会共同体的发展水平取决于其自身政治机构的力量和广度"，"随着社会成员的不断增多，结构日趋复杂，活动越发多样化，要想建立并维系一个高水平的共同体就更需依赖于政治机构"（亨廷顿，2008：9）。

党的十九大将"治理有效"作为实施乡村振兴战略总要求的重要组成部分。有效治理是村庄必需的公共物品。只有在一个稳定有序、安全和谐的环境下，人的生命健康、财产安全以及各项权利得到有效保障，未来生活在很大程度上是可预期、可期待的，社会成员才能安心从事经济社会生活的各项活动。治理有效是乡村共同体存在和发展的政治保障。村庄秩序一旦失范，村民之间就会陷入各种纷争中，内耗不断，矛盾重重，乡村共同体将不能为村民造福谋利。根据贺雪峰在 H 省南溪镇的调查，由于南溪镇工业经济发达，带动当地经济整体发展，当选村干部成为一件有利可图的事情。1995 年该村出现贿选苗头，2008 年全镇单人贿选金额超过百万元，2011 年该镇有三个村的单人贿选超过千万元，其中朱家村的选举最激烈，参与竞选村主任的徐某共计花了 1200 万元买票，其中他自己出了 800 万元，亲友团帮助 400 万元（贺雪峰，2017：18～21）。这样建立在贿选基础上的村庄治理当然是有问题的。根据贺雪峰的调查，虽然在南溪村还没有出现村干部对抗政府的事情，但对于基层治理来说，会形成一种富人阶层与地方政府之间的契合，导致排斥普通村民参与村民自治过程（贺雪峰，2017：31）。但在那些资源贫乏的农村地区，大量人口外出务工经商，导致了村庄治理危机。根据王亚华等人的研究，在新型工业化、城市化、农业现代化的作用下，农村经济社会结构正在发生剧烈转变，以村委会为核心的村庄治理结构不再适合，村民的集体行动能力衰落，导致农村治理危机（王亚华、高瑞、孟庆国，2016）。季丽新和张晓东以山东省、山西省、广东省三个村庄的个案考察为基础，认为当前农村民主协商治理机制很不完善，威权治理机制依然发挥着强大作用，某些农村基层干部利用手中的权力操纵以土地为核心的农村集体资产，侵犯农民利益，严重影响了党在农民群众中的形象，引发了大量的群体性事件（季丽新、张晓东，2014）。

面对这些转型中的乡村治理难题，基本的解决思路是加快构建乡村治理体制，提高乡村现代治理能力，优化乡村治理格局。2017 年，中共中央、国务院印发的《关于加强和完善城乡社区治理的意见》指出，健全完善城乡社区治理体系，必须发挥基层党组织的领导核心作用，保证乡村治理的正确方向和党在乡村的领导权，有效发挥基层政府主导作用，合理界定和区分街道办与基层自治组织的职责权限，从制度上保障落实基层自治组织的自治权，通过人才支持、资金投入、孵化培育、税费减免等有力措施，积极鼓励和引导社会力量参与到乡村建设过程中。2018 年，中共中央、国务院印发了《关于实施乡村振兴战略的意见》，该文件进一步明确乡村治理新体系的基本内容，即建立健全党委领导、政府负责、社会协同、公众参与、法治保障的现代乡村社会治理体制，坚持自治、法治、德治相结合，确保乡村社会充满活力、和谐有序（《人民日报》，2018）。

根据中央文件关于乡村治理的最新要求，立足于当前乡村治理的实践，本书拟选取内部冲突、平安乡村、上访、村民纠纷、新乡贤、村民自治组织、政治生活这七个一级指标来分析乡村共同体的"社会秩序"维度。

关于"内部冲突"指标，设置干群冲突、亲属冲突、邻里冲突等具体二级指标。村落共同体良好的内部团结有助于强化共同体的集体意识以及内部成员之间的关系纽带，使成员之间形成一种彼此依赖、相互需要、共同生存的状态。

关于"平安乡村"指标，设置扫黑除恶专项斗争、农村非法宗教迷信活动、村级综治中心运作情况、农村安全隐患治理等具体二级指标。

关于"上访"指标，设置上访案件性质、上访数量及人数等具体二级指标。

关于"村民纠纷"指标，设置刑事案件种类及数量、民事纠纷的数量及处理方式等具体二级指标。

关于"新乡贤"指标，设置乡贤的来源、数量及作用等具体二级指标。

关于"村民自治组织"指标，设置化解民间社会矛盾、利益创造及分配能力、提供村庄公共物品能力等具体二级指标。主要考察村级自治组织威望及其维护社会秩序的能力。

关于"政治生活"指标，设置人民公社时期学习领袖著作、忆苦思甜活动、政治标语口号等具体二级指标。在那个特殊年代无休止的政治运动中，共同体表现出一定程度的失序。

在下面的章节里，笔者将根据不同历史时期的情况，选取上述六个共同体维度所包含的具体指标对村落共同体进行研究分析，阐述研究对象七十多年来如何由于土地制度的变革而引起村落共同体的变迁与发展，探讨土地制度与村落共同体的内在关系。

第二章

杨家大塆：一个村落共同体的概况

本研究的田野点选在我的祖籍所在地——湖北省武汉市黄陂区①横店街道杨家大湾。我的父亲于 1953 年在杨家大湾出生，到 1977 年考上大学离开，在那里有过 24 年的生活经历。1982 年，父亲大学毕业，直接被分配到外地工作，一直到退休都再未回到杨家大湾长期生活过。但在杨家大湾人的眼里，父亲是村里第一个考上大学的人，是村里的光荣，村里的杨家族人从未忘记过他。对于父亲而言，生于斯长于斯，整个村落承载着父亲童年的记忆。虽然大学毕业后被分配到外地工作，但父亲一直和村里的族人保持着良好的关系以及个人友谊，在村子里很受尊敬。早些年，每当村里有重大的仪式性活动的时候，父亲都会以村民的身份回去参加，有的时候也会带着我。我虽然没有生在那里，但因为父亲的这层关系以及我身上流淌着的杨家人的血脉，湾里的族人仍旧把我视为他们的后人。

2015 年暑假期间，为了搜集第一手资料，我第一次回到杨家大湾开展田野调查。杨家后人的身份以及年幼时在那里生活的短暂经历，为我顺利开展田野工作提供了莫大的帮助。出于研究需要，在此后两年间，我曾多次回到杨家大湾开展田野调查，前前后后在那里生活了将近一年。就在 2017 年春夏之交，正当我准备停止在杨家大湾的田野工作时，武汉市政府发布了《关于支持百万大学生留汉创业就业的若干政策措施》，正式启动"百万大学生留汉计划"，横店街道办的"杨家大湾片区改造项目"也紧随其后。由于"杨家大湾片区改造项目"涉及全村的拆迁补偿问题，原本宁静祥和的杨家大湾顿时沸腾起来。在一次和一位耄耋老人的谈话中，老人

---

① 关于黄陂区的行政规划，历史上曾经过多次调整。1949 年，黄陂县属孝感专区管辖；1959 年，黄陂县第一次划归武汉市；1961 年，黄陂县被划回孝感地区；1983 年，黄陂县第二次划归武汉市管辖；1998 年，国务院批准了武汉市关于撤销黄陂县设立黄陂区的请示，黄陂撤县置区至今。因此，本研究在后续行文中时而为"黄陂县"，时而为"黄陂区"，各自对应不同的历史时段。

的一句"杨家大塆会被拆完，以后我们就没有家了"，让我顿时想起了一幅记忆中的画面：那是 2016 年，在村委会前的小土坡上，一位两鬓斑白的中年人坐着抽着烟，一直默默注视着他祖宅的方向。在他的眼里，我看到了乡愁，看到了对故土的留念，看到了对祖先的怀念，也看到了对寻根的执着。那个油画般的场景深深地印在了我的脑海中，挥之不去。老人的话让我潸然泪下，同时也让我决定用文字为这个即将彻底从地图上消失的村落做点什么。就在此后的半年间，杨家大塆的拆迁改造运动在地方政府的推动下，以迅雷不及掩耳之势轰轰烈烈地向前推进。2017 年初还好好的村落，到 2017 年底就几乎被从地图上抹了去。于是，我重新整理思路，又继续开展了一年的调查。在这一年中，我开始不断地问自己：在历史的长河中，杨家大塆村落共同体经历了哪些变化？演变是怎样进行的？是什么引起了它的演变？它在地图上的即将消失，是否也意味着共同体的消失？当这些问题与我最初的研究方向——土地制度相结合的时候，我的思路逐渐清晰，研究也随之取得了实质性进展。

杨家大塆地处江汉平原，全村最高的"高岗"① 海拔不过 100 米。气候温暖湿润，雨热同期，传统的农业地域类型以季风水田农业为主，主要种植水稻，兼种玉米、大豆等农作物，在 2000 年以前是一个典型的农业村落。

1981 年的统计数据显示，杨家大塆开始实施家庭联产承包责任制时，全村共有耕地 989.5 亩②、人口 1116 人、279 户。杨家大塆西面是川龙大道，横贯南北；北面与后湖毗邻，汉十高速立交桥横空而过；南边隔楚天大道与盘龙城经济开发区毗邻；东边以面前山为界，与大刘塆隔山相望。

由于本研究主要聚焦于土地制度与村落共同体变迁之间的关系，为了排除其他无关变量对研究主题的影响，在做田野点概况介绍的过程中，笔者重点关注村落共同体的形成与演变，对村落生活的其他领域并不做太多

---

① 杨家大塆人眼里的"高岗"实际上是一个较大的土堆。
② 关于杨家大塆在 1981 年土地到户时总共有多少亩耕地的问题，由于村里缺少详尽的资料，笔者只能根据访谈得出一个大致的约数。比较一致的说法是，杨家大塆的耕地数量大约为 1000 亩。

介绍。结合研究的需要，本章对田野点的介绍将主要从村落共同体的形成、村落共同体内部的亲属结构以及新中国成立后村落共同体经历的社会变革三个方面展开。一来，这三个方面所对应的地缘关系、血缘关系、家族关系对于共同体的维系极其重要，是学界研究共同体、认识共同体最常用的出发点，笔者的做法是对学术传统的延续；二来，土地制度的变迁之所以能够导致共同体的解体，与地缘关系、血缘关系、家族关系在土地制度变迁中受到的冲击存在直接关联。

一　一个村落共同体的形成

一定的地域面积，是共同体存在和延续的物质依托，也规定着共同体的行动边界。首先，一定的地域面积为族人的生产生活、日常交换以及人际交往提供了物质基础，没有这一地域支撑，共同体的形成、发展和演变也就无从谈起；其次，一定的地域面积也在地域上给村民的行动范围划定了边界，边界内外是"自我"和"他人"的区别，是亲疏远近的边界，是归属感和认同感形成的物质条件；最后，对于传统的农业社区内部的社会分工而言，土地是农民的容身之所，更是农民的"命根"，有土地才有生活，土地便是他们的生存根基。在一定程度上而言，杨家大塆的形成史就是一部对土地的追逐史。

（一）逐地而居：从南昌府到汉阳府的避战迁徙

据《杨氏宗谱·清白堂第二卷》记载，黄陂南乡温家岗最早出现杨这一姓氏是在明朝洪武年间。历史虽然不会简单地重复，却是惊人地相似。王朝更替的时代，大多是一个血流成河的时代，也几乎是一个人民受苦受难的时代。洪武元年（公元1368年），新建明政权的军事力量开始从北向南推进，以摧枯拉朽之势对江南地带残存的元朝势力进行清剿。当明朝的军队开进至江西南昌府南昌县时，遭遇了残存元朝力量的顽强抵抗。元朝驻南昌县守城辜子亮誓死效忠元朝，愿"以节守城，宁死不屈"。当明朝军队将南昌县城包围得水泄不通时，守城辜子亮发布守城令，将全城14岁以上60岁以下的男丁组成一支守城军队。人丁兴旺、人口众多的杨姓有大量男性被强行充军守城。然而，这支由农民临时拼凑起来的几千人的军队，从根本上难以和明朝的精锐之师匹敌，仅仅几天之后，南昌县城就被攻破。之后不到一天时间，几千守城士卒被屠杀殆尽。明军屠城过后，众多参与守城的杨姓壮丁被杀，南昌县的杨姓从此家道中落，一蹶不振。外加大量族产、家产被征缴充军，昔日的富庶大户在明军过境之后一夜成了各自逃难的乞丐。

为了在乱世中求得生存，当时尚且年幼的杨俊杰和杨俊罡兄弟二人①在母亲的带领下，向战事已定的北方逃难。路过黄陂赵家岗的时候，见这里物庶民丰、未经战火摧残，遂在此落脚，不再北上。自此，黄陂赵家岗开始有杨姓定居。

（二）一个家族的兴起：落地生根而后自力更生

一个家族的成长史，往往充满了血和泪。母亲带着俊杰公和罡公在黄陂赵家岗落脚后，改嫁给了赵家人，年幼的俊杰公和罡公也随之改为赵姓。然而，在那个讲究血缘关系的封建时代，赵家人始终认为他们是"别人家的儿子"。外加赵家岗是一个以赵姓为主姓的村子，改嫁后的母亲和改姓后的兄弟二人在村子里遭受各种排斥。好在母亲为人和善，忍辱负重十余年之后，最终把兄弟二人抚养成人。俊杰公和罡公兄弟二人在这种长期寄人篱下的环境中，发奋努力，勤奋好学，深谙为人处世之道，且待人极其宽厚，渐渐获得了赵家岗人的认可。成年之后，在赵家岗的外围修建了自家的房子，杨家人在迁居黄陂后第一次有了自己的立锥之地。后来，俊杰公和罡公依次和赵家结为亲家，借助这一层姻亲关系，兄弟二人初步融入了赵家人的社会，在赵家岗站稳了脚。

经历过战火和人间冷暖的杨家两兄弟知道，在一个赵家人一手遮天的村子里，要想有尊严地活着，就必须增强杨家人的力量。俊杰公和罡公与那个时代的大多数中国人一样，相信多子多福，人多力量就大，人多势力就强，增强杨家人力量最有效的方法就是繁衍出更多的后人。为了让杨家人的香火更加鼎盛，增强杨家人在赵家岗的影响力，也为了让杨家人在赵家岗受到赵家人的尊重，俊杰公和罡公兄弟二人各自娶妻纳妾，坚持多

---

① 此二人即《杨氏宗谱·清白堂第二卷》中所记载的黄陂杨氏先祖俊杰公和罡公。

生。所以，虽然在赵家岗落脚的第一代杨家人仅有俊杰公和罡公兄弟两人，但是到了第二代，俊杰公和罡公的子辈已达 17 人之多，到罡公去世的时候①，生活在赵家岗的杨氏后人数量已有 50 多人。渐渐地，伴随着杨家人数量的增加以及在村落内部影响力的增强，杨家人在赵家岗建起来的房子越来越多，所占据的土地面积越来越大，开始在赵家人的世界中挤出一条生路。然而，在最初的近百年时间里，虽然生活在赵家岗的杨家人越来越多，杨氏的力量在不断成长，但杨姓作为一个外来姓氏，在赵家岗的力量对比中始终处于劣势，赵家人欺负杨家人的事件时有发生，而寄人篱下、势单力薄的杨家人也只能忍气吞声，在赵家人的夹缝中求得生存。

杨家人在赵家岗受欺负的这种状况一直持续到杨氏在赵家岗落脚后的第七代。到第七代时，赵家岗的杨氏迎来了家族自洪武年间以来的第一次中兴。七世祖杨时华（时华公）年少勤恳好学，22 岁中湖广进士，后官至郧阳府知府，杨家成为黄陂的名门望族，族人始以杨姓为荣。赵家人见杨家人朝中有人，也开始尊重杨家人。后来时华公告老，回乡用饷银买田置地，将数百亩原属于赵家的土地买到，分发给族人耕种，杨家人开始在赵家岗有了自己的大面积的土地。为了激励杨家人自强不息，时华公在告老还乡之后，还为杨氏族人立下家训和家箴②，对鼓励后人发愤图强起到了巨大的鼓舞作用。时华公去世后，后人为纪念他，便用时华公的字——咨对命名时华公为村落买来的那几百亩地以及杨家人所居住的地方，杨咨对塆，遂由此得名。这也是黄陂赵家岗第一次出现以杨姓命名的地名。

到了俊杰公和罡公定居赵家岗后的第十代，赵家岗的赵姓村民和杨姓村民之间的力量对比第一次开始向杨家偏斜。随着杨姓力量在赵家岗的不断增强，赵家人和杨家人之间的摩擦不断增加。1650 年，一场因为一桩婚事而引发的两姓纠纷，让家族之间长期存在的矛盾暴露了出来。当时，一

---

① 据《杨氏宗谱·清白堂第二卷》记载，俊杰公卒于 1415 年，享年 67 岁；罡公卒于 1442 年，享年 82 岁。

② 杨氏家训通篇共 50 个"要"字：要有理想；要有志气；要守社会公德；要继承祖先的优良传统；等等。家箴通篇共 50 个"莫"字：莫妄想；莫糊行；莫听信谣言；莫随风摇摆；莫乱说怪话发牢骚；莫怀疑一切；莫面是背非；莫兴谗助潜；莫羡人之福强；莫嫉人之贤能；等等。笔者在此展示的并非原版家训和家箴，而是 2006 年第六次续谱的过程中，19 世孙宗传本着符合社会主义精神文明建设的原则做出修改后的版本。

位赵姓族长家的公子看上了杨家的一位姑娘，多次上门提亲。对于这门亲事，姑娘和姑娘的父母均不同意，理由是穷人家的姑娘入不了富人家的门，门不当户不对。谁知多次提亲被拒的赵家公子恼羞成怒，直接带着赵家的家丁，把杨家的姑娘抢了去。抢亲一事立刻激起了杨家人的愤怒。在族长的带领下，数百名杨家人拿起棍棒去找抢人的赵家族长理论，但赵家不仅不就抢人的事情道歉，还动手打人。就这样，一场涉及赵氏、杨氏数百人的冲突正式爆发，在混乱中，赵家族长被打死，儿子被打伤残。后来赵家人以打死人为由将致人死亡者状告至县衙，但县衙也只是判了几年徒刑。

赵家新族长吸取了老族长的教训，严格规训族人，不许族人和杨氏家族发生任何往来，更不许族人与杨家人发生冲突。在此之后的几年里，赵家岗内部的权力分配开始有利于杨家人，杨家人彻底在赵家岗站稳了脚跟。站稳脚跟后的杨家人也发现，虽然杨咨对塆的杨家人数量多了，但在偌大的赵家岗，除了时华公为族人购买的那几百亩地，绝大部分的土地仍控制在赵家人手里，杨家人所占据的土地仍旧不及赵家人的零头。在打死赵家族长事件后，杨家人面临着一个严峻的问题：以前杨家人大都租种赵家人的土地，现在得罪了赵家人，到哪里去寻找可以养活这么多族人的土地呢？

（三）买田置地：变赵家岗为杨家大塆

穷则思变，当杨咨对塆的杨家人在赵家岗彻底站稳脚跟以后，为了养活越来越多的后人，杨家人开始在赵家岗之外寻求新的土地。在整个明朝，由于国家对土地兼并的抑制，虽然杨家人在邻近村落获得了一些土地，但是杨家人控制的土地数量仍旧有限。为了摆脱这种土地田产不足的窘境，杨家人开始在杨咨对塆设置私塾，让有志于仕途的杨家后人走上仕途之路。

王朝的更替，历史的偶然，总能带来一个家族的沉浮。如果说明朝的崛起让江西南昌的杨氏遭受劫难，在整个明朝期间都一蹶不振，那么清朝满族人的入关，带给赵家人的则是全族被屠杀殆尽的劫难。1646 年，当清军的铁骑横扫江汉平原的时候，赵家的青壮男丁清一色地参加了抗清运动，然而抵抗失败，参加抗清运动的赵家男丁被屠杀殆尽。

清军过境之后，昔日人多势众的赵家人，剩下的是孤儿寡母和老弱病残；曾经长期寄人篱下的杨家人，一跃成为村落的上等阶层。这些失势的赵家人要么拖老携幼地离开了赵家岗，另寻落脚之处；要么从此和杨家人和睦相处，不再寻衅。由于赵氏家族的青壮年人口大多在抗清的过程中被杀，能够耕种土地的青壮年劳动力锐减，丧失了对村庄土地的控制权；而杨氏家族因为人口不断增加，正在千方百计地获得更多的耕地。所以，在赵姓沉沦之后，杨家人顺理成章地兼并了赵家的大部分土地。

到了顺治末年，赵家岗原赵家人的土地基本上全部被杨家人兼并。在康熙年间，太平盛世的出现使得民间的土地交易市场极其活跃，外加重农抑商思想在整个社会的延续，农民对土地极其重视，安土重迁的思想甚至达到了"一抔土宁守一生"的程度。在这种社会氛围的影响下，从康熙年间到嘉庆年间，杨家人对买田置地有着超乎寻常的热情。在外经商的，虽然有万贯家财，但回乡的第一件事情就是买几亩薄地，建一栋房产；在朝为官的，告老还乡之后的第一件事情也是为子孙后代买田置地，扩大田产；即使是世代为农的普通人家，没有土地，住在村子里就没有颜面，也得想方设法为后人留下几亩田产。在这场持续上百年的"置地运动"中，通过不断地买田置地，杨家人所有的地产越来越多，不仅控制了明朝期间为赵家人所有的全部土地，还控制了几个相邻村落的部分土地。在嘉庆年间，杨家人控制的土地数量达到顶峰，从明朝末年不到 1000 亩扩大到5000 多亩，3 个富家大户所占据的土地数量就超过了 2000 亩。① 最典型的是第十六世孙杨天秩，占有的土地达 1800 亩，超过村落全部土地面积的1/3，因而成为杨家人中最富有的。为了保护家财不受土匪和流寇的侵扰，他聘用了数量众多的家丁，装备了为数不少的火枪，还在塆里修建了炮楼②用作防御。

到了清朝末年，经过近二十代的繁衍生息，生活在杨咨对塆的杨家后

---

① 需要说明的是，虽然这些杨家人都同出一脉，但 5000 多亩土地在族人之间的权属是不公平的，富家大户占有了村落土地的绝大部分。正是这种不公平的土地占有，为后来共产党运用革命手段强力推动土地制度变迁奠定了社会基础。

② 此炮楼遗址已在"杨家大塆片区改造项目"中被拆除。

人已经从最初的兄弟二人增加到三千多人。如表 2-1 所示，杨家人的居住地从最初的杨咨对塆扩大至杨小塆、杨严塆、杨楼子塆以及小杨塆，共五个自然塆，一个横跨数个自然塆的杨氏宗族共同体正式形成。其中，杨咨对塆是杨家人在赵家岗定居最早的塆子，也是后来杨家人口最多、最密集的塆子，在辛亥革命后改名为杨家大塆。在辛亥革命后的一百多年里，世事虽沧桑，杨家大塆也经历了诸多社会变革，但杨家大塆作为一个村落共同体一直持续至今。

表 2-1　杨家人在杨家大塆繁衍生息的地理空间变迁

第一阶段	第二阶段	第三阶段
一个定居点 俊杰公和罡公的定居点	一个自然塆 杨家大塆	多个自然塆 杨家大塆、杨小塆、小杨塆、 杨楼子塆、杨严塆

二　基于血缘和姻缘形成的亲属结构

在滕尼斯看来，一个共同体的存在，除了要占据一定的地域面积作为共同体存在和延续的物质依托外，内部成员之间基于感情、血缘和伦理建立起来的互动关系网络也是共同体存在的必要条件之一（滕尼斯，1999）。长期以来，中国社会普遍地被国外的研究者认为是一个关系（Guanxi）[①]社会，运用社会关系网络的视角对社会结构进行描述，已经成为社会学研究领域的一个热门话题（孙立平，1996）。杨家大塆作为一个宗族共同体、血缘共同体，其内部存在复杂的宗族关系和姻缘关系。这些关系结构的存在，与共同体的维系，乃至后期土地市场化共同体被彻底消解，都有密切的关系。因此，在梳理了杨家大塆作为一个共同体的地缘演变历程之后，笔者将转向对杨家大塆作为一个共同体其内部亲属结构和社会关系网络的关注。

[①]　Guanxi（关系），是华人社会中独特的人际关系与文化现象。对于来自其他国家、地区、文化的人来说，"关系"常带来强烈的文化冲击。在英语中，并无"关系"一词的对应词。Guanxi 已被英国牛津大学出版社旗下的《牛津英语词典》收录。

（一）宗族制：祖荫下的血脉延续

以贺雪峰为代表的华中乡土派曾长期研究中国农村社会存在的南北差异，并对广大中国农村的村庄进行了理想类型的划分：南方村庄、北方村庄和中部村庄。[①]

在广大北方地区，村庄多为分裂型村庄。之所以称之为"分裂型"，是因为在这些村庄内部存在一种分裂的社会结构，最典型的表现就是一个村子的内部存在众多以血缘关系远近为划分标准的小亲族结构，例如"门子""门派"等。这些"门子""门派"在村庄治理的过程中，形成相互竞争的格局，造就了北方农村独具特色的村庄治理模式。在广大南方地区，村庄多为团结型村庄。村庄的结构存在一个显著的特点：聚族而居。在这些村庄内部，一般保有比较完整的宗族结构，一个村就是一个姓，一个姓就是一个宗族，宗族力量大多比较强大。村庄与宗族同构，村庄的地理界线同时也是宗族的地理界线。在中部长江流域，村庄多为分散型的原子化村庄。由于历史的原因，在这些村庄内部很难见到宗族体制的影子，在村庄治理的过程中往往缺少建立在血缘基础上的行动结构，村庄共同体的成员大都处于一种去组织化的状态，往往以户为行动单位。即使是亲兄弟，分家立户之后也缺少责任连带关系，共同体的每一个成员都处于一种原子化的状态。"村庄不仅缺乏能够联系每个成员的宗族结构，也缺少具有行动力的小亲族结构。"（贺雪峰，2012）贺雪峰对村庄类型的划分在学界产生了较大的影响。

具体到杨家大堍而言，走向瓦解之前的杨家大堍属于贺雪峰所言的典型的宗族性村庄。一来，杨家大堍所有的族人都杨姓，都同出一脉，同为俊杰公和罡公的后代，每个成员骨子里都流淌着杨家人的血，彼此之间都存在或远或近的血缘关系。二来，村落与宗族同构，村落的自然边界也是杨家人的社会边界，杨家大堍是"杨家人的大堍"。三来，村落内部存在

[①]　在贺雪峰看来，这些典型的南方村庄包括福建、广东、广西、海南、江西，以及湘南地区、湖北东南部等地区的村庄；北方村庄包括河南、山东、山西、河北，以及安徽省北部、江苏北部、陕西关中等地区的村庄；中部村庄包括云南、贵州、四川、重庆、湖北大部、安徽大部、江苏、浙江、湖南中部及北部等地区的村庄。

一种建立在血缘基础之上的集体行动的结构，作为姓氏的"杨"在每个村落成员之间缔造了一种无形的纽带，把每一个杨家人紧密地联系在一起。在这样一个宗族村落中，亲属结构和宗族之间存在密不可分的关系。

对祖先的崇拜是体现其宗族性的重要方式之一，而祖先崇拜本身又体现在一系列的宗族仪式和村民们的生活场域中。例如，在新中国成立前，对祖先的尊崇是族人公共生活的重要组成部分，每逢清明、中元、春节、重要先人的祭日等特殊日子，族人都要前往祠堂祭拜，如果未能按照仪式要求祭祀祖先，不仅要受族规的处罚，还会招致集体声讨。在私人生活领域，对祖先的崇拜更是影响着每一个杨姓人的日常生活，最典型的表现便是每家每户都会在堂屋正对门的位置设置一个神圣空间——神龛，神龛里面供奉五代以内的祖宗，神龛下要保持香火不灭。每一个给祖先上香烧纸的杨家人，都必须怀着虔诚的态度。

新中国成立后，受国家主流意识形态的影响，杨家人的祖先崇拜在"破四旧"以及"文革"期间受到了严格的限制，祖宗牌位不许供奉。改革开放后，伴随着部分国家权力退出了村落生活的领域，随着这种宗族力量复兴，人们重新开始了对祖宗的供奉，但是这种祖宗供奉的形式发生了变迁。人们不再供奉祖宗的牌位，取而代之开始了对族谱的供奉。

除了祖先崇拜之外，杨家人对辈分的遵从也是体现其村落宗族性的重要方式之一。1908年，杨氏宗族第三次重修族谱，谱中称其堂第为"清白堂"，在续谱时重设字辈为"敬奉宗祖，秉义行仁，常思慎守，克继先声，以立家法，为世遵循"，共24辈（《杨氏宗谱·清白堂第二卷》，2006）。"敬"字辈辈分最高，"循"字辈辈分最低。宗族之内有亲族与旁族之分，并依次排为各房，以长房为大。族有族长，房有房长，均由声望较高、有权势者担任。族长的主要职责是掌管族产、调解纠纷、组织祭祀、续修族谱等。房长则负责协调各个房头的大小事情，以及协助族长管理家族的日常事务。族长与房长自上而下管理着族里的大小事务，并逐渐形成一套颇具系统性的规范，被称为"族规家训"。族规家训是族人日常行为处事不能逾越的规范。杨家的族人，每一辈都要严格按照族谱设定的字辈取名，辈分之间有明确的等级次序，不管年龄大小，都要按照辈分来确立每一个成员之间的关系，都必须用辈分确立的关系来称呼相对的族人。即使那是个乳臭未干的小毛孩，只要他的辈分在那里，就是年过花甲的老人也得以敬称称之；即使是在族里地位很高的族长、房长，遇到辈分比自己高的族人，也得放下族长、房长的身段，毕恭毕敬。

2015 年，当笔者初次进入杨家大湾做田野调查的时候，在一位受访者的家里惊讶地发现，一个 6 岁的小孩被一位 70 多岁的老者称为爷爷。当笔者为这种现象惊讶得合不拢嘴的时候，坐在一旁的受访者的家人却哈哈大笑，笑话我"没见过世面"。原来，这个小孩虽然年龄不大，但是辈分奇高，用村里人的话说就是"人小辈高"；而那位老者，虽然已年逾古稀，但是辈分要矮好几辈。"辈高一级压死人"，所以老者才把小孩称为爷爷。在杨家大湾，这种"辈高一级压死人"的情况还有很多例，村民们对之早已习以为常。

（二）外婚制：禁止近亲婚姻

婚姻制度是一个社会重要的制度之一，通过对婚姻制度的考察，我们可以对这个社会产生更加全面的认识。作为一个宗族村落，除了宗族制外，族外婚制①也是一个影响杨家大湾内部亲属结构的重要因素。在村里人看来，所有杨家人同出一脉，都为杨姓，近亲婚姻成为村落内部的一项禁忌。在这种情况下，在村落外部缔结姻亲关系便成了杨家人唯一的选择。这一习俗早在俊杰公和罡公定居赵家岗时，便初现雏形。当时，俊杰公和罡公均是赵氏家族的赘婿。整个明朝和清朝期间，受制于宗族伦理，赵家岗的杨家人未曾有过族内通婚的先例。有儿子的人家，早在儿子成人之前，父母就让媒婆在周围的村子物色合适的姑娘；有女儿的人家，早在女儿出闺之前，父母便包办了一切。由于这种族外婚的存在，杨家人和相邻的很多村落都存在姻亲关系，这种姻亲关系强化了杨家人和其他地方势力的联系。笔者在调研的过程中，很幸运地在一位受访者家中见到了一份清代的换婚婚约。缔结这份婚约的杨家和邻村的王家，两家分别有一个儿子和一个女儿，缔结这份婚约的目的是确保两家分别把女儿嫁给对方的儿

---

① 杨家人在家族外部缔结婚姻的形式实质上是人类学者眼中的族外婚。关于外婚制的诸多问题，涂尔干在《乱伦禁忌及其起源》一书中曾做过详细论述。

子，一门姻亲两桩婚。这份清代婚约从侧面证明了封建时期的杨家大塆存在换婚制[①]。

由于这种族外婚姻习俗的存在，人们可以很清楚地区分杨家族人和外来媳妇。姓杨的，不论男女老少，必定是杨家族人；不姓杨的，无论是赵钱孙李，还是周吴郑王，必定是外来媳妇。

虽然同族不通婚作为一项默认的族规，已经在杨家人中间延续了数百年，但也有例外发生。在"破四旧"时期，杨家大塆就出现过有史以来的第一例同族婚姻。当时，批判旧思想、旧文化、旧风俗、旧习惯蔚然成风，一名高中刚毕业回乡务农的青年立志成为有所作为的"四反青年"，坚决表示与旧思想、旧文化、旧风俗、旧习惯决裂。当家人开始尝试在邻村给他介绍对象的时候，这名"四反青年"拒不接受家长"包办"的婚姻，要自由恋爱。无论家人如何做工作，都没有起到任何作用。后来，小伙子喜欢上了同村的一位杨姓姑娘，不顾家人和全村人的反对，以死相逼，父母无奈，最后才同意了这桩婚事。这桩婚事在杨家大塆如惊雷一般，曾轰动一时。一来，在杨家人眼里，这桩婚事打破了数百年来杨家族内不通婚的惯例，坏了族里的规矩，不成体统。二来，族内通婚，不仅乱了伦理，也亵渎了祖宗。女方的父亲因经受不住来自族人的压力，在村里抬不起头；男方家长也不得不以败坏门风的名义和儿子断绝了父子关系。2016 年暑假，我在杨家大塆做访谈的时候，这一对夫妻仍然健在。遗憾的是，他们拒绝了我的访问。后来，我从一位熟悉这对夫妻的受访者那里得知，他们之所以拒绝了我的访问，是因为他们后来也觉得他们的婚事是一件丑事，是婚姻导致了人生的失败，便不愿再提起。

三　新中国成立后的杨家大塆

（一）1949～1953 年的变迁

对在旧社会受尽了苦难的中国人民来说，1949 年新中国的成立是中国

[①]　这里需要说明的是，换婚制仍然是族外婚的一种表现形式。由于换婚制不是杨家大塆主要的姻亲缔结方式，只是偶尔存在，资不赘述。

历史上开天辟地的大事件，它不仅推翻了压在中国人民头上的三座大山，结束了中华民族近代以来受欺负受压迫的屈辱历史，让中国在近代以来第一次实现了民族独立和民族解放，还为中华民族的伟大复兴提供了伟大的历史机遇。在初步展示了杨家大塆作为一个共同体的形成过程和内部亲属结构之后，我将把关注的焦点转移至社会生活变迁的层面，因为无论是土地制度的变迁还是村落共同体的解体，都同属社会变迁的范畴，彼此之间存在密切的关联。

如果说中国传统的农村在过去几千年的封建社会都保持一种缓慢变迁的形态，那么 1949 年新中国的成立及其引发的社会变革，让这个古老的国度开始发生巨大变迁。以工农联盟为基础的无产阶级取得了新民主主义革命的胜利，人民当家做主，成了国家的主人。在中国共产党的领导下，中国社会发生了前所未有的变革。新中国成立后，杨家大塆最早的社会变革发生在土地领域。杨家大塆所在的黄陂县，是湖北最先开展土地改革的地区之一。1950 年 7 月，中共黄陂县委集训干部、积极分子 250 多人。10 月上旬，省委工作团率领干部、积极分子进入方梅区的七个村进行土改试点。紧接着，土地改革又分三个批次在黄陂县全域内全面进行。第一批的53 个乡，于 1950 年末正式开始了土地改革的实践；第二批于 1952 年 3 月正式开始，在 29 个乡中展开，到 1952 年 6 月亦全部完成土地重新划分的工作任务；第三批则于 1952 年 7 月开始，截至 1952 年底全部完成（《黄陂通志》第一卷，1992）。

在这场土地制度变革中，中国共产党凭借着人民群众的支持，运用革命的力量，改变了杨家大塆原有的土地分配格局。为数不多但占据土地面积较大的富家大户被划分成地主、富农等新社会的阶级敌人，政治上被打倒。村委会提供的档案记载，1951 年 2 月，杨家大塆有 5 户 15 人被划定为地主成分或富农成分。没收的地主的土地，被重新分配给饱受剥削的人民。这些无地或少地的农民在得到土地之后，生产积极性和革命热情空前提高。

经济基础决定上层建筑，与土地革命同时发生的还有村庄政治领域的革命，而这种政治革命在村庄内部建立了一种新的权力分配格局。一来，由于土地革命消灭了宗族内部的地主富农，土地革命后的杨家大塆，宗族权力逐渐被人民当家做主的政权所取代，村庄的成员不再遭受地主阶级的压迫。二来，村庄内部原有的阶层结构被彻底倒置，地主在村庄内部事务中的权力被剥夺，底层人民获得了在村庄政治生活中的发言权。政府通过指派思想觉悟高、热衷于无产阶级革命活动的广大贫下中农进行村庄管理。这些原本处于社会底层的民众由于获得了改变命运的机会，对党和政府极其忠诚。

新旧社会的对比，让杨家大塆的那些在旧社会饱受剥削和压迫的穷苦人民感受到了革命给他们的生活带来的方方面面的变化。在他们心里，中国共产党带领人民通过革命建立起来的社会，是一个平等、自由的社会。塆子还是这个塆子，但是塆子里的生活发生了前所未有的变化。在旧社会，虽然塆子里的人都姓杨，但人是分三六九等的，作为村庄上等人的地主是能够"吃人"的；土地虽然有很多，但大多数底层杨家人都没有地，土地只集中在少数几位地主手中，大量居于村庄底层的杨家人只能依靠租种地主家的地维持生计；虽然他们每天都在田里劳作，但是收获后大部分劳动成果都不归他们所有，辛辛苦苦一年下来，他们还是填不饱肚子。旧社会这种非人的场景在新中国成立后得到彻底的改变。

新中国成立后，昔日在旧社会居于底层的杨家人成了塆子真正的主人。在这个杨家人世世代代生活的塆子里，土地变成了他们的，数量虽然不多，每家三五亩，但足够养活一家老小；劳动成果也是他们的，无论收多少粮食，他们都不需要向地主交租；没有压迫，普通民众在村庄内部也有了自己的发言权；没有苦难，中国共产党能够体会到每一个底层民众的冷暖。和新中国成立前饱受剥削和压迫的情况相比，他们所生活的杨家大塆发生了翻天覆地的变化，变成了一个甜美的共同体。在杨家人看来，他们所享受的、所品尝到的这份甜美是中国共产党给的，是无数共产党人用鲜血换来的。

（二）1953 年后的变迁

然而，农民土地私有制与社会主义公有制是相背离的。到了 1953 年，轰轰烈烈的社会主义改造开始了，随之而来的是合作化运动的高潮，农民的土地、耕牛等生产资料被收归集体。由于在公社体制下，农民的生产积极性受挫，发展生产、摆脱贫困成了杨家大塆人需要解决的新问题。

在那个政治运动一浪高过一浪的年代，那些出身社会底层的干部表现出空前的政治热情。在"大跃进"期间，为了响应大炼钢铁的号召，村支书亲自带头，提出要砸了全村所有的锅，一个不留，这也就意味着所有的社员都必须去公共食堂就餐，没有谁可以在家开小灶。

这位村支书在"文化大革命"前夕突发疾病去世，之后，公社又任命了一位新的村支书主管杨家大塆的生产工作。这位新村支书本身就出生于杨家大塆，算得上一名土生土长的杨家大塆人，在行事风格上和老村支书近乎完全不同，内心始终装着为群众服务的使命。1966 年到 1976 年，杨家大塆在这位村支书的带领下，并没有什么出格的事情发生。"文革"对外界社会造成的动乱，并没有波及杨家大塆，这期间除了把几位老地主拉出来进行了批斗，杨家的族人也没有受到太大的波及。因此，这名村支书深受杨家大塆人的爱戴。

当时间进入 1981 年，农村经济制度改革的号角响彻中华南北，土地到户、"两权分离"，让共同体成员的生产积极性空前提高。也正是从这个时候起，村民的权利意识逐渐提高，杨家大塆被"松绑"，开始了其消解的进程。而当历史的车轮缓缓驶入 21 世纪的时候，伴随着社会主义市场经济体制的建立和完善，村庄的土地作为一种资源被市场化，村庄成员彼此之间的利益关系被彻底改变，使得作为共同体的杨家大塆也被彻底消解。①

---

① 需要说明的是，笔者在本节仅描述了土地制度变革和村落共同体变迁的框架，详细的变迁过程参见后续章节。

第三章

社队所有的土地与集中统一的村落共同体

作为新中国的主人，杨家人始终与这个新生的国家同呼吸，共命运。一荣俱荣，一损俱损！

——源自田野的声音

一　社队所有的土地

经济基础决定上层建筑。新中国成立后，通过合作化等一系列政策将土地变成集体所有是必然的选择。

（一）社队所有的土地制度生成路径

社队所有的土地在本质上是一种与社会主义相符合的土地制度，在特定的历史时期，有其特定的生成路径。具体而言，社队所有的土地制度始于土地革命，在互助合作运动中得到了极大的发展，最终在人民公社制度建立后得到正式确立，有着明确的制度生成路径。

杨家大墈所在的黄陂县，是湖北最先开展土地改革的地区之一。早在新中国成立前的1946年，黄陂县的中共地下党组织就在县内部分偏远农村地区尝试过土地改革，但由于那时尚未建立新的政权，土地改革在黄陂县未能大面积铺开，有限的改革成果也终因国民党势力的反扑而未能巩固。直到新中国成立后的1950年7月，伴随着政权的建立和国民党势力的退出，全方位的土地改革才在黄陂县铺开。

1950年7月，中共黄陂县委成立了土地改革工作组，在黄陂县集训干部、积极分子250多人，为在全县范围内开展土地革命做准备。1950年10月上旬，省委工作团率领干部、积极分子进入方梅区下辖的七个村，建立土改试点，为在全县范围内实施改革积累工作经验。方梅区的改革初见成效之后，县委决定在全县范围内复制方梅区的经验。但是，在这场改革中，黄陂县委并没有一次性全面铺开，而是采取"边改革、边总结、边完善"的政策方式逐步推进。在这种工作思路的指导下，土地改革又分三个批次在黄陂县逐步进行。第一批改革的 53 个乡，在 1950 年末正式开始，到 1951 年底，53 个乡的所有农户基本都分到了一定数量的土地；第二批于 1952 年 3 月正式开始，在 29 个乡中展开，到 1952 年 6 月全部完成土地重新划分的工作任务；第三批则于 1952 年 7 月开始，截至 1952 年底全部完成。

开展土地改革，把土地分给无地或少地的农民，实现耕者有其田并不是中国共产党领导人民开展无产阶级革命的终极目标，而是共产党人团结社会力量开展一场更大范围的社会革命的开始，终极目的是建立社会主义社会。因此，在土地改革后不久，一场新的合作化运动在神州大地轰轰烈烈地拉开了序幕。在这场合作化运动中，先是成立各类互助组，继而互助组演变成初级社①，然后是高级社，最后是人民公社。土地的所有制逐渐实现了从私有制向社队所有的集体所有制转变。

据统计，1953 年，黄陂全县共有互助组 4052 个，其中常年互助组 313 个，临时互助组 3739 个；1954 年，共有互助组 16374 个，其中常年互助组 6288 个，临时互助组 10086 个，另外还有初级社 121 个。1955 年末，黄陂县的互助组很快被合作社取代，成立了 4267 个初级社和 1 个高级社；到了 1956 年，高级社的数量达到了 969 个。随后，到了 1958 年，高级社也成为历史，取而代之的是全县 10 个大型的人民公社②。伴随着人民公社体制的建立，土地也正式从土改后的私人所有变成了人民公社所有。

（二）社队所有的土地在杨家大塆的实践

在杨家大塆，土地从土改后的农民私有向社队所有的转变基本与国家的政策变更同步。具体而言，变革肇始于 1952 年的互助合作运动，在

---

① 初级社是在互助组的基础上，由个体农民自愿组织起来的，具有半社会主义性质的集体经济组织。其特点是土地入股，统一经营，按劳动力和土地实施分配。

② 这十个公社及其驻地分别是：红苏公社，驻蔡店；红星公社，驻罗汉寺；木兰公社，驻长轩岭；八一公社，驻长堰；红胜公社，驻塔尔岗；红旗公社，驻高庙；东风公社，驻横店；红光公社，驻祁家塆；上游公社，驻六指店；卫星公社，驻城关镇。

1955 年末组建具有半社会主义性质的初级农业生产合作社时达到高潮，到 1958 年下半年人民公社体制建立时基本完成，土地实现了集体所有。

杨家大塆完成土地改革后不久，在横店土地革命指挥部的引导下，逐步走上互助合作之路。杨家大塆的近百户农户，按照十户一组的要求，组建了 10 个临时性的互助组。在这一阶段，土地仍由各家各户私有，大家虽然在一起共同劳动，但是每家每户有权自主安排作物种植的面积和类型，提出耕作要求。之所以称这种简单的合作形式为"互助"，是因为在农户与农户之间存在十分普遍的互助行为，土地虽然是私有的，但是农民已经开始在互助合作的过程中互相交换劳动了。

以互助组开展合作的形式在杨家大塆仅仅持续了两年的时间，在制度变迁中，杨家大塆的农户们又很快地加入了政府组织的初级农业生产合作社。到了 1954 年底，杨家大塆的 10 个互助组被进一步改造成 4 个初级农业生产合作社。入社以后，杨家大塆的农户们逐渐失去了制定作物种植计划的权利，取而代之的是初级社开始为大家统一安排作物种植，统一调配劳动力和生产资料，统一进行生产经营和管理。在这一阶段，土地的所有权仍归各户私有，但农户将土地使用权转让给了合作社，由于土地的使用权被让渡，农民对土地的控制力度开始被削弱。

在初级社的基础上，政府开始极力推动扩大合作的深度和合作的规模，变初级社为高级社。在这一阶段，杨家大塆除了宅基地、墓地不入社之外，社员家庭私有的土地[1]连同土地上所有的附属设施，都无偿转变为农业生产合作社集体所有。到了 1958 年 9 月，在"大跃进"的号角声中，黄陂县全面实现人民公社化，改横店区为东风人民公社，杨家大塆也正式成为幸福生产大队。公社体制不允许社员拥有任何的私人土地，社员原有的自留地、墓地、宅基地等一切土地，都无偿地收归公社所有。公社取代合作社，开始制定全面的、长期的生产计划，以及年度、季度、小段的生产计划，对生产队实施计划管理，对社员实行劳动定额管理。社员没有占有权、处分权，只有收益权。至此，当人民公社体制在杨家大塆建立的时候，土地的所有制也基本完成了从私有向社队所有的转变。

---

[1]　高级社时期，社员仍可以保留少量的自留地。

二　社队所有的土地与共同体的集体生活

需要说明的是，共同体集中统一的形态并不是由土地制度直接造成的，而是由村落生活的形态决定的，但是，村落生活的形态是由土地制度的变迁塑造的。因此，在真正展示一个集中统一的共同体之前，本书将首先厘清土地制度作用于共同体生活形态的机制。在这一逻辑的指导下，笔者将"共同体的生活形态"作为一个介于"社队所有的土地"和"集中统一的共同体"之间的中间变量。土地制度的变迁导致了共同体生活形态的转变，共同体成员的生活由土地私有时期单门独户的私人生活转变成为吃大锅饭的集体生活，维持集体生活形态则需要有一套与之相适应的制度设置，正是这一套制度设置将共同体紧紧地统一在一起。

（一）生产资料公有化

1952 年，黄陂县土改全面结束之后，耕地、山林、湖泊、水塘、房屋、农具、家具等大量生产生活资料被分配给广大贫下中农，农民成为生产资料的主人，劳动热情得到极大的提升。然而，农民这种生产积极性高涨的状况并没有持续多久，伴随着互助合作运动的开始，农民所有的生产资料被公社剥离，并且紧紧地和公社捆绑在一起。1958 年，黄陂县一共成立了 10 个人民公社，公社全权负责内部的生产活动。伴随着这些公社的成立，杨家大塆人的生产生活形态再次被彻底改变。

在这一时期，由于生产队的成立，社员们需要把家庭所有的生产资料拿去入社。例如，有耕牛的家庭，从生产队成立的那一天起，牛就换了主人。所有的生产资料，只要能在农业生产中发挥作用，都会成为公家的财产，作为生产主体的人也就被紧紧地捆绑在一起，因为劳动力只有与生产资料结合在一起的时候，才能生产出每一个劳动者所需的物质财富。

（二）集体化的生活

生产资料的公有逐渐演变成了共同的生产活动。社员所有的生产资料被收归公社之后，集体劳作就成为杨家大塆的一种新的生产形式，农业生产劳动成了农民每天都要上工的集体劳作。在集体化的早期，社员们对这种集体劳作的生产方式还保有极高的兴趣，在他们看来，人多力量大，力量大就能生产出更多的粮食，社员们就能过上更好的生活。所以，每当上工的钟声响起来的时候，社员们多少带着些积极性。但是，伴随着分配领域平均主义的盛行以及生产过程中越来越严重的"搭便车"现象，社员们的积极性逐步减弱。

在杨家大塆，当集体化进入第二个年头的时候，消极怠工就已经成为一种普遍的现象。这个时候，社员们都变得"聪明"了，既然生产队对这种集体劳作队伍里的"南郭先生"无法实施有效的监督，"搭便车"的人也就越来越多。与之形成鲜明对比的是，在吃饭的时候，社员都嫌自己的碗太小，自己的肚子不够大，跑进食堂的速度不够快；在年底分粮的时候，大家都想方设法多分。

每天早晨，生产队都会敲响催促社员上工的钟。然而，敲钟的人知道，社员上工的速度并不会因为钟声的急促而变得更快。钟声响过一遍之后，男人们起来撒泡尿，再回去接着睡回笼觉；钟声响第二遍的时候，会有女人打开门，伸出头来看看，外面有多少人开始上工了；钟声响第三遍的时候，才会有人陆续地推开房门，扛着锄头往地里走。随着人们劳动积极性的下降，效率低了，在当时被认为是人的思想出了问题，必须强化对思想的教育，强调无私的奉献精神。

三　集体生活与社队共同体

随着农民变成公社社员，一套与人民公社相适应的全方位的集体生活制度（包括政治制度、经济制度、文化制度）随之产生。而这一套集体生活制度的诞生，压缩了共同体自由生活的空间，塑造了共同体生活的形态，造就了一个集中统一的共同体。在本节，笔者选取共同体的社会秩序、共同体的利益纽带和共同体的精神纽带三个维度来描述一个被集体生活紧紧统一在一起的、整齐划一的共同体，如表3-1所示。具体而言，关于"社会秩序"维度，笔者选取了共同体的政治生活这一一级指标，在一级指标下，选择了政治学习、忆苦思甜活动、政治标语口号三个二级指标；关于"利益纽带"维度，笔者选择共同体的经济生活作为一级指标，在一级指标下，选择了共同体的生产和分配这两个二级指标；关于"精神纽带"维度，选择共同体的文化生活作为一级指标，根据笔者在杨家大塆发现的田野故事，选择文化采风、改造旧文化、送革命电影下乡这三个二级指标来展现一个整齐划一的共同体。

表 3 - 1　土地社队所有时期村落共同体的维度、指标选取

共同体维度	一级指标	二级指标
社会秩序	共同体的政治生活	政治学习 忆苦思甜活动 政治标语口号
利益纽带	共同体的经济生活	生产 分配
精神纽带	共同体的文化生活	文化采风 改造旧文化 送革命电影下乡

（一）社队共同体的政治生活

社队共同体的政治生活主要通过三个方面进行。第一，通过政治学习，进行思想改造。第二，忆苦思甜活动。通过忆苦思甜活动，政府对杨家大塆进行了全面、深度和全方位的政治动员，国家权力逐渐下沉到村庄，人民公社体制最终得以在村庄内部"落地生根"，社员的国家观念被逐渐建构起来，并将之与公社紧紧地捆绑在一起，成为日后人民公社体制延续 20 余年的政治基础。第三，制定标语口号，统一思想情感。对于杨家大塆而言，每当有新的政治运动，书写标语口号就成了生产队的一项基本工作。1958 年到 1966 年，从村头到村尾，每家每户的房子上，都被贴过、写过无数标语。这些口号中，有些是临时的，写在红纸、白纸、绿纸上，再贴到社员房屋的外墙上，例如关于除四害、破四旧、积肥的一些口号；有些是固定性的长期性的标语，写在固定的地方，不仅要书写工整，还要定期维护；有些只在特定运动期间存在，成为小孩牙牙学语时的顺口溜；

还有些要求社员背诵，以达到思想改造的目的。

（二）社队共同体的经济生活

1. 社队共同体的生产

（1）限制劳动力自由流动。劳动力是农业生产过程中最重要的生产资料，土地只有与劳动力相结合，才能生产出粮食。为了将劳动力捆绑在土地上，专心从事粮食生产，公社出台了种种规定，限制人民公社的劳动力流出农业和农村。

首先，限制农民流入城市承包工程。在新中国成立初期，黄陂县的许多村落都有自己的工程队，这些工程队在城市承包工程，修建市政基础设施，相当一部分农民凭借流入城市务工提高经济收入，杨家大塆也不例外。由于杨家人团结、吃苦耐劳、厚道、承包的工程质量有保证，村里拉起来好几支工程队，活跃在黄陂县城及其周围，每年都有做不完的工程。然而，进入公社时期，为了大力发展粮食生产，开始限制劳动力流出农业和农村，将农民紧紧地捆绑在土地上。1957 年 10 月 11 日，黄陂县委批准了县委工交部《关于制止工程队、农民盲目流入城市承包工程的几项通知》，该通知明确指出：

> 要制止我县工程队、农民继续流入武汉市承包任务。凡承包任务工程已经竣工者，11 月底前要动员回县；凡承包工程尚未竣工者，不能继续承包新的工程任务，现已承包的工程任务，竣工后要动员回县。各地在做好动员说服农民不要继续盲目流入城市的同时，必须热情欢迎返乡工人，并积极帮助他们解决好生产和生活上的各种困难，使他们安心农业生产。（《县委批转县委工交部〈关于制止工程队、农民盲目流入城市承包工程的几项通知〉》，1957）

政府的通知发出后，工程队在城里承包工程从之前的不受限变为受限，承包工程也越来越难。杨家大塆工程队的成员陆续回到村子，加入农业生产大军。

其次，对农民与亲友之间的交往，也做出了相应的规定。在集体化达到高潮的时期，为了防止阶级敌人的渗透，公社对社员的走亲访友也出台了诸多政策规定。据一位受访村民回忆，"文革"时期，他们走亲访友必须持有生产队开具的证明。凡是需要走亲访友的社员，必须向生产队做出说明，并由生产队开出证明，方可外出。

（2）积肥。为了更好地落实国家关于积肥运动的指示，1959 年 2 月，黄陂县委成立了"积肥运动领导工作组"，围绕如何制定合理的积肥政策这一问题在全县范围内展开了广泛调研。1959 年 3 月，黄陂县委调查组在一份名为《关于执行基本口粮、基本工分、基本肥料的调查研究》的报告中，就如何制定本县的积肥政策向县委提出建议。"第一，基本肥料只包括家园肥，即水粪、干粪、火灰；第二，在数量方面，按口粮定水粪，按工分定干粪，以户为单位统一计算；第三，喂牛户、养猪户、养鸡户另加肥料任务。吃 40 斤口粮，交一担水粪，基本工分 1000 分，交售 60 担干粪。"此后，这份报告成为黄陂县委制定积肥政策的直接依据。一来，吃粮的数量，直接决定了上交的肥料的数量，吃的粮越多，上交的肥料也越多；二来，上交的肥料的数量也直接决定了社员在年终能够分到多少粮食。粮粪挂钩、粮肥挂钩，多积肥，多交粪，成了那个时段重要的政治任务之一。

同样，在这场积肥运动中，黄陂县委和人民再次拿出了他们响应国家运动的热情，在田间地头开展了一场积肥战斗。那个年代，笔者的父亲刚好生活在杨家大塆，有幸见证了诸多积肥故事。

养了猪的人家，晚上睡觉的时候，都不敢睡太深，时刻关注着圈里猪的动静，要是猪半夜翻圈，跑到圈外去拉了屎，大人们就要起床，打着手电，拿着粪耙，跟在猪后面，把新鲜的猪粪一块一块地收集起来。有一次，父亲和几个小伙伴儿去堂叔家串门，在堂叔家吃了顿午饭，下午要走的时候，堂叔硬是留着几个小伙伴儿不让走。父亲实在不明白堂叔为啥把他们几个留着，便撒起娇耍起横。后来才知道，堂叔之所以不让父亲和几个小伙伴儿离开，是因为堂叔觉得几个小孩子中午在他们家吃了饭。既然吃了粮食，就不能白白离开，至少应该把大便和小便留下，帮助他家完成积肥的任务。毕竟，几个孩子吃了他家的粮食，如果没有足够的粪，小孩子吃的粮食就换不回来了。后来，几个小伙伴儿依次去厕所里拉了屎，堂叔才放几个小伙伴儿离开。

（3）除四害。1958 年，伴随着中共中央《关于除四害①讲卫生的指示》的出台，一场以除四害为中心的爱国卫生运动，在全国形成高潮（郭思俊，2008）。紧接着，在 2 月 15 日，为了响应党中央的号召，黄陂县委发布了《中共黄陂县委关于在春季期间大力开展以除四害为中心的爱国卫生运动的意见》。该意见指出："为了防病保粮，移风易俗，保障人民身体健康，保证农业生产大跃进的顺利进行，决定在全县范围内有组织有准备地开展一场全民性的、以除四害为中心的突击爱国卫生运动。"

按照县委的要求，杨家大湾 1000 多口人，需要上交 2 万多只老鼠，1 万多只麻雀。为完成这个艰巨的任务，杨家大湾开始了一场捕捉老鼠和麻雀的大战，最后也顺利完成了这一任务。

2. 社队共同体的分配

人民公社实行以生产队为基本核算单位。"贯彻以生产队为基本核算单位，是调动生产队和社员生产积极性，推动秋播生产的巨大动力。"（《县委批准联合大队试行以生产队为基本核算单位推动秋播生产的初步总结》，1961）

那时，社员的劳动成果，除了自留地里少量的蔬菜之外，所有的农产品都归生产队。除了部分由生产队交给国家外，其余的由生产队对社员统一分配。"为了防止资产阶级敌人破坏伟大的无产阶级的劳动成果"或者那些"资产阶级尾巴"没割干净、思想跟不上时代的社员私自侵占队友劳动成果，杨家大湾建立了一支专门负责检查社员生产情况、登记作物产量并且处罚那些懒惰、投机、走资产阶级路线社员的"生产巡查队"。按照生产队的规矩，社员养的猪超过 100 斤、鸡超过 2 斤、羊超过 50 斤以后必须以生产队规定的价格卖给生产队。生产巡查队每天的基本工作就是在生产队展开巡查，登记每户社员的生产。有了前期的巡查和登记，生产队在年底核算的时候就有了依据。

（三）社队共同体的文化生活

文化艺术担负着向广大群众输送社会主义新文化，向资本主义、封建

---

① 当时的四害是指：苍蝇、蚊子、老鼠、麻雀。

主义的旧文化争夺阵地和改造人的旧思想、旧习俗的艰巨任务。当时提出：文化建设，必须紧紧依靠党的领导，依靠毛泽东思想的领导。"文化艺术这个阶级斗争的武器，掌握在无产阶级的手里，就能发挥出巨大的革命力量，掌握在资产阶级和封建阶级的手里，就会成为反革命的力量。"（《中共黄陂县文化局支委会关于农村业余剧团亟待要解决的几个问题》，1964）文化工作是一场激烈的阶级斗争。这场斗争，关系到巩固社会主义制度，发展集体经济，防止资本主义复辟等重要方面。因此，在人民公社时期，各级党组织都承担着领导文化革命运动的角色。"大力发展社会主义文化，要坚决贯彻党的文艺为工农兵、为社会主义服务的方向，层层做好思想动员工作，不断地提高说新、唱新、演新的质量，为巩固和扩大社会主义思想文化阵地，成为党巩固人民民主专政的重要手段。"（《县委批准县委宣传部关于当前农村开展文化宣传工作意见的报告》，1965）因此，在人民公社时期，加强思想文化工作，把每一个人的思想统一在社会主义文化这棵大树下，也是集体化时期共同体表现出的又一重要特征。

1. 文化采风

1958 年 5 月 21 日，县委宣传部、文教部联合发布了《中共黄陂县委宣传部、文教部关于大力收集民歌的通知》，通知指出，在伟大的"大跃进"运动中，黄陂县人民正以排山倒海之势，乘长风破万里浪的干劲，为早日建好黄陂地区的社会主义新农村大踏步跃进着。在"大跃进"的过程中，伟大的人民群众及时地创作了大量的民歌民谣，以乐观的革命主义精神歌唱自己气吞乾坤的英雄气概，以革命浪漫主义的手法描绘了社会主义建设的恢宏形式。人民群众创造的大量革命歌谣，鼓舞了广大群众的革命斗志。

> 在社会主义大跃进的今天，我们十分愿意并且有条件开展一个以收集民歌为主的采风运动，这对我们繁荣社会主义文学艺术有重大作用。（《中共黄陂县委宣传部、文教部关于大力收集民歌的通知》，1958）

与此同时，要求广大宣传文教工作者，抓紧时间，积极行动，做好采风运动。各个革命时期和运动中特别是"大跃进"运动中，人民群众创作的民歌、民谣、山歌、快板、顺口溜、民间叙事诗，不管是口头的还是书写出来的（例如大字报或墙壁诗歌），都应收集起来，并将之出版。单位或个人在采风的过程中收集到作品的多少，会成为年终考核的重要指标。

县委的动员通知发布以后，作为模范村庄的杨家大塆在 6 月中旬就迎来了县上的第一个采风工作队。采风工作队进村之后，先是挨家挨户走访，挨家挨户询问有谁会唱革命歌曲，谁会创作革命歌曲。然而，采风工作队在村子里走访了半个多月以后，沮丧地发现，杨家大塆虽然是各项政治运动的模范，但并不是一个多才多艺的村子，他们在村子里折腾了半个月，却没有收集到几首能听的民歌。但是，文艺站的采风工作队并没有就此打住，因为收集到的民间艺术作品的多少，直接关系到这些文化工作者的年终考核。

为了完成县委宣传部下达的任务，进驻杨家大塆的采风工作队采取了一种田野创作的方式。他们先是让每家每户出一个劳动力，在村头的晒谷场从事公共艺术创作活动，规定每户社员必须创作两首田野歌曲。其中，一首歌颂中国革命，另一首歌颂毛主席。然后，采风工作队把全村社员创作的歌曲收集起来，再进行集中统一筛选。为了保证社员们能创作出一定数量的歌曲和文艺作品，采风工作队和生产队一起，决定把社员文艺创作的情况和年终的工分核算挂钩。那些按照要求完成了创作任务的社员，年终可以多分 100 斤毛粮；而那些没有完成创作任务的社员，年终要扣除 1/5 工分。

2. 改造旧文化

新旧社会的交替，往往也伴随着新旧文化的交替。新中国清除和改造旧文化，是一种必然的选择。在这种意识形态的控制下，改造旧的艺术文化表现形式，就成了一种必要。

在这种工作思路的指导下，黄陂县委于 1964 年 1 月批转了县文化局党支部《关于加强农村文化工作若干问题的请示报告》，明确指出：“当前，广大农村文化战线上的阶级斗争是尖锐而复杂的。”针对农业生产在经历了三年困难时期后有所恢复的状况，县委对农村文化事业的发展做出了“农村知识青年增加，农民对文化生活要求迫切，敌人就趁机办地下俱乐部，打进我们的文化组织，进行资本主义和封建主义的文化活动”的形势判断。因此，黄陂县于1964年在全县范围内开展了一场为期一年的清除旧文化的革命运动。"为了填补旧文化被清除后留下的空缺，县委要求经过革命改造的楚剧团，从正月十五日起，分两队深入全县山区，携带现代节目《夺印》、《赵玉霜》、《三世仇》、《杨立贝》，在全县范围内为革命新文化建立阵地。"（《县委批转县文化局党支部〈关于加强农村文化工作若干问题的请示报告〉》，1964）

3. 送革命电影下乡

当时，电影对于广大农村地区而言，还是极其新鲜的事物。对于杨家大塆的村民而言，每当县里的电影队来生产队放电影时，村民们都会争先恐后地抢占最佳观影位置。当公社发现社员爱看电影这一特点之后，就将文化宣传与电影放映相结合，形成了文化宣传部门的重要工作方法。

为了让电影在社员的文化生活中发挥更重要的作用，也为了让无产阶级文化在广大的文化战线上更好地站稳脚跟，黄陂县决定大力发展电影放映事业。1957年9月，黄陂县委发布了《县委批转县委宣传部〈关于改进电影队管理和收费问题的意见〉》，意见指出：新中国成立以来，黄陂县的电影事业获得了长足的发展。1953年的时候，全县全年只有一个电影放映队，到1957年，全县已经发展出6个电影放映队，前后在县内农村巡回放映1500多次，在宣传贯彻党的各项政策，为中心工作服务，为人民文化生产服务等方面均起到了重要作用。为了更好地用电影文化丰富全县人民的文化生活，县委宣传部决定把全县所有的6个电影放映队重新划分，力争实现区区都有电影队。具体而言，第一队交给蔡甸区和长轩岭区，第二队交给罗汉寺区，第三队交给横店区和祁家塆区，第四队交给塔尔岗区和长堰区，第五队交给六指店区和高庙区，第六队暂不下放，仍由县里直接管理，[①] 经常巡回于城关和附近中学放映（《县委批转县委宣传部〈关于改进电影队管理和收费问题的意见〉》，1957）。

这对于在各项政治运动中表现极其突出的杨家大塆人来说，是一件天大的喜事。因为如果横店区有了自己专属的电影队，那么电影队就有更多

---

① 在行政区划上，1956～1957年，黄陂县实行县辖区（镇）制，全县调整为9个区和1个镇，分别是蔡甸区、长轩岭区、塔尔岗区、长堰区、罗汉寺区、六指店区、横店区、祁家塆区、高庙区和城关镇，详见《黄陂通志》。

机会来生产队放电影，村民们也有更多的机会去看电影。在电影队分配计划刚制定的那一年里，杨家大塆人想经常看电影的这一梦想似乎很快就变成了现实。由于第三电影队仅仅在横店区和祁家塆区巡回放映，每天都会安排有场次，所以不到半个月的时间，出去巡回放映的电影队又回到村里了。而且，由于杨家大塆是历次政治运动中的模范村庄，电影队也会给塆里的村民一些特殊的照顾，别的生产队都是巡回一次放一天，一天放一场，而杨家大塆可以巡回一次放好几天，一天放好几场。

（四）宗族共同体的另类延续

当社队所有的土地制度在杨家大塆正式确立的时候，集体生活作为一种新的与社队所有的土地制度相适应的生活形态被催生出来，促使一个集中统一的共同体诞生。土地制度影响村落集体生活的状态，集体生活的状态又影响共同体的存在形态。土地制度作为自变量，共同体的存在形态作为因变量，而村落生活的形态则成为土地制度作用于村落共同体形态的中间变量，将土地制度和村落共同体紧密地联系起来。

在传统时期，皇权不下县。杨家大塆作为一个宗族色彩极其浓厚的宗族共同体，宗族内部基于长幼尊卑建立起来的权力分配体系在维持宗族内部秩序的过程中，起到了很大作用。无论有理没理，长者一句话，晚辈必须俯首帖耳；不管谁是谁非，辈高一级压死人。

伴随着土地社队所有制的建立，一个集中统一的共同体随之出现，国家权力开始不断向村庄内部渗透，宗族共同体的存续受到了国家力量的严峻挑战。但是，杨家大塆的故事表明，土地的社队所有时期是一个宗族权力和国家权力不断博弈的时期。在这一阶段，国家权力取代宗族权力，力图消解传统的宗族权力格局，在共同体内部建立新的秩序格局。但是，新旧社会的交替并非一蹴而就的，而是一个延续性过程。具体到杨家大塆而言，集体化时期实则是一个宗族传统得以延续的过程。虽然国家权力的进入对宗族共同体的存在形式产生了巨大影响，但宗族共同体在国家权力的渗透消解之下，仍旧顽强地延续。

集体化初期，国家为了对社会进行彻底的改造，以地主阶级为代表的旧阶级、以四旧为代表的旧文化、以族权为代表的乡绅治理模式都成了新生政权抑制、打击的对象。在革命者看来，族权是旧社会的象征，无产阶级掌权才是新社会的象征。所以，当公社制度在杨家大塆建立起来的时候，一切权力都划归人民公社所有，公社权力才是地方上维持共同体内部秩序唯一合法的权力，公社干部才是村落共同体的领导，族权受到了极大的冲击。但是，这种冲击并没有彻底消解宗族共同体存在的基础，宗族共同体以另外一种形式顽强地延续。

宗族共同体延续的形式之一便是以村落自然边界为基础进行的生产队的划分。那时，人民公社由一个一个生产大队组成，每个生产大队又由若干个生产小队组成。杨家大塆所在的东风人民公社，在划分生产大队的时候，仍旧是以自然村落传统的地理边界为基础。因此，国家权力虽然渗透了村落共同体，但仍旧在无意之中为宗族共同体的延续提供了客观条件。历史上，杨家人的繁衍生息是围绕着俊杰公和罡公最初的定居点展开的，连点成线，连线成面，杨家人最后彻底占领了赵家人的土地。在这个过程中，根据村落与村落之间自然形成的地理边界，杨家人的栖息地又可以划分为杨家大塆、杨严塆、杨小塆、小杨塆、杨楼子塆等数个自然村，每一个塆都是一个独立的地理单元。例如，杨家大塆和杨小塆之间，以一条河流为自然边界；杨严塆和小杨塆之间，以杨家人的炮楼旧址为界；杨家大塆和小杨塆之间，则以土丘为界。从宗族姓氏的角度而言，居住在这些村的杨家人都是俊杰公和罡公的后代，都是杨姓。不管是住在杨家大塆还是小杨塆，抑或是杨严塆，只要姓杨，大家都是一家人、一族人。从微观的地理区域划分而言，每一个小的地理区域又构成了一个更小的宗族，血缘关系越近的杨家人，居住地之间的物理距离也就越近，也就越有可能住在同一个自然村。公社在做生产队划分的时候，往往将这些自然的地理边界作为划分生产队、土地面积、劳作区域的依据。在这种划分方式下，杨家大塆是幸福生产大队，而杨严塆、小杨塆、杨楼子塆分别是其他独立的生产大队。

表面上看，昔日的杨氏宗族虽然被改造成一个一个的生产大队，宗族似乎被解体了，实际则不然，在"三级所有、队为基础"的核算方式下，每个生产队的社员，在生产的时候，一起劳动；在年终分配粮食的时候，共享劳动成果。成员和成员之间不仅有着更为亲近的血缘关系，也有着更为亲近的物理距离。以杨家大塆为例，在塆子内部，由于血缘关系更近的杨家人更可能居住在一起，自然地形成一个一个的居住片区，在划分生产小队的时候，依照这些自然形成的片区，杨家大塆由北至南被分为一、二、三、四四个小队。相较于不同的小队之间，同一个生产小队内部的杨家人有着更近的血缘关系。因此，从生产小队的划分而言，杨家人原有的土地被行政性手段划分成四个更小的地理空间，宗族似乎被消解；但是，每一个更小的地理空间——生产小队，聚集了更多血缘关系更近的杨家人，宗族共同体以另类的形式在生产小队里得以延续。

四　小结

在那个特殊的年代，伴随着公社体制在全国的确立，在土地改革中分给农民的土地收归集体所有。土地制度从私有制向社队所有制的变迁，促使了一个新的村落共同体的诞生。

政治生活体现在那个时代特有的政治运动上，和整个国家一样，杨家大塆在短短的数年内经历了一场又一场的政治运动，无论是阶级教育还是开展"诉苦"活动，通过政治上的潜移默化，杨家大塆的社员（除去阶级敌人）都被教育成了人民公社的合格社员；对经济生活的统一，在生产领域和分配领域体现得尤为明显，这种统一给人们带来的是平均主义大锅饭，以及整个社会生产力的严重落后；文化上的统一则集中体现在具有社会主义风格的文化创作、对封建旧文化形式的打击以及革命教育文化的宣传之上。在这种经济环境下，杨家大塆人慢慢发现，在几十年的公社体制中，他们的生活并没有得到太大改善。被计划经济体制束缚的杨家大塆，发展动力明显不足。然而，他们不知道，这种困惑不仅是他们的困惑，更是整个农村体制的困惑。就像马克思所说的那样，生产力与生产关系的矛盾运动始终是社会发展的决定性因素。穷则思变，桎梏发展动力的历史注定不会持续太久。

当历史的车轮缓缓驶入1978年的时候，一场关于真理标准的讨论，将沉睡的中国人民唤醒，改革开放的春风徐徐吹起，人们开始审视人民公社体制，反思既有的土地制度。历史注定不再徘徊。这一年，一把源于安徽小岗村的"家庭大包干"之火开始熊熊燃起,从小岗走向凤阳,又走向全省、全国,成燎原之势,最终席卷整个中华大地,中国农村开始焕发出前所未有的生机与活力(唐正芒等,2009:274)。从这一年开始,全国范围内开始"分田到户",突破了僵化的公社体制,中国农民开始以户为单位进行农业生产,村落共同体孕育新的能量。也正是从这一年开始,杨家大塆开始了历史巨变,原本被紧紧统一在一起的村落共同体开始出现裂痕,开始了新的蜕变。

第四章

两权分离的土地与村落共同体的衰落

　　三十年前分田地，耕者有其田；三十年后又分地，耕者有其责。

　　　　　　　　　　　　　　　　　——源自 80 年代政策口号

　　马克思、恩格斯在《德意志意识形态》一书中提出，"真正的共同体"是基于人自由平等的联合，人依靠这种联合将现代生产力转化成人全面发展的手段，而"虚假的共同体"则是人屈从于社会分工，隶属于一定阶级的生存条件，而在这样的共同体下，社会自由"不是建立在人与人相结合的基础上，而是相反，建立在人与人相分隔的基础上。这种自由使每个人不是把他人看做自己自由的实现，而是看做自己自由的限制"（《马克思恩格斯文集》第 1 卷，2009：41）。只有通过建立真正的共同体，每个人才能获得全面发展的手段与条件。

　　如果说集体化时期杨家大塆生产大队队员们屈从于社会分工，依赖于集体组织而生存，被限制全面、自由的发展，那么，家庭联产承包责任制实施以后的"两权分离"土地制度时期，杨家大塆村落则可以理解为"真正的共同体"，村民拥有自由、明确的权利观念，可以依靠自己的劳动，自由、平等地进行生产，将生产力转化为自身全面发展的手段，进而实现其自身的全面发展。但是，随着村民权利观念日益个体化，全面发展程度不断提高，村民之间的社会分化日益明显，村落共同体内部差异日益显现，进而导致村落共同体经济、行政、文化等五类边界开放与扩大，与整个外界社会相融合，呈现衰落的状态。

一　土地的"两权分离"制度

（一）"两权分离"的制度内涵

　　根据《黄陂通志》记载，1979 年冬，黄陂县委抽调 38 名干部组成工作队，分赴全县各个地区，选取 4 个生产大队，作为农村经济体制改革试点，逐步推行"联产承包责任制"，摸索、总结出"联产到劳"和"联产到户"两种形式，并在全县推广。"联产到劳"责任制是将水田划分为一、二、三类，按类别确定产量，以劳动力为标准承包经营；"联产到户"责任制是将水田划分为一、二、三类，按类别确定产量，以劳动力和家庭人口数各一半为标准承包经营。"联产到劳"责任制和"联产到户"责任制的选定由农民自主确定。生产的粮食"交够国家的，留足集体的，剩下都是自己的"。农民享有充分的经营自主权。1983 年初，中央一号文件明确规定农民承包经营土地 30 年不变，农民积极性空前高涨。全县普遍实行"联产到户"责任制，"联产到劳"责任制所占的比重较小。1984 年，家庭联产承包责任制得到了全方位的完善。全县耕地、水面、山林均由农户承包经营，颁发了土地资源使用证，从法律上确定了农户的土地资源使用权。从此，家庭联产承包责任制成为主体经营制度，农民可以根据自己的意愿进行土地流转（《黄陂通志》第 1 卷，1992）。此后，杨家大塆在贯彻中共中央相关文件精神及上级指令的基础上，稳定推进完善农民土地承包关系与延长土地承包责任期的相关政策，极大地推动了杨家大塆农业的快速发展。

家庭联产承包责任制的实施，是在保留了乡村土地归国家集体所有的前提之下，实现了乡村土地所有权和经营使用权的分离，并在处置权和收益权等方面做出了有利于农民的分割，从而构建了"交够国家的，留足集体的，剩下都是自己的"这一新的土地收益分配格局（吴亚卓，2002）。这一新的土地经营制度使得农民的收入报酬与自身承包地的经营状况紧密相关，有利于充分调动广大农村劳动力的生产积极性，解放和发展农村农业生产力，农村生活状况得到明显改善。

这一时期农村土地制度的变革，充分体现了土地"两权分离"的特性，实现了农村土地所有权与承包权的分离，符合国家的政治意识形态与农民的社会心理认知，充分反映了 20 世纪八九十年代我国农业生产力的发展需求，满足了这一时期农民对于土地权利的利益诉求，这无疑大大提高了农业的生产效率及土地利用率。

（二）土地制度的变革与对比

1. 从"大锅饭"到自主经营

所有权与承包权"两权分离"的土地制度是农村农业生产合作组织为改变过去集体化生产状况而采用的一种新的生产责任制度。它打破了集体化时期农地"公有公营"的生产格局，摒弃集体化时期"大锅饭""大呼隆"传统，赋予农民土地承包使用权，实现农民自主经营。这一土地制度真正确立了农民在土地生产活动中的主体地位，并直接将生产者与土地有效结合在一起，既保证了农民作为生产主体的切身利益，也维护了他们与国家、集体间的经济合作关系。与集体化时期的土地制度相比，它改变的不是土地集体所有制度，而是土地生产的经营形式与组织形式，使农业生产经营的积极性得到提升，国家和集体利益也得到了保障。

2. 从行政计划走向市场化

集体化时期，村落生产生活方面的绝大部分资源由生产集体严格管理和全面控制，市场经济封闭，严格管理的行政计划指导着村落的生产与生活，全面压抑了农民的生产积极性。家庭联产承包责任制实施以后，计划经济体制向市场经济体制转变，席卷农村社会的市场化浪潮致使农民思想观念趋于理性化。逐渐理性化的农民意识到，只有依靠自己才能摆脱贫困，主动融入市场才能发家致富，积极参与社会大分工才能实现生活水平的快速提高。市场环境的变动决定着农民生产方式的调整。

（三）"两权分离"土地制度在杨家大塆的实践

1. 家庭联产承包责任制在杨家大塆的实施

1982 年，中央 75 号文件下达后，杨家大塆生产大队根据文件精神，联系实际，发动群众，民主选择了"包干到户，分田到户"的生产责任制度。具体分配办法（《关于稳定完善联产承包制推广情况及八二年农口工作总结》，1983）[1] 如下。

---

① 这一分配办法是通过查阅黄陂区档案馆档案资料所得，与杨家大塆村民们确认过，没有出入。

（1）田地分出好坏，按人头合理分配到户，增人不增地、减人不减地，土地所有权归队所有，不准买卖，不准转让。

（2）按两口塘原负担的灌溉面积来划分用水范围。

（3）每十八人分配一头耕牛，农具随牛走，不足部分，由各户摊派添置。

（4）队委会干部确定正、副队长和保管三人，队长负责上传下达，处理公务；副队长负责管水和推广农业科学技术；保管负责清查队里的财产和管理提留的粮食等。

（5）集体提留按每亩田向队里交二十五斤粮食的标准分摊到户。所收粮食除照顾五保户吃用外，其余部分留作干部因公外出的补助和集体用工开支。

这一分配办法在杨家大塆迅速推广，并得到村民们的一致认可。全村田地面积总计 556 亩，根据上述田地分配办法，平均每人分得田地大约 0.7 亩。村民拥有自家的承包地，可以按照自身意愿自主经营。

2. 土地的"角色扮演"过程

1982 年，家庭联产承包责任制在杨家大塆地区全面推行之后，随着社会的不断进步及经济的迅猛发展，土地在杨家大塆村民心中所扮演的角色也在不断地偏移，由最初的"宝贝"变为"包袱"再变为"鸡肋"，如图 4－1 所示。

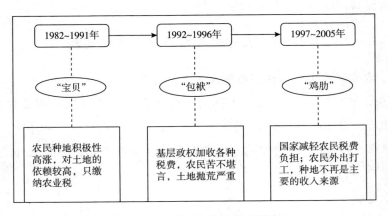

1982~1991年	1992~1996年	1997~2005年
"宝贝"	"包袱"	"鸡肋"
农民种地积极性高涨，对土地的依赖较高，只缴纳农业税	基层政权加收各种税费，农民苦不堪言，土地抛荒严重	国家减轻农民税费负担；农民外出打工，种地不再是主要的收入来源

图 4－1　农民对土地的观念转变

（1）土地作为农民的"宝贝"（1982～1991年）。家庭联产承包责任制的推行，使得杨家大塆村民与土地之间建立了紧密的联系，村民获得了土地的经营使用权。"交够国家的，留足集体的，剩下都是自己的"这一土地收益分配格局的构建，充分调动了村民的生产积极性，土地成为村民心中的"宝贝疙瘩"。

①土地依赖较高。在当时落后的生产状况下，土地资源是农民唯一的收入来源，村民对于土地的依赖程度非常高。杨家大塆村民种田积极性空前高涨，感觉生活有了盼头，每天大部分时间留在自家的承包地之中，希望通过自身的辛勤劳动获得土地的高丰收。

②税费低廉。随着家庭联产承包责任制的实施，农民只需要交足政府主管部门规定的公粮，政府不再征收其他税费。1982年，湖北省平均税率为8.4%，杨家大塆村民委员会税率为9.48%（《生产情况统计表及横店镇两项基本建设完成情况统计表》，1983）。基本精神为稳定负担，鼓励增产。1983年，政府改"实物征收，实物结算"为"实物征收，各种原粮按中质价结算，多退少补"的办法，每百斤公粮的价格由11.01元提高到11.50元。按照上级主管部门的要求，杨家大塆村民委员会每年固定上交公粮大约14000斤。[①] 1985年，农业税不再征收粮食，统一折征代金。主粮折征代金单价为每百斤15.59元。低廉的税费，高产量的丰收，使得杨家大塆村民的生活水平有了快速的提高，土地的价值得到充分体现。

（2）土地作为农民的"包袱"（1992～1996年）。然而，随着农村经济的发展，土地承包到户的局限性日益显现：把土地均匀地"捆绑"在每个农民的身上，造成了生产规模小、生产技术落后、农产品商品率低等问题。农业生产效益低，部分农民对土地的感情越来越淡，土地失去了曾经农民赖以生存的价值，大批农业富余劳动力转移到第二、第三产业。此外，由于基层政权不断对农民加收各种税费，农民负担沉重，苦不堪言，承包地成了他们"甩不掉的包袱"。

①田地产出难以满足农民生活需求。随着农村农业生产力的提高，粮

---

① 这一说法来自第一任村委会主任的回忆，并与多位村干部确认，没有大的差别。

食短缺现象在全国范围内得到明显改善，国家对于粮食的需求逐渐降低，粮食对于农民的生存意义也逐渐减弱。杨家大塆村民依靠自家承包地不足以支撑一个家庭的日常生活需求，现有的田地产出难以满足村民日益增长的物质需求与利益需求，使得一部分农民不得不从土地上脱离出来，逐渐转移到更加广阔的社会分工之中。

②农民不堪重税，抛荒严重。从1992年开始，除去农业税之外，杨家大塆开始逐渐征收各种税费，诸如特产税、小组提留、办学集资、油菜促进款、印花税、建库集资、水利亏款等。中小学也开始出现各种收费名目：书本费、影视费、体检费、托管费、补课费、集资费等。此外，杨家大塆还存在以资代劳，甚至层层加码的现象。将"两工"按人头平摊，规定每人负担义务工4个，积累工9个，每工6元，两项合计人均负担"两工"折合78元，相当于上年人均纯收入的5.2%（《县政府、财政局关于取消和调整部分收费项目及标准的通知、意见、汇报》，1995）。低廉的土地收益，加上高负担的税费，村民纷纷抛荒，1996年，土地抛荒达到顶峰。根据档案资料记载，1992～1996年，农村工作有四件事情最难办——"计划生育杂交稻，路政管理田转包"。田地无人种植已经成为杨家大塆最为严重的问题之一。

（3）土地成为农民的"鸡肋"（1997～2005年）。1997年，国家开始逐步减轻农民所背负的沉重负担。但随着土地"包袱"的减轻，"包袱"也逐渐变成鸡肋。"食之无味，弃之可惜"正是这一时期农民对于土地的真实感受。一方面，土地产出已经难以支撑家庭的日常生活支出，离开土地、外出务工成了农民必然的选择；另一方面，由于国家对农民的"减负"，种植土地能够获得一定的经济收入，不再是"入不敷出"——产出不足以交税费的状况，因而，土地成了"出走"农民的"退路"，提供最基本的经济保障。

①"出走"的农民。20世纪90年代后期，随着市场经济与工业化的迅猛发展，传统农业生产经济总量在国民经济中所占比重日益下降，而第二、第三产业所占比重持续上升。产业结构的转变对杨家大塆村民收入结构的影响巨大，土地经营产出不再是村民主要的收入来源，村民对于土地经营的收入不甚看重。此外，土地承包带来的包袱使得村民肩负着沉重的

经济压力，村民纷纷离开收益不断减少的承包地，外出务工，寻找新的生活和工作机会，非农就业村民数量大大增加。土地也不再是村民难以割舍的物质基础，村民对于土地的依赖感以及安全感逐渐缺失。

②回家务农成为农民的退路。杨家大塆村民在外务工获得较高经济收益的同时，随着年龄的增长，当到了不愿务工的年龄，或者在外务工感受到外界工作职位的不稳定、日常生活的不安全以及归属感的缺乏时，他们乐意再次返回农村，修缮自己原先留在村里的房屋，改善原先简约朴素的生活条件，重新种植自家的"一亩三分地"，悠闲自在地安度生活。土地种植逐渐演变为杨家大塆村民的后备选择。

（四）土地"两权分离"时期村落演变的指标选取

从我国农村的发展历程来看，每一步发展与变革都以土地的所有权和承包经营权的关系演变为基础。那么，土地所有权与承包经营权"两权分离"的土地制度变革，给杨家大塆带来了怎样的发展与变革？这些发展与变革如何体现？本章从前文所提到的一定地域、利益纽带、精神纽带等六个维度出发，通过对每个维度具体指标的选取分析，阐述土地制度的变革如何带来村落共同体的发展与变迁。本章通过对表4-1中六个维度具体指标的分析，呈现了杨家大塆在这一时期的巨大变化，从而得出对土地制度变革与村落演变之间的深层次关系的认识。

表4-1　土地"两权分离"时期村落共同体的维度、指标选取

共同体维度	一级指标	二级指标
一定地域	地理环境	地理位置
	居住环境	乡容村貌
利益纽带	集体经济	集体利益分配 集体所有制企业数量 集体所有制企业规模
	个体经济	自由生产方式 私营企业数量与规模
	生产劳动	生产关系 劳动力商品化

续表

共同体维度	一级指标	二级指标
利益纽带	生活水平	医疗水平 教育制度 交通工具 支付方式 水、电、路
	村民收入	收入来源 人均纯收入 利益分化 贫富差距
精神纽带	认同感	村庄认同 宗族认同 传统文化认同 价值观
互动交往	民间借贷	借贷对象 借贷数额 借贷形式 借贷纠纷
	公共事务	政治参与 干群关系
	公共空间	公共活动空间 公共场所
	日常交流	场所分布 谈论话题
传统文化	宗族活动	清明节祭祖扫墓 修族谱 元宵节闹龙灯
	宗族文化	辈分排行 婚嫁礼仪
	传统生活惯习	打招呼 串门子
	传统道德规范	宗族约束 宗族规范

共同体维度	一级指标	二级指标
传统文化	传统道德规范	尊老爱幼 勤劳诚实 勤俭持家
社会秩序	内部冲突	干群冲突 亲属冲突 邻里冲突

二　农民权利观念的转变

家庭联产承包责任制在农村地区的实施，使得农民以独立个体的形式重新进入农村社会生活，农民的权利观念发生重大转变。农民成为农业生产的经济主体，从而引起农民日常生活权利观念的变化，而农民作为个体细胞的关联性变化最终导致农村社会发生实质性的演变。

（一）　土地权利观念的转变：明确清晰的产权观念

配杰威齐和菲吕博顿认为，"产权并不是简单地指人与物关系，而是指由物的存在与使用带来的人们被社会所认可的一些行为性关系"（配杰威齐、菲吕博顿，1994：205）。农村土地产权是指以土地所有权为基础，土地使用权为核心的关于土地财产权利的总和，主要包括由土地所有权、使用权、收益权和处置权等财产权利组成的权力束（窦祥铭，2013）。20世纪80年代初，中央政府开始在农村全面实行家庭联产承包责任制度，从法律层面上确立了集体拥有农村土地的所有权。尽管土地仍然归集体所有，但是农民获得了一定程度上的经营自由权。集体土地的控制权和由此产生的利益从国家的手上再次回到了农民的手中。村集体作为土地所有者，享有土地使用的签约、协调和管理权，而农民作为集体土地的经营使用者，可以自由控制自身所承包土地，并获取土地生产价值。在传统农业社会，谁控制了土地的使用，谁就拥有了社会财富的重要来源。

这一制度建立了农民与土地产权之间的密切联系，再次激发了广大农民的生产积极性与工作热情。产权观念的确立，是农民生产积极性得到激发的内在动力源泉。可见，农村土地制度的变革最根本的在于激励机制的确立，完全以意识形态为导向的生产方式难以达到预期的目标。

（二）日常生活中权利观念的变化

家庭联产承包责任制，虽然没有改变农村土地的所有权归属，但是使土地的经营使用权有了实质性的翻转。杨家大塆村民通过土地承包的方式获得了自主经营集体所有土地的权利。这种权利的获得使村民日常生活中的权利观念发生了重大的转变。

1. 从依附走向独立

艾伦·麦克法兰说过："旧制度社会中，个人的社会关系大多数都是与生俱来的，每个人所接近的是同亲属团体、同种姓、同村庄的人。这些人你无法选择，他们可能终生与你相伴，关系稳固，难以变动……其中最为重要的是你被期待着要进行的一系列角色扮演，以及这种结构形成的一系列社会关系。"（麦克法兰，2013：153）杨家大塆村落共同体为生活在其中的村民提供了一种依赖感和安全感，落后的生产生活条件使得单户家庭的力量相对薄弱，从而激起村民寻求家族保护与成员合作的需要。在集权政治的管理下，村民形成了对国家政权高度的依附意识。以家庭为生产组织单位的制度一经实行，这一依附性状态便被瞬间打破。

（1）生产自由。集体化时期的政社合一制度，其实质就是政府直接干预农村农业生产和村民生活的全过程，作为生产直接参与者的农民丧失了对自身生产活动的支配权。怎样生产、生产什么都不是由自己决定。从这一历史时期来看，以家庭为单位的自由生产与核算更为符合农村实际，农民重新拥有了一定程度上的土地使用产权和生产经营自主权，村民可以在自己的承包地上自行决定经营何种农作物，诸如水稻、棉花、夏粮、夏油等。

（2）经济独立。在集体化时期，杨家大塆生产大队全面控制着村落生产生活方面的绝大部分资源，村民们丧失了经济独立地位，经济收入受集体的严格操控。集体占有村落共同财产，全村村民通过共同的收支预算，以工分形式按劳分配经济收益，以至于村民形成对集体组织高度的依附人格。而当村落开始自由进行生产后，村民的劳动所得受到法律的保护，对集体的依赖逐步减弱，在经济上真正实现了独立，生活水平逐步提高。

（3）行为自主。集体组织对村民行为上的全面掌控，严重束缚了村民生产生活的自主活动空间，村民的行为受到巨大的约束。"身不由己"的村民不得不服从集体组织的安排，被捆绑在杨家大塆这一封闭的生活环境之中。"面朝黄土背朝天"是很多村民一辈子的生活宿命。家庭联产承包责任制推行以后，村民从计划经济、政治控制的束缚中得以解放，既使得村落农业生产更加适应自然生产规律，也为村民的自主创业、自主劳动创造了条件。传统农业活动具有分散性、季节性的特征，村民可以根据这一特征灵活安排自身劳动时间与劳动类别，也可以通过比较各类生产活动的利益情况进行合理选择。集体组织对村民的组织管理由政治掌控向民主化转变，基层政权对于村民的管理与惩治受到国家政策与法律的约束，村民的自主活动空间大大扩展。

2. 从保守走向进取

传统乡村社会自给自足的小农经济体制使得杨家大塆村民安于农业生产的生活状态，农耕文化一直在村落内延续，"君君、臣臣、父父、子子"传统伦理等级制度教育并影响着杨家人。加上集体化时期，集体组织对村民经济的控制、政治的高度集中，造就了杨家大塆村民保守的政治人格，缺乏进取精神。随着社会的进步以及市场经济的不断冲击，个体主义思想不断向杨家大塆内部渗透，村落的传统文化与政治控制受到严峻的挑战，传统的保守思想逐渐被摒弃，村民拥有了全新的政治、经济和社会基础。生产经营活动的自主收益制度极大地调动了村民想要发家致富的积极性，此外，工业化的兴起，使得村民不再安于自己的"一亩三分地"，逐渐进入更为广阔的社会分工之中，积极关注市场新态势。

（三）传统观念的弱化与新观念的冲击

家庭联产承包责任制，对旧有的传统观念产生了强烈的冲击，进一步解放了干部群众的思想。长期以来禁锢人们头脑、束缚人们手脚的自然经济小农生产观念逐渐被市场经济的社会化大生产观念所取代。"宁可荒山，不可失（祖）业"的旧意识被更新，个体经营的新意识得到增强。加上外界其他因素的进入，村民传统的生活观念受到了巨大的冲击。

1. 传统小农经济生产观念的弱化

长期以来，杨家大塆都是生产力水平极其低下的农耕社会。农业生产在我国社会大生产中一直处于基础性地位，加上过去实行的重农抑商政策，以至于农业成为农民生产生活的根本依靠。传统的杨家大塆，村民们被自给自足的小农经济生产观念主导，被牢牢地捆绑在土地之上从事农业生产活动，种植的各种农作物主要用以自家食用，自给自足。随着市场经济制度的延伸，传统的自给自足小农经济观念被逐渐淡化，村民们的生产方式逐渐以市场为导向，种植种类单一化，种植品种更新快，种植方式更为集约化。过去用于自食的蔬菜水果也逐渐大规模地出现在农家市场之上。此外，随着第二、第三产业在农村地区的快速发展，村民逐渐摆脱第一产业的束缚，进入第二、第三产业中。

2. 外界因素的进入

传统的杨家大塆是一个相对稳定、有秩序的生活共同体，始终处于封闭、稳定的环境之中，村民们生活朴实、安稳、简单。然而，随着"两权分离"土地制度的推行，村民不再被捆绑在土地之上，有时间和机会外出务工，见识村落外的社会。此外，城市化、市场化等一系列外界因素打破了杨家大塆稳定的生活环境，冲击着杨家大塆固有的社会结构，村落逐渐呈现新的特征，处于快速的社会变迁之中。与其他乡村社会相比，杨家大塆位于城市近郊，这种变迁就更加明显。

（1）城市价值观念。家庭联产承包责任制实施以后，新的物质文明把城市的生活方式及物质文化通过外出务工者和市场经济手段渗透进农村社会，改变了杨家大塆沿袭已久的农村生活方式与互动交往内容，冲击着杨家大塆传统的社会价值观念。杨家大塆传统的重本轻末及崇义轻利的价值理念随着外来因素的冲击发生根本转变。

（2）市场经济制度。家庭联产承包责任制实施以后，市场经济制度逐渐取代集体化时期的计划经济制度。在广阔的市场经济体系下，当村民拥有足够的经济收入后，能够在市场上购买到几乎所有自身需要的物质与服务。原来提供这些资源的社会网络承受着前所未有的冲击，逐渐浸没在经济体系中，受到市场环境的支配。这一市场经济制度，使得村民的行为功利主义色彩浓重，以利益为中心，以获得金钱为目的。

（3）城乡经济差异。1958 年 1 月 9 日出台的《中华人民共和国户口登记条例》①，将城市与农村置于城乡二元结构之中。城市与农村形成一种空间隔离状态，形成两个在生活方式、经济水平、职业构成等方面天差地别的社会形态。城市人吃商品粮、领工薪，农村人挣工分、分粮食，是城乡隔离最真实的写照。随着改革开放，城市经济得到迅猛发展，城市与农村之间的经济鸿沟进一步扩大，农村向城市的流动逐渐增多，村里人迫切想要摆脱农业生产生活，进入城市工作与生活。无论是集体化时期还是家庭联产承包责任制时期，成为"城里人"一直是杨家大塆村民们的梦想。

三　权利观念转变下村落共同体的演变

从我国农村的发展历程来看，农村地区的每一步发展与变革都是以农村土地的所有权和承包经营权的关系演变为基础的。"两权分离"土地制度的实行，使村民的权利观念发生重大转变，进而引起整个村落共同体朝着现代化的方向演变。

（一）破而后立：生产共同体的裂变

物质资料的生产是人类社会和历史的基础，也是推动社会发展的原动力。马克思主义唯物史观深刻指出了物质资料的生产和再生产在村落共同体中的基础性作用。"为了进行生产，人们相互之间便发生一定的联系和关系；只有在这些社会联系和社会关系的范围内，才会有他们对自然界的影响，才会有生产。"（《马克思恩格斯文集》第 1 卷，2009：724）杨家大塆从集体化阶段过渡到家庭联产承包责任制阶段，随着土地制度的变革，村落集体化生产瓦解，集体所有制企业举步维艰，逐渐衰弱，个体化生产成为主流，民营企业取代集体所有制企业。生产体制的变化，必然引起村落内部村民生产活动的变化，村民之间的社会联系与社会关系也受到严重

---

① 这一条例是在 1958 年 1 月 9 日全国人民代表大会常务委员会第九十一次会议上通过的，目的是维持社会秩序，保护公民的权利和利益，服务社会主义建设。

影响，进而导致了村落共同体的裂变。

1. 集体化生产的瓦解

1961 年 3 月 22 日，中共中央下达政策《农业六十条》①，管理体制权力下放，实行三级所有、队为基础、生产队为基本核算单位的行政体系。这一集体化时期，农民从家户这个基础生产单位剥离出来，由集体统一分配劳动力从事农业生产活动。人力成为国家权力掌控下的生产工具。这一时期没有商业和市场，农民也没有自由选择的权利，被迫接受集体的分配，与农业之间的关系也仅仅是一种机械化的组织关系。土地、劳动力被整合在一个大的分配体系之中。

在"三级所有、队为基础"的生产结构之下，土地所有权与经营权归杨家大塆生产大队所有，人民公社往往通过行政指令实行间接或直接的行政干预与经济控制，致使劳动激励低以及监督成本高等问题凸显，生产队员磨洋工、消极懈怠情绪严重，生产效率低，生产总量不高。上层制定政策的失误，基层执行计划的盲目，导致农民的生产积极性被极大抑制，以至于 1982 年家庭联产承包责任制一经推行，便受到农民的普遍拥护，集体化生产体制也随之瓦解。

2. 原子化：个体化生产的实施

1982 年，杨家大塆推行家庭联产承包责任制，土地承包到户。这一制度的实施，使得村民从行政计划体制的束缚中摆脱出来，以独立个体的身份重新融入乡村社会生活。在农业生产领域，集体已经不再是基本经济核算单位，村民家户演变为一个独立完整且最为基础的经济核算单位。村民开始进行个体化生产，种田积极性空前高涨。此外，在家庭联产承包责任制推行初期，国家每年固定只收取少量的农业税，大大减轻了村民的生活负担，构建了"交够国家的，留足集体的，剩下都是自己的"这一土地收益分配格局。加上在这一时期，杨家大塆农业生产条件得到了明显的改善，国家大兴水利基础设施建设，农田基本实现了旱可浇灌、涝可排水的水利基础条件，农业自然灾害也大大减轻。短时间之内，杨家大塆的村民

---

① 指 1961 年 3 月 22 日，中央工作会议通过的《农村人民公社工作条例（草案）》，文件共10 章 60 条，故简称《农业六十条》。

生活状况从原先的生产力极其低下、吃不饱肚子、抚养不起甚至丢弃小孩转变为农业生产过剩、家家高丰收。村民不再担心饿肚子问题，开始"胡思乱想"，想要谋求自身进一步的发展，所以从某种程度上说，土地产出量的增多，改善了村民的生活状况，但进而也造成了村落共同体的衰落。

3. 集体所有制企业的衰落

从集体化时期的社队企业到家庭联产承包责任制时期的乡镇企业，杨家大塆集体所有制企业经历着从兴盛到衰落的过程。

（1）集体所有制企业的兴盛与衰落。1978年党的十一届三中全会召开以后，黄陂地区工副业得到迅猛发展。以汽车配件和冶金、矿山、建材、化工等设备为主导产品的机械制造业和化肥、水泥、砖瓦等县办工业抓住机遇快速发展。杨家大塆充分利用人力资源和自然资源，在国有大中型企业中寻求"协作配合"，先后扩大和兴建了一批队办企业，如抛光厂、铸造厂、拉丝厂等集体企业。

20世纪80年代初，黄陂县政府为贯彻国民经济"调整、改革、整顿、提高"八字方针，开始为工业企业松绑放权，为黄陂地区工副业的发展带来了新的生机与活力。杨家大塆集体所有制企业立足本地资源借势进军冶金、化工和建筑材料工业，拓宽了发展门路，兴起新一轮发展热潮。杨家大塆先后涌现出食品加工厂、建筑材料厂等集体企业。1983年，国家撤销人民公社与生产大队建制，设立乡（镇）与村，农村集体企业被归入乡镇企业，实行乡（镇）办、村办、联办、个体办四级企业体制，集体所有制企业与民营企业开始同步发展。80年代中后期，杨家大塆及周边地区已经拥有电镀厂、剪刀厂、铁木家具厂、服装厂、皮鞋厂、金属材料厂等众多乡镇企业，乡镇企业呈现蒸蒸日上的发展局面。

到了20世纪90年代，黄陂地区的国有和集体企业虽然进行了抵押承包、租赁经营、划小核算单位等多种形式改革，但大多数企业的改革没有突破产权这个体制"屏障"，结果收效甚微，变化也多是"昙花一现"。[①] 政府为企业承担无限责任，企业产权不明、机制不活、负债过重

---

① 这一描述来自《黄陂通志》中的记载，这一时期的集体企业由于制度原因，必然走向衰落。

的矛盾越来越突出，部分企业还走进了"投入－生产－亏损－停产－又投入－又生产－又亏损－又停产"的怪圈。面对集体企业的严峻现实，杨家大塆打破陈旧思想和传统观念的束缚，全面推进和深化企业制度改革，形成以民营经济为主体、多元化投资、混合型经济发展的新格局。集体所有制企业逐渐走向衰落，民营企业成为杨家大塆的经济主体，焕发出蓬勃的生机。

（2）集体所有制企业衰落原因。集体所有制企业从兴盛逐渐走向衰落，有一定的必然性，归根结底在于产权制度的限制。

①社会发展。随着市场经济的发展，集体企业在发展过程中面临很多经济风险与竞争压力，需要大量的资金投入确保企业的稳固地位。然而，政社分离的家庭联产承包责任制度，致使地方基层政权权力紧缩，财政资金紧缺。地方政权自身面临财政紧缺困境，难以为企业承担无限责任的重担，企业资金供应短缺，难以投入稳定的生产。此外，城乡之间严重的经济差异，致使企业在农村地区举步维艰。在不断深化的改革开放中，经过企业整顿中的"关、停、并、转"和市场竞争中的优胜劣汰，没有竞争实力的集体企业逐渐被市场淘汰，成为历史。

在调研访谈中，一位曾经在黄陂化肥厂这一县办企业工作过的村民告诉笔者，1982年，化肥厂的生产状况还算良好，能正常运营，工人工资也能正常发放。到了1986年，经济效益开始走下坡路，一方面是因为化肥厂的经营方式不对，经常入不敷出，另一方面是因为地方政府部门资金供应不到位，厂子负担日益加重，经常停产，工人工资经常拖欠不发。工人们受不了这种状况，纷纷辞职，这无疑加大了企业的生存压力。到了1987年，化肥厂承受不住经济压力，正式倒闭。

②历史阶段性。市场经济体制下，人民的思想观念趋于理性化，集体化时期的集体主义思想难以应用于企业管理。个体主义盛行，必然导致集体所有制企业衰落。因此，集体所有制企业的衰落有一定的历史必然性。家庭联产承包责任制的实施以及改革开放的政策促使，都在很大程度上加速了集体所有制企业的衰落。

③环境污染。集体化时期，为了经济发展，不惜以环境为代价，严重破坏了生态环境。工业企业污水、废气的随意排放，严重污染了土地资源

与水资源。改革开放以后，国家意识到环境对于人类生存的重要性，加大力度整顿企业污染问题：轻污染企业面临改制，对污水、废气进行处理后排放；一些重污染企业被勒令拆除。

20世纪80年代，杨家大塆里有个电镀厂，属于村办企业。这个厂子在70年代属于社队企业，随着人民公社、生产大队体制被撤销，厂子就由社队企业变成了村办企业，一直属于集体所有。电镀厂一直经营到1994年才正式倒闭，倒闭原因是污染严重，侵害了村庄的土地资源和水资源，政府严令拆除。

④内部矛盾。集体企业的内部矛盾也是致使其走向衰落的主要原因之一。集体所有制企业内部员工消极懈怠、磨洋工现象普遍，加上企业生产效益不高，严重亏损，生产难以为继，员工工资不能按时发放，经常拖欠，加重了企业内部矛盾，使得员工生产积极性更为消极，最终导致集体企业的衰落。

⑤产权制度。产权制度是导致集体所有制企业衰落的根源所在。企业改革改到深处是产权，改到难处是产权。企业归集体所有的产权制度，严重阻碍了企业员工生产积极性的激发。员工对企业的发展处于"旁观者"的位置，"挣多挣少都是集体的，不是我的"。缺乏管理，难以形成有效的激励机制，致使集体所有制企业面临改制甚至倒闭。

4. 民营企业的兴起

随着社会的快速进步、经济的迅猛发展和市场经济的确立，国家对于乡镇企业的政策发生转变，一大批集体所有制企业退出了市场，成为过去式。20世纪80年代以后在杨家大塆涌现出来的更多的是民营企业。此外，"八五"和"九五"计划时期，国家政策着力于"能人回归"与"开门招商"相结合的"财源振兴"工程，开发新的经济增长点，民营工业企业乘势蓬勃发展。

在杨家大塆，土地分田到户的头几年，家家户户高丰收，生产势头很足。然而农业持续丰收后，出现的农产品销售不畅、价格回落等问题，阻碍了农业的持续稳定增长，影响了村民的增产增收。村民大多面临粮食产量过剩、劳动力过剩等问题。少量的承包地，低廉的田地生产收入，把大部分农民从土地上分离出来，加快了第二、第三产业的发展，大批农民开始务工经商或从事农业开发工程。"村村办厂，家家冒烟"是杨家大塆所在的横店镇在这一时期的真实写照。

传统体制下，国家生产活动存在"三多三少一不高"的问题。原料型初级产品多，精深加工产品少；分散生产经营多，大规模一体化经营少；封闭式内销产品多，开放型外销产品少。以至于资源开发利用不够、经济效益不高（《县农委关于农业结构调整、各种经营、科教兴农、引资开发、能源水产建设的总结、通知、意见》，1997）。然而民营企业在国家政策的推动下快速发展，企业从原来主要为农业生产服务、为人民生活服务，转变成为大工业和出口服务。遍布各行各业的民营企业逐渐成为横店镇的经济主体，引领横店镇经济的蓬勃发展。种类繁多的民营企业开始积极发展种植业、养殖业，努力推进农副产品加工业和农用工业，大力发展动力工业，承担大工业扩散的零部件和部分产品的加工与生产，组织建筑队伍和装卸运输队伍，生产当地有资源或有技术条件的传统工艺品和出口产品，兴办缝纫、修理、旅店、饮食等服务行业（《横店镇志》，1988）。在20世纪80年代中后期，杨家大塆办起了养猪场、水泥制管厂、粮食加工厂等多家民营企业。民营企业的发展，给杨家大塆村民带来了新的希望，村民们的收入水平显著提高。

> 1985年，由我们村委会村支书牵头，带领我们10户人家联合融资办厂，制造地下水泥管。我主要负责销售，每天平均运送一车的水泥管到外面，一车40~50根。管子分两种，小的管子一根17元，大的管子一根28元，一车大概2000元，纯利润600~700元。另外我们在村子里雇用了五六名工人，每名工人的工资是一天6元钱。这样算的话，我们10户人家，每户每天能够分红60元钱左右。这收入比种植家里的一亩三分地的收入高多了，所以我们都愿意跟着村支书一起干，感觉生活有了盼头。（20170504，YZX，男，70岁）

（二）市场引领：经济共同体的发展

经济活动及相关利益的生产分配是维系和巩固共同体不可替代的纽带。共同体要有共同的经济生活，只有建立在共同的现实利益之上，共同体才有稳定可靠的现实基础。村民权利观念的转变，带来的是其经济生活的多样化以及现实利益的分化，共同体也随之发生变化。

1. 生活水平的改变

（1）工资收入的增多。自给自足的小农经济、落后的生产条件，封闭的市场环境，是制约杨家大塆村民生活水平提高的主要因素。与集体化时期相比，家庭联产承包责任制实施以后，村民的集体化观念被打破，生产积极性得到极大的激发，封闭的市场环境趋向开放，村民不再局限于田地种植，开始进入各行各业，村民的收入逐步增长。

> 1982 年土地分田到户之后，村民的种田积极性都非常高，家家高丰收，后来粮食不值钱了，家里的田地又少，只能另谋出路。我是1985 年开始出去打工的，当时村里很多人开始合资办厂，个体工商业开始盛行。我当时在一家镇办电镀厂里面当工人，月收入是 90 元。后来电镀厂倒闭了，我又转到线路器材厂当了两年的工人，月收入是300 元，到 1992 年，我转行创业，自己做起了鞭炮生意，一年下来收入是 6000 元左右。1995 年，我又开始跟随一位工厂领导做生意，算是领导助理，一个月收入是 800 元，一做就是十年，到了 2000 年，我的月收入涨到了 1200 元。可以说，我的收入情况一年年地在增长。虽然比不上现在，但是在当时来说，那样的月收入已经算是高薪了。（20170609，YLJ，男，51 岁）

（2）医疗水平的提高。集体化时期，落后的医疗条件严重影响着村民们的日常生活，小孩夭折、偶感风寒致死等现象时有发生。整个杨家大塆，仅有一名"赤脚医生"①。这名"赤脚医生"拥有一定的文化基础，于是被生产大队派遣到横店公社卫生院进行培训，培训后回到村里上岗，担任大队医生。从村民口中了解到，尽管集体化时期村民的医疗费用全部由队里负责，村民自己基本不用出钱看病，但是那个时期医疗水平低下，村里仅有的这名"赤脚医生"只能治疗一些小毛病，真正的大病，依然束

---

① 这一称呼特指集体化时期文化水平不高，但有一定文化基础，被派遣到生产大队培训之后，回村上岗，给村民看病的非专业出身的"郎中"。

手无策。到了 20 世纪 80 年代后期，除去村委会成立的村卫生室以外，村里逐渐出现不少私人诊所。尽管这一时期，村民的医疗费用需要自己掏腰包，但是村里的医疗卫生条件得到较大改善。此外，村里交通条件改善，村民到县里、市里的大医院看病也方便了许多，村民们的身体健康有了一定的保障。

（3）教育制度的完善。人民公社时期，农民子弟想要摆脱"面朝黄土背朝天"的命运，进入城市从事非农业工作，只能通过招工、提干、参军等仅有的几条途径。集体化时期，杨家大塆村民们的升学道路几近阻塞。1977 年，国家恢复高考制度，村里年轻一辈获得机会，脱离农村，流向城市。80 年代，由村干部牵头，联系从村里出去打拼、在外有所成就的乡贤之士，集资在村里建了一所小学，以供小孩就近入学。90 年代，全国要求义务教育达标，满足"一无两有"条件：无危房，有教室，有课堂。教育条件的完善，使得年轻一辈能够接受良好的教育。

（4）交通工具的便利。杨家大塆封闭的空间分布状况，极大地限制了村民的活动范围。在 80 年代以前，杨家大塆的交通依然落后，外出主要靠步行。改革开放后，村民生活条件得到较大改善，自行车成为村民的主要交通工具。随着村公路的兴修，摩托车也进入农家。交通条件的改善，使得村民社会活动与交往范围逐渐扩大，交往渠道也日益增加。

（5）电信时代的到来。电信时代的来临，使得杨家大塆日出而作、日落而息的传统农村生活惯习发生了重大转变，村民有更长的时间花在工作与生活中。农户开始拥有电视机。电视机的出现，让村民们了解到外面更广阔的世界，了解国家动态。此外，移动通信工具也开始在乡村出现，移动电话的出现让杨家大塆村民与外界有了更好的联系媒介，村民们的社会交往与互动范围得到极大的扩展。通信技术和交通工具的变革使村落时间和空间发生了重大改变，杨家大塆孤立的生活状态被打破，村民与村民之间、村民与外界社会之间的交往频率和范围大大增加。

2. 支付方式的改变

（1）凭票、指标购买制度取消。家庭联产承包责任制在杨家大塆地区全面推行之后，农民的生活水平得到极大的提高，集体化时期残留下来的凭票购买生活用品制度取消，布票、糖票、煤油票、肉票等各类票据①被全面取消。此外，20世纪80年代初期，工业化产品开始在横店镇流行，电视机、缝纫机等工业化产品开始在横店镇增多，走进平常百姓家。

（2）交公粮变为货币折款。家庭联产承包责任制实行之后，国家通过农民缴纳农业税的形式与农民共同分享土地收益。国家对农业经济全面管控的治理形式，转变为通过市场机制来调节资源配置。土地分田到户初期，农户通过交公粮的形式缴纳农业税，杨家大塆每年固定上交国家14000多斤公粮。1985年，国家粮食储备饱和，农业税制度改革，折征代金，把应缴纳的公粮总量按照国家规定的征收价格折算成金额，以货币形式征收。支付方式的改变，表明国家经济在快速发展，也说明村民生活水平不断提高。

3. 劳动力自由流动

（1）外出务工。随着粮食需求的逐渐饱和，土地产出难以满足村民日益增长的物质需求，村民的生产重心开始转移，外出打工人数激增，种地不再是唯一收入，村民身份从农民逐渐转变为农民工。到了20世纪90年代，杨家大塆村民大体上分为四个群体：一是继续留在农村从事农业经营、生产规模不变的群体；二是在农业之余从事工业、商业从而兼业经营的群体；三是从事农业规模化经营的群体；四是彻底非农化经营的群体。第一类群体大多是老年群体，处于衰败过程中。第二类群体包括大多数村民。第三类群体指的是种田能手，人数最少。第四类群体指的是由于升学、参军、迁移、工作等，不再从事农业生产的群体，大多是年轻群体。

①人口流动。新中国成立以来，村落主要由于升学、婚姻、参军、工作调动等发生人口流动。集体化时期，国家为了控制城镇人口规模，维持城镇居民就业，采取行政手段与计划方式配置人力资源，限制农民流动。1958年1月9日出台的《中华人民共和国户口登记条例》，将城市与农村

---

① 这些带有浓重集体化时期色彩的票据，在家庭联产承包责任制实施以后，便失去了意义，不久之后便被一一取消。

置于城乡二元结构之中，严重地限制了农民的流动，将农民捆绑在农村与农业之中。改革开放以后，田地产出难以满足农民的需求，大多数村民离开土地，外出务工。杨家大塆也表现出明显的代际分工现象，年老一辈在家种地带孩子，年轻劳动力农忙的时候回来帮忙，其余时间外出务工。

②就业地域。杨家大塆位于武汉市郊区，外出务工的村民大多数集中在村落周围以及本镇或者市区内，就近从业。杨家大塆村民大多早上前往镇上或市区上班，晚上回村。这一时期，村民大多赋闲在家，为了家庭生计主动外出找事做，附近企业根本不需要发布招工启事，村民便自己找上门来。

（2）互助变雇佣。杨家大塆劳动力流动的现象并不仅仅局限于劳动力外出务工，在村落共同体内部，劳动力流动现象同样存在，而且越来越普遍。雇工是杨家大塆最为普遍的劳动力流动渠道，如农业雇工与生活雇工。在杨家大塆，越来越多的村民为别人打工，每天早出晚归，没有周末。村民的生活方式也因劳动力流动的普遍化而不断改变。劳动力流动对杨家大塆村民生计的影响不仅仅局限于劳动力外出务工，它也在很大程度上改变了留在村里的人们的生活方式，改变了村里互帮互助的风俗习惯，颠覆了"你家有事我来帮"的传统做法。互帮互助作为中华民族的传统美德，也是传统乡村社会邻里关系的生动体现。村落邻里亲友之间的互帮互助表现在多个方面，如农业生产、红白喜事、家庭生活上的合作。家庭之间的互助实际上是一种换工机制，给别人帮忙，意味着别人也会给自己帮忙。在传统的乡村地区，邻里乡亲办红白喜事、建造房屋时，主动前来帮忙的现象极为普遍。正是这种类似于礼物交换的换工互助构成了村民之间亲密的互动关系。

> 以往谁家有点事需要帮忙，大家都很乐意去的。比如谁家今天盖房子，需要人帮助干活，村民们在家的都很乐意去帮忙，而且不收人家工钱。后来就不一样了，盖房子需要工人，需要出钱雇用，不给钱没人愿意来帮忙，世道变了。（20170804，YYL，男，64岁）

随着劳动力流动的日益普遍，村里的闲人越来越少，杨家大塆村民们的时间观念日益增强。传统社会的换工与互助机制逐渐失去效用。雇佣制度开始逐渐取代建立在人情关系网络基础之上的互助机制。

在传统的乡村社会，村民对于雇工、雇农并不稀奇。新中国成立以前，农村社会的佃农、长工、短工，其本身就带有浓厚的出卖劳动力的性质。然而，传统乡村社会的劳动力雇佣并未完全市场化，而是嵌套于一整套社会规范之中，这种雇佣关系兼有社会属性与经济属性。在集体化时期，农村劳动力被机械分工，并通过记工分形式给予相应的报酬，因此，这一时期的农村劳动力雇佣价格也并非由市场所决定。直到改革开放以后，一方面，土地承包到户，农民只需缴纳农业税，剩余收入均由农民自由支配；另一方面，市场经济体制的确立，使得农民拥有了打工赚取相应报酬的自由，其劳动关系也转变为由市场决定，从而在这一时期真正地实现了劳动力自由流动。农民开始逐渐适应并认可这一现象，除去所承包的少量土地之外，劳动力成为他们获取收入的主要资源。得到这种劳动力资源变现的渠道与机会对于农民来说具有极其重大的意义。

（3）职业分工多元化。20世纪80年代中后期，杨家大塆剩余劳动力开始逐渐从土地上脱离出来，转移到更加广阔的社会分工之中，村落生产呈现兼业经营的局面，村民种植田地的同时，利用空闲时间在外务工。这一时期，杨家大塆个体工商业、制造业、运输业、建筑业、渔业、畜牧养殖业等得到迅猛发展。村民进入各行各业之中，职业分工逐渐多元化。在传统的村民闲谈中，谈论的内容大多是道德内容，家长里短，谁是谁非。随着村民职业的逐渐分化，生活水平不断改善，在公共场合闲谈的话题变成了工资、收入、就业、住房等，村民对于收入、住房的关注度不断上升。

4. 贫富差距凸显

（1）乡村精英的出现。集体化时期，生产资料的公有制以及平均主义的分配方式，使得杨家大塆村民之间的贫富差距不大。家庭联产承包责任制实施以后，农民获得了生产自由，经济上获得了独立自主权，生活自主空间扩大，拥有特殊技能和知识的村庄成员开始走上村庄的主体舞台，日益活跃，由此形成了通过政治参与获取不同政治权力和通过经济手段获得不同经济收益的村庄格局。政治精英与经济精英逐渐成为村庄发展的主导者。一般来说，这些精英群体均是拥有某种资源，通过影响村庄的发展，从而达到自身政治权力获取与经济收益提高目的的活跃分子，包括政治资源上的既得利益者、技能与知识的领头人物、掌握雄厚财力的生产大户等。这类地方精英群体对于现实机理、天下时局、国家发展大势有着深刻的见识与精辟的分析。而集体化时期能力较为出众的生产队长，对生产活动、经济发展有着独到的见解，土地分田到户之后，能够快速发家致富，成为经济领域、政治权力上的佼佼者，是地方精英群体的代表。

（2）贫富差距逐渐扩大。杨家大塆地处大城市郊区，随着市场经济的迅猛发展，不可避免地受到城市市场环境的辐射，村民之间的贫富差距逐渐显现，并不断扩大。尽管在集体化时期，杨家大塆村民之间的经济基础类似，贫富差距不显，但是由于杨家大塆特殊的地理位置，村落首先受到外部因素的冲击。从对杨家大塆部分自主创业者、工人、教师、普通农民的收入情况分析来看，家庭联产承包责任制实施以后，村民们的工资收入逐年提高，生活条件得到巨大的改善，但是从事职业的不同，也影响其工资收入的高低。从表4-2中的数据来看，1985～2000年，自主创业者的工资收入一直"遥遥领先"，而教师与普通农民的工资收入相对较低。随着时间的推移，从事不同职业的杨家大塆村民，贫富差距在不断扩大。

表4-2　杨家大塆村民收入的变化

单位：元/月

	1985 年	1990 年	1992 年	1995 年	2000 年
自主创业者	250	500	800	1200	2000
工人	90	300	600	800	1200
教师	80	165	250	444	675
普通农民	50	120	225	375	525
平均收入	117.5	271.25	468.75	704.75	1100

资料来源：数据来自对杨家大塆多数村民访谈汇总、整理之后的结果。

（三）上传下不达：政治共同体的无力

家庭联产承包责任制的实施，从根本上动摇了集体化时期人民公社体制的存在基础。1983 年，中共中央发布政策指令，要求全国各个地方进行基层政权改革，在农村地区建立乡（镇）政权，有领导、有计划地推进政社分离，同时建立合作经济组织。过去由人民公社所承担的农村生产与经济工作的组织管理与协调服务工作由农村合作经济组织接替。这一改革严重削弱了基层治理政权权力。与集体化时期相比，基层政权的社会控制与组织能力大大减弱，难以对农民形成强有力的管理与约束，农民政治参与度下降，干群关系受到严重的挑战，矛盾日益凸显。

1. 基层治理政权改革

（1）生产大队改为村民委员会。集体化时期，杨家大塆生产大队领导班子成员有大队书记、大队长、小队长、妇女队长、民兵连长、会计等。大队书记由上级部门选派，其余领导班子成员由大队书记指定委任。大队书记指定人选，既看能力，也看亲疏远近。

1983 年，东风人民公社更名为横店镇，杨家大塆生产大队更名为杨家大塆村民委员会。基层领导班子成员职务改为村支部书记、村主任、妇女主任、村民委员会委员等。改革初期，村级领导班子成员依然沿用集体化时期任命办法，村支部书记由上级指派，其余领导班子成员由村支部书记任命。到 1990 年初，村民委员会改变以往领导班子成员任命制度，采取差额选举的方式，产生村级领导班子成员。2001 年，黄陂地区率先采用"两推一选"（群众推荐、党员推荐确定提名候选人，组织考核确定正式候选人，党员代表大会选举产生党委委员）办法对农村党支部进行换届选举，优化村级领导班子结构，积极推进党的基层组织建设。

（2）农村选举。村民委员会是国家法律法规明文规定的村民实现自我管理、自我服务、自我教育的乡村基层群众自治组织。与集体化时期的生产大队性质不同，村民可以通过村民委员会这一基层治理平台实行自治。它实际上具有两方面的内涵，一方面是村民可以参与影响村庄公共权力执掌的村委会公共活动，如村委会领导干部选举、村庄事务决策、村庄活动监督等；二是村民委员会成为一个区别于县、镇等地方行政组织的区域性基层自治平台，村民依法通过村庄自治组织进行各种自治活动。

①选举原则。20 世纪 80 年代，随着基层治理政权的改革，村干部由村民选举产生。选举根据《中国共产党章程》和《中国共产党基层组织选

举工作暂行条例》的规定，农村党支部委员会应由党员大会选举产生。选举一律采用无记名投票的方式，实行差额选举。具体是指导小组通过考察评议，支部拿出候选人名单，报镇党委审查，由党员大会采用差额选举办法产生。"选配村党支部班子成员，要坚持干部队伍'四化'方针和德才兼备的原则，把政治上强、清正廉洁、公道正派、具有奉献精神、有一定组织领导能力和群众拥护的人选到领导班子中来。村支部班子人数，一般为三五人，规模较大、党员人数多的村可配备七人。要拓宽选人渠道，注意从经过农村工作实践锻炼的村级后备干部、优秀复员退伍军人、回乡知识青年和镇办企业、致富能人的优秀党员中选人用人。"（《横店镇农村党支部换届选举办法》，1987）

②选举流程。每届村民委员会领导班子成员的选举流程可以分为四个阶段进行。"第一阶段，组织学习和宣传发动；第二阶段，考察评议、拿出调整方案；第三阶段，换届选举；第四阶段，完善村级组织配套建设和建章建制。"（《横店镇农村党支部换届选举工作实施方案》，1987）

（3）基层管理组织权力变革。我国基层乡村政权格局随着时间的推移逐渐演变。从新中国成立以前的族长制到 20 世纪 80 年代的村民委员会体制，杨家大塆基层管理组织权力掌控也经历过多次变革，如图 4－2 所示。

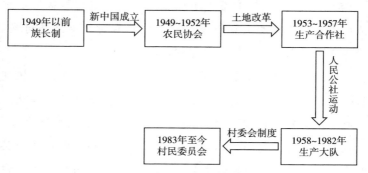

图 4－2　杨家大塆基层管理组织权力变革

①族长制时期。杨家大塆从择地建居至今，一直保持着宗族聚居的传统。新中国成立之前，族长在村里拥有较高的权威，是宗族里举足轻重的权威人物，是整个宗族里拥有最高话语权的人，同时也肩负着巩固宗族地

位，维护宗族秩序，传播宗族文化，调节族内纠纷等职责。

②农民协会时期。新中国成立以后，杨家大塆基层管理组织转变为农民协会，这一组织是农民自愿结合的群众组织，村庄大小事务主要由农民协会主席协调管理。尽管农民协会主席依然由传统的族长或资历较老的宗族权威人物担任，但是族长制度在形式上已经被取代。

③生产合作社时期。1953 年至 1957 年的农业合作化运动，将杨家大塆的小农经济转变为集体性的农业生产组织。通过集体化的所有制改革，实现社会主义经济结构的变革。这一时期，农业生产合作社支部书记以及合作社社长成为杨家大塆的主要领导者，组织管理村落的农业生产活动。农民协会组织被取缔，农村基层政权开始逐步成形。

④生产大队时期。1958 年夏，中共中央开始推行人民公社制度，建立起政治、经济、文化、军事统一结合的"政社合一"基层政权统一体。这一时期，生产大队支部书记以及生产大队长在杨家大塆拥有非常高的权力地位，整个杨家大塆村民们的生产、生活均在其管辖范围之内。农村生产大队垄断了村民们绝大部分的生产、生活资源，经济上村民丧失了独立地位，政治上受到集体主义意识的掌控，村民对集体组织高度依附。

⑤村民委员会时期。1983 年，国家撤销人民公社、生产大队体制，实行乡镇行政建制，推行"县－乡（镇）－村民委员会－村民小组"四级行政管理体制，同时确立了村民委员会的法律地位。杨家大塆的基层政权权力由村民委员会支部书记以及村主任掌握，负责协调管理村庄的大小事务。这一乡镇行政建制一直沿用至今。

2. 基层权力的弱化

（1）基层权力的削弱。杨家大塆基层从集体化时期的生产大队到家庭联产承包责任制实行之后的村民自治委员会这一转变，大大削弱了村干部的社会控制与组织能力，消解了"手握重权"的基层权力体系。集体化时期，生产大队领导干部拥有巨大的话语权，管理范围涉及村庄的政治、经济、文化、生产生活等各个方面。随着政企分离制度的推行，农村合作经济组织接替村民委员会承担农村生产与经济工作的组织管理与协调服务工作，领导干部"至高无上"的权力被瓦解。加上市场经济的不断发展，国家的经济与社会结构不断优化转型，村民开始专注于自身的利益，政治参与热情不断降低，去集体化进程不断加快，进一步削弱了杨家大塆基层的存在意义与地位。

（2）村规民约的产生。20 世纪 80 年代，个体主义不仅表现在市场化与工业化的城市社会中，也在差序格局下的乡土社会中日益凸显。由于村民道德滑坡、社会参与意愿降低、社会治理意识缺乏以及社会结构转型致使村落震荡加剧，农村自发形成的均衡调节治理机制难以维系村落的稳定。杨家大塆村落共同体不断变迁，向城市化、工业化靠近的过程中，许多外界因素渗透到乡村社会之中，导致原有村落共同体结构不断分化，传统的宗族约束、道德规范对村民失去了约束力，加上基层治理政权对村民的社会控制与组织能力的严重削弱，难以对村民形成有效的管理，乡村社会容易出现失范。2005 年，村干部召集全村村民，共同制定村规民约，希望通过明确的规章制度约束村民的不当行为与言论。村规民约的确立，一方面表明随着社会的发展，村民们的道德修养在走下坡路，必须用明确的民间规章制度进行约束；另一方面也表明，基层政权对村民的管理与组织能力在进一步弱化。

3. 干群关系走向紧张化

（1）基层组织乱收费现象严重。由于国家对地方"三提留五统筹"定位不准确，数额不加限定，农民种地负担开始增长，一些基层组织不顾党中央、国务院的三令五申，乱罚款、乱集资以及各种摊派现象愈演愈烈。少数地方部门甚至采取非法手段，强行上门收款收物，激化矛盾，村干部与村民关系高度紧张，村民与地方基层之间严重对立，引发了农民集体上访、干群冲突，甚至发生致人死亡的恶性案件，对此，农民反应强烈。

（2）村干部与农民群众矛盾凸显。沉重的种地负担，致使村民与村干部之间严重对立，干群矛盾凸显。村干部为了完成收税任务，强制向村民收公粮。村民为了自身生计，与村干部周旋，斗智斗勇，村民与村干部关系高度紧张。

①村干部强制收公粮。1992 年至 1996 年，严重的税费负担，致使村民抗拒缴税。杨家大塆村民都不愿意担任村干部职务。村干部深感收税困难，难以完成上级指令，于是拿麻袋到家家户户收粮，甚至直接上门搬粮。

②村民以次充好。村干部强制性地收取公粮，运用政治压迫与行政手段，要求村民必须按照税费标准缴纳足够数量的公粮。杨家大塆村民为了保障自己最基本的生存需求，想方设法少交公粮，甚至出现用次谷子掺杂进好谷子里面上交给村委会的情况。土地收入难以维持自身生计加上严重的税费负担，致使村民纷纷抛弃承包地，外出务工，获取较高的经济收益，农村土地抛荒严重。

（3）公私界限难分。随着基层权力的弱化，村干部对于村民的社会控制与社会组织能力急剧下降。村干部的"无能为力"与村民的胆大自由，致使杨家大塆公私界限难分。村干部希望通过私人手段来达到其获得足够利益与权威的目的；村民"打擦边球"，意图从村里获得利益，损公肥私，违法建私房、非法占用土地、农转非等现象时有发生。

①村干部以权谋私。随着村干部权力的逐渐弱化，其角色重要性受到严重的削弱，村干部难以从这一角色中获得足够的利益以及荣誉感，希望通过其他的手段来达到自身目的，以至于村干部"公"与"私"之间的界限越来越难以明确划分，以权谋私、因私废公的现象开始逐渐显现，甚至出现村干部私下侵吞集体财产的情况，致使干群关系进一步恶化，矛盾突出。例如在杨家大塆，由于教育条件落后，难以提供村内小孩读书的教学场所，于是村干部想办法联系从村里出去打拼、在外有所成就的乡贤之士，集资建造一所小学，以提供小孩上学必备场所。几年之后由于教学师资力量不够，村内小孩统一到横店镇小学读书，原小学房屋闲置，成为村内集体资产。原杨家大塆村委会书记利用职务之便，私下将这一集体资产转卖给厂商，借机从中渔利，侵吞集体资产，引起村民不满。很多村民联名上告，上级部门经查实核定，罢免了其村委会书记一职，令其交出所有转卖资金并处罚款，同时将村集体资产收回，重归集体所有。

②农民群众自相矛盾。随着杨家大塆村民权利观念的转变，其思想更为自由、大胆，"公"与"私"之间的界限也越来越难以划分清楚。一方面，在村民心中，"村委会""村干部""村里"这些词都代表着一个"公"的角色存在；另一方面，人人都想从村里获得利益，损公肥私，以满足自身利益优先，集体财产可以被个人侵吞、霸占。在"两权分离"的

土地制度时期，杨家大塆村民违法建私房，非法占用土地，超面积建房，占田围院，农地转为非农业用途现象时有发生。村民都想方设法从村里占点小便宜，却不愿意为村里贡献自己的力量。村民在批判村干部以权谋私、不为村庄着想的同时，却希望能从村里分得一点利益。以往村里的道路、池塘、广场、水井、水库、晒场、林场、电路或公共土地，属于村集体共有，随着村民权利观念的转变，逐渐公有变私有，个人与村集体的关系被个人之间的私人关系所取代。

③村民成为村庄治理"旁观者"。随着村民外出打工人数的逐渐增多，村民的工资收入逐渐提高，村民们已经不需要依赖于任何权威与组织，他们逐渐意识到生活条件能否得到改善，能否过上好日子，主要取决于自己的双手，"不靠国家吃，不靠国家穿"。村民逐渐关注自身的发展，对于村庄的公共事务并不上心，而村干部的权力逐渐弱化，难以行使权力要求村民参与村庄公共事务的处理。随着家庭联产承包责任制的推行，村民们不再依靠村委会分钱分粮，主要依靠自身在外打工挣钱以及自家所承包土地收入，因此与村干部也不再是以前的上下关系。村民从集体化时期村庄公共事务的参与者变成了村庄发展的旁观者。农民热心于关注国家政府出台的相关政策是否对己有利，但对于村庄的发展并不关心。整个杨家大塆村委会的发展走向逐渐从集体化时期的"国家号召，大队组织，队员参与"转变为"国家主导，干部努力，村民旁观"，基层的影响力在逐步削弱。

（四）失落的家园：宗族共同体的消散

共同体是人的有机结合，除了利益关联、地域范围外，共同情感、价值取向和心理认同也是村落共同体必不可少的因素和显著特征。集体化时期，传统宗族的神圣权威逐渐让位于国家政权，由族长统筹治理宗族村落的传统社会制度瓦解，宗族权威日渐衰落。随着人民公社时期过渡到家庭联产承包责任制时期，国家基层政权权力的弱化，并未使传统宗族权威重现辉煌，伴随而来的是宗族共同体的进一步消解，宗族仪式的逐渐消亡，宗族情感与认同的逐步弱化，村民互动交往的转变，以及家族内部矛盾凸显，传统宗族权威日渐衰弱。

1. 宗族规范的弱化

随着国家基层政权在乡村的不断渗透，杨家大塆村民对于宗族权威"神圣不可侵犯"的观念日益瓦解，宗族规范对于村民的约束能力不断减弱，加上杨家大塆宗族祠堂的消失，以及年老一辈的相继离世，传统宗族文化的传播与继承难以为继，传统宗族仪式的教化作用逐渐缺失，村民对于宗族的情感与认同逐渐弱化。

（1）传统宗族仪式教化作用缺失。宗族仪式作为传统村落文化的重要组成部分，在增强宗族权威、宗族认同感以及村民民间凝聚力等方面具有重要的意义。在传统村落文化的熏陶之下，村民会自觉或不自觉地接受村落文化所带来的约束与规范，从而构建有秩序的乡村生活。宗族仪式作为一种教化形式而得以在传统村落中延续。

①祠堂的破落。祠堂作为一个宗族标志性的建筑，也是村落常见的宗族仪式承载地，其在传统宗族中拥有较高的地位与影响，在传播传统村落文化方面发挥着重要的作用，不断教化村民自觉遵守村落文化规范，提升村民对宗族的文化认同感，从而有利于宗族权威的延续。然而随着宗族祠堂的破落，传统宗族仪式的教化作用不断削弱，人们的生活观念以及宗族认同随着乡村社会的变迁而不断变化，村民对于宗族的情感与认同开始逐渐淡化，传统宗族权威的影响力日益衰落，难以对村民形成有效的约束力。

②宗族权威人物去世或易位。传统宗族的权威人物多是由族长或资历较老、有威望的长辈担任。他们肩负着巩固宗族地位、维护宗族秩序、培养村民宗族意识、传播宗族文化、调解村民之间纠纷等种种责任与职责，在村里拥有较高的权威性，是宗族里举足轻重的权威人物。然而随着村民权利观念的转变，村民不再依赖于传统的宗族关系，对整个宗族的文化认同感降低。宗族权威人物不再是传统意义上的族长或资历较老的长辈，部分话语权和权威逐渐被村里的政治精英和经济能人所代替。杨家大塆宗族权威的转变正如亨廷顿所言，"社会变革和经济发展必然造成传统社会和政治团体的分裂，并破坏人们对于传统权威的忠诚。村庄原有的习俗和宗族权威受到学校教师和新的公职人员等这些精英人物的挑战，这些精英分子代表着远在首都的中央政府的权威，他们有门路、

技能和雄心，而这些都是传统村庄和宗族权威所不能与之相比的"（亨廷顿，2008：28）。传统的宗族仪式部分被摒弃，宗族对村民的影响逐渐衰落。此外，随着村里老人的慢慢离世，这些资历最老的年长一辈陆续离开人世，宗族仪式也随之慢慢消失。

③文化人才流失。随着国家教育制度的逐渐完善，杨家大塆年轻一辈得以通过升学的形式脱离农村，流向城市工作与生活。逢年过节回到村落探亲，不参与村落日常生活，对村落的风俗传统与宗族仪式日渐淡忘，逐渐成为杨家大塆"熟悉的陌生人"。而村落文化人才的大量流失，致使传统文化传承与发扬的主体缺失，宗族传统仪式后继无人。

（2）同族结婚。传统的宗族规范严禁同族男女通婚，男外娶女外嫁的传统一直延续。随着村民权利观念的转变，思想更为自由、胆大、无拘束，传统宗族观念难以形成足够的约束力，杨家大塆村民杨某生（男）和杨某文（女）①打破宗族规范的约束，成为继"破四旧"时期的同族通婚个案后，杨家大塆的第二对同族通婚之人，在村落反响强烈。与前一个案不同的是，这一对夫妻的结合，并未受到家人和其他村民太多的反对和排斥。同族婚姻的再次出现，不只是杨家大塆村民权利观念转变的表现，更是村民对于传统宗族规范制度的抨击，村民对于传统规范不再盲目地遵从，开始理性认识宗族规范，表现出一种强烈的个体主义思想。

2. 村落互动交往的改变

村落村民之间的互动交往，是维持宗族亲缘关系、地缘关系的基础。杨家大塆宗族能够得以延续，除了血缘关系的牵绊之外，更多地在于村民之间频繁、亲密的互动交往形成的强大凝聚力。随着村民活动范围的扩大，生活方式与价值观念多元化，村民之间的社会关系逐渐趋于理性与功利，村民之间的互动交往逐渐减少，村落难以形成足够强大的凝聚力，也就意味着宗族共同体逐步衰落。

（1）互动交往的减少。在人民公社时期，村民每天由生产队长指定劳动任务，集体出工，工作在一起，每天低头不见抬头见，村民之间的互动

---

① 这一对夫妻目前依然在杨家大塆生活着，根据访谈可以感受到，村民已经对他们同族通婚这一做法不再排斥，他们融洽地生活在村落之中。

交往频繁。随着土地分田到户，家家户户忙于自己的收益，互动交往也随之减少。之后，随着土地收入难以满足村民日益提高的生活需求，青壮年开始陆陆续续离开自己的承包地，到村落周边、市区或者外地打工。在村落周边打工的青壮年白天工作，晚上回家休息。虽然杨家大塆还是传统的宗族聚居社会，街坊、邻里之间依然是低头不见抬头见的老熟人，但随着村民接触到更为广阔的外界社会，生活逐渐多元化，出现明显的社会分工、职业分化以及社会地位的变化，村民之间异质性逐渐扩大，不一致的工作经历、不同的兴趣爱好、互不相干的经济利益关系，使得村民之间彼此的联系更为减少，村落凝聚力减弱（陆保良，2012）。

（2）邻里关系逐渐转化为理性社会关系。过去，街坊、邻里之间的互帮互助，是村落中最为常见的生活场景。村民之间没有社会分工、职业分化、社会地位的高低，大家平等相待、一致和谐，表现出传统熟人社会的特征。随着市场化的冲击，村民陆续走出封闭的村落，接触外界社会，体验与村落完全不同的生活方式。村民通过职业工作构建自己的交往圈子与人际圈子，摈弃原来的生活方式与价值观念，开始不断适应外界社会的生活方式和价值观念，社会关系网络也逐渐有了理性与功利化的趋向，各种复杂的社会关系充斥在原本简单的宗族关系之中，开放程度日益提高。邻里之间的交往与互动逐渐掺杂着利益的成分，村民开始根据社会地位的高低，有选择地与其他村民接触，表现出人情冷暖、世态炎凉的社会风气。

3. 公共活动空间的改变

（1）公共空间被挤占。在乡村社会，街坊与邻里是重要的公共生活空间，俗话说"远亲不如近邻"，指的就是街坊邻里之间的社会互动与人际往来。由于农村地域的限制以及村民居住距离上的邻近，村民在房屋附近的区域活动最为密集，自然而然地与街坊、邻里形成紧密的联系。村民在家庭之外的日常生活大多发生在街坊、邻里之间。街道、大门口、树底下、晒场、广场、石碾、商店等公共空间是街坊邻居们聚在一起闲话家常的场所，成为维系村民情感与认同的纽带。然而，随着村民权利观念的转变，集体财产变个人财产，一些公共空间甚至被部分村民侵占。街道日益狭窄，参天大树被挖走，在晒场、广场上建房屋等。维系村民情感与互动的公共空间被逐渐挤占，其吸附能力也已消失。

（2）公共活动场所的改变。传统的乡村社会，村民的公共活动带有浓厚的家族文化色彩，大多数公共活动在祠堂举办，如修族谱、祭祖、闹龙灯等。这一时期，祠堂作为公共活动的承载地，在村民心中拥有至高无上的地位。集体化时期，被冠上封建迷信标签的祠堂受到严重的摧残，带有宗族性质的修族谱、祭祖等活动停止举办，祠堂无人问津，年久失修，逐渐破落，取而代之的是带有政治色彩的学习与批判活动。这些活动一般在生产大队规定的场所进行，活动形式较为固定、严肃，村民活动的自主性受到压抑。家庭联产承包责任制实施以后，基层政权对于村民的管理与控制能力削弱，村民的权利观念增强，家族观念有所恢复。公共活动逐渐摆脱政治约束，活动形式较为多样，传统的修族谱、祭祖、闹龙灯等活动逐渐复苏。这些活动一般在村委会或者村广场上举行。广场不仅为村民提供公共活动场所，同时也提供互动交往的空间，维护村落内部社会关系。

4. 家族内部矛盾凸显

村民生产生活领域的拓展、村落外部社会关系的建立，以及社会交往范围的扩大，使得村落共同体村民之间的互动交往、沟通合作逐渐减少，村民之间的期待与依靠下降，情感和信任削弱，安全感和归属感降低。在利益观念的驱使下，家族内部矛盾凸显。土地分配使用、财产借贷、老人赡养等矛盾的出现，对传统宗族共同体形成冲击。

（1）邻里纠纷频频。"邻里就是一组家户的结合，他们在日常生活中有着很亲密的互动接触并且互帮互助。比如，当某户家庭有搬运笨重物品等相似的劳力劳动，缺乏足够的劳力帮忙时，邻里自然而然地会主动前来帮忙。如果资金短缺，也可向邻里之间借到小额资金，并且不需利息。这类互帮互助的邻里关系，并不严格限制在几户家庭之间，它更多地取决于人们之间的社会关系，而不是遵照正式的规定。"（费孝通，2006：69）这是费孝通先生对邻里概念的一种界定。他认为村庄村民之间人际关系最突出的呈现就是邻里之间的关系，街坊、邻里之间的互帮互助，是村庄村民社会支持网络中最为重要的部分之一。然而随着村民权利观念的转变，个体主义开始盛行，村民为了自身的利益不惜与街坊、邻里大打出手，甚至伤及性命。在杨家大塆，两家邻居曾经因为一条水沟需从两家房屋之间经过，一村民认为水沟走向明显侧向于自家房屋，于是去和另一村民理论，意见不合，情急之下挥起锄头将另一村民砸死，行凶者也坐牢十五年。和以往相比，杨家大塆邻里之间串门闲聊大大减少，甚至老死不相往来，邻里关系逐渐疏远，心理隔阂不断拉大，人际关系不断淡化。

（2）家庭内部矛盾重重。俗话说："家家有本难念的经。"在传统农业社会，绝大部分生产活动发生于联合家庭内部，合作与分工是正常的社会现象，与经济原则关系不大。改革开放以后，社会分工范围扩大，生产活动逐渐超越家庭范畴，家庭形式也发生着变化，由过去的联合家庭逐渐转变为核心家庭或主干家庭，表现出家庭成员核心化的态势。这一趋势的显现，致使原先的联合家庭成员之间矛盾凸显，经济利益逐渐在激发家庭内部矛盾中扮演重要角色，难以调和。

①田地分配不均。实行家庭联产承包责任制以后，村集体本着"增人不增地，减人不减地"的原则，土地分配相对固定，不随家庭人口的增减而调整。随着家庭人口的变化，家庭面临分家分户、遗产继承等问题，田地分配成为家庭矛盾的焦点。尽管土地收益已经不足以满足村民的生活需求，但是村民都不愿意放弃自己的土地。因此，土地分配不均问题成为家庭内部矛盾的源头之一，有的致使兄弟反目、父子成仇。

> 1982 年土地分田到户的时候，我已经和父母分家了，弟弟妹妹没有成家，仍与父母住在一起，所以当时大队按照家里四口人给我父母分配了两亩多田地。后来我父母过世了，田地都被我弟弟一个人拿去了，一分田没分给我。虽然当时分田的时候我已经分家了，但是那两亩多田有一部分应当属于我父母的遗产，为什么我没有遗产继承的权利，一分田不给我？后来我去找我弟弟理论，他还是不愿意给我，当时还因此吵了一架，直到现在我两兄弟也是老死不相往来。（20170904，YYW，男，56 岁）

②老人赡养矛盾。传统乡村社会基于家族关系聚居生活，形成生产生活的地域共同体，村落具有浓厚的宗族成员意识。传统风俗、社会道德在维系村民社会关系、情感互动方面发挥着重要作用，比如，老年人因为德高望重、经验丰富赢得年轻一辈的尊敬；孝道是中国古代延续下来的重要风俗传统与道德规范。然而，随着个体主义的盛行，传统的道德规范难以

对村民形成有效约束，出现道德滑坡。不履行赡养义务、不愿照顾老人生活的现象较为普遍，甚至由于赡养老人问题与自家兄弟反目成仇。

③财产借贷矛盾。传统的乡村社会，相对稳定的人际关系有利于村民信任机制的建立，俗话说，"跑得了和尚，跑不了庙"，因此熟人借贷比较常见。而家庭内部成员作为村民个人的强社会关系网络成员，是其借贷的首选对象，遇到困难首先找兄弟姐妹似乎理所当然。然而随着个体主义思想的不断渗透，兄弟姐妹之间借钱不还的现象时有发生，传统的乡土社会信任机制受到冲击。

> 老二家里要建房子，钱不够，到我家里来找我借钱。当时我手里刚好有点钱，但是我老伴不太愿意借给他，我禁不住老二的恳求，再加上我就这么一个兄弟，便和老二立了个字据，借了一万块钱给他。字据就由我老伴收起来，放在卧室书桌上的梳妆盒里。有一次家里办喜事，亲戚朋友都来了，老二跑我房里拿鞭炮的时候，把放在梳妆盒里的字据也给拿走了。后来我去找他要钱，老二赖着不肯给，又没有字据，一万块钱到现在还没有拿回来。没办法，谁知道他会偷偷把字据给拿走了，而且又没有亲眼看到。后来老伴死活不肯再借钱给老二。（20170626，YFX，男，76岁）

四　村落共同体的衰落与传统的部分延续

村民的权利观念转变导致村落的社会结构与社会关系发生变化。传统的杨家大塆是一个具有确定边界的村落共同体，为生活在其中的村民提供有规律的生活环境和有归属感的情感世界。随着村民权利观念的转变，以及外界市场经济的冲击，传统的村落共同体开始衰落，并逐渐走向终结。李培林最先提出"村落终结"一词，认为一个完整的村落共同体具有五种可以识别的边界——社会边界、文化边界、行政边界、自然边界和经济边界。"村落终结是遵循一个从边缘到核心、从经济边界到社会边界开放的基本次序。"（李培林，2004）人民公社时期，传统村落的各种边界高度重合，没有出现明显的分化。比如杨家大塆，集体化时期，村落的自然边界

（村落土地）、经济边界（村集体）、行政边界（村大队）的重合度很高。随着家庭联产承包责任制的实行，村落边界开始有所松动，高度重合的边界格局逐渐被打破，形成由五种边界交织而成的杨家大湾生活格局，随着村落的变迁，村落边界开始逐渐瓦解。村落边界的瓦解标志着村落社会结构与社会关系的变动，同时体现着现代与传统之间不可通约的一面。尽管村落边界逐渐开放、村落共同体初步消解，杨家大湾的部分传统文化依然在苦苦支撑着村落的运转，使其不至于分崩离析。

（一）经济边界的开放与扩大

经济边界是基于村落村民的经济活动与财产权利形成的经济界域和网络。村落边界的瓦解，遵循从边缘到核心的规律。传统的封闭稳定的经济边界是村落最突出的边界之一，在市场化发展进程中，经济边界首先受到冲击。

1. 身份边界开放

家庭联产承包责任制实施以后，集体化生产制度解体，国家行政控制松动，大量剩余劳动力流出农村，昔日的农民如今变成了农民工。农民工带给杨家大湾最为明显的变化是解决了村落剩余劳动力的就业问题，优化了劳动力资源配置，村民与外界的经济关系形式上日益多样化，范围上不断扩大，村落的经济边界逐渐从封闭稳定趋于开放。

2. 经济活动半径扩大

（1）企业经济触角延伸。实行家庭联产承包责任制以后，横店地区工业快速发展，吸引了周边村落剩余劳动力离开土地，外出务工，杨家大湾村民的经济活动半径开始延伸到外界社会。此外，杨家大湾村办企业开始兴起，企业通过自身经济实力，冲破村落经济边界，企业触角伸向外部世界，与外界社会连接起来，村落经济边界被无限扩展。

（2）村民经济交换的扩展。随着工业化进程加快，村民的经济活动疆域逐渐扩大。以往的杨家大湾农村市场较多面向村落内部或村落周围的农民，其中以农产品交换居多，村落内部实现自给自足。家庭联产承包责任制实施以后，农村市场逐渐开放，扩大了服务对象范围，除了农产品交易，工业品的交易日益增多。交易对象从以往的亲戚朋友、乡村邻里延伸到客户。村民的经济活动空间突破了传统封闭的农村社会界域，在村落以外构建广泛的经济网络，经济活动重心不断向村外转移，村落的经济边界逐渐开放与扩大。

3. 社会地位分化、社会分层明显

人民公社时期，基本实行平均主义的分配方式，村民几乎没有贫富差别。实行家庭联产承包责任制初期，村民的生产活动主要在自家责任田，收入差别也不大。市场经济的发展，给农村社会创造了巨大的经济空间，村民对自身经济利益的追求，致使村落经济结构发生重大转变，促进了村落经济的发展以及乡村精英的兴起，村落内部传统的亲密关系被经济关系所取代，经济收入决定了村民的社会地位，社会分层现象逐渐显现，一些村民成为"弱势群体"，处于社会的底层。

尽管杨家大塆村落的宗族性意识及传统伦理道德使得村民之间的阶层意识相比其他村落较为模糊，但是村民之间社会地位的分化以及社会分层现象依然在逐渐加剧。此外，村民的竞争意识导致了社会阶层的加速分化，正如米格代尔所说："以前，农民之间的地位差距还没有相差到让富有的人冒着可能受到惩治的风险去违背社会的规则。但是现在，村落里各个农民所承受的不同程度的危机冲击而造成权力和社会地位差距的拉大，使得富有的人有了与外界社会构建联系的基础。而这又进一步拉大了农民社会地位与权力的差距，因为富有的人可以采用新的方法或工具使自身财富增值，从而拉大与贫穷人之间的差距。"（米格代尔，1996：11）

（二）自然边界的凸显与紧缩

村落自然边界是基于村集体土地权属的地理区域范围。在李培林先生提出的村落五个边界之中，村落自然边界是最容易识别和划分的。土地作为传统村落生产活动的基础，每个传统村落都有自身的土地权属范围，界限分明。随着经济的发展、基础设施的建设以及工厂的兴建，村庄土地范围缩小、自然边界凸显。村民就业范围以及经济交往范围扩大，对于他们而言，自然边界的划分已经显得无足轻重。

1. 地理边界凸显

传统村庄土地边界往往由一些自然地理标志划分，如一条河流、一条

沟渠、一段泥土路等。随着城市经济的迅速发展，城市化与工业化进程逐渐扩展到杨家大塆周边。2002 年国家征收杨家大塆部分土地建成川龙大道，2004 年征收部分土地建成汉孝高速公路，杨家大塆村落地理面积缩小，原本由自然特征决定的村落地理边界逐渐被工业化道路边界所取代，以两条交通道路为界限，确定了杨家大塆东、北两面的村落地理边界。

2. 人口脱域

传统时期的杨家大塆村落是固定、封闭的，像一潭死水。家庭联产承包责任制给杨家大塆带来天翻地覆的变化。以家庭为单位的个体化生产方式开始盛行，家庭生产观念逐渐深入民心，村民开始更加关注自身利益，个体主义盛行，一切活动以自身获得经济利益为前提，村民的经济活动也变得灵活多样，村民生活也趋向于多元化。村民不再局限于承包地，开始有足够的时间与精力走向外界社会寻求更大的发展，逐渐走出传统地理边界所形成的封闭区域，传统的自然边界划分受到严重冲击，经济的发展让杨家大塆村落边界变得更为开放。杨家大塆呈现多元化发展态势，村民的生活方式、交往互动也变得更为丰富多样，村民的生活范围不断扩大。

（三）行政边界的弱化与松动

"行政边界是指农村基于国家权力下乡或自身权力自治的管理体系。"（李培林，2004）经济边界的开放，对传统的基层管理体系形成巨大的冲击。基层行政权力逐渐向经济领域靠拢，依附于经济权力而存在。市场化的行政权力摧毁了村干部赖以生存的信任基础，行政边界日益弱化，走向开放。

1. 基层行政权力依附于经济权力

随着市场经济在农村地区的迅速发展，经济集团与企业的生产规模已经逐渐冲破行政村的界域。经济集团的拓展已不满足狭小行政边界的束缚，杨家大塆不再是行政权力驾驭经济权力，而是行政权力依附于或合并于经济集团、经济联社、公司等各种村庄股份合作组织。基层行政权力自治体系发生重大转变，村庄呈现以精英阶层为主导的潮流导向，尤其是经济精英。家族长辈、知识分子等还受到村民一定的尊重，但话语权主要掌握在经济精英手中。部分村干部说话分量还不如这些经济精英，反过来需要谋求与经济精英之间的利益合作。此外，当经济精英取得了较高的经济优势之后，又反过来谋求政治上的话语权，从而在杨家大塆形成了一个经济精英与权力阶层联合的利益关系网。

杨家大塆村民们对于村干部的期望是引领大家发家致富，为村庄招商引资、建设道路，促进村庄经济的发展。村干部无法实现这些预期，加剧了村民对基层政权的失望，转为依赖经济精英的扶持。最终，村干部陷入一种"威"而无"望"的境地。村民对基层政权缺乏认同感与敬畏感，村干部抱怨村民对于村庄事务漠不关心，只想发展经济。如果说集体化时期，生产队长的权威主要来源于自身的威望、集体利益分配体系等方面，那么撤队改村之后村干部的权威主要依靠村民利益均沾的机遇。随着基层权力自治体系的转变，村庄的权力掌控场域逐渐从"政治场"转为"经济场"。村民不再热心关注村庄公共事务，转而对经济收入不懈追求。

2. 村干部信任基础崩塌

村干部纳入国家基层管理体系之后，承担着部分政府机构的管理职能，村民成为村干部的管理对象。大多数村民已经不信任村干部"为人民服务"的说法。政府几乎所有下达到基层地区的任务都是经由村干部代为传达，他们需要支持、配合政府的工作。村干部不再是村民的代言人，变成了政府的代言人。此外，市场化的行政权力也在进一步摧毁村民们对村干部的信任基础。村干部作为村民与上级政府沟通的"媒介"，凭借其在信息与权力等方面的优势，利用村民之间的利益分化以及村民"搭便车"的普遍心理，从中牟取好处。在20世纪90年代农村税费较重的时候，有些村民不愿意缴纳沉重的税费，通过找熟人、托关系、向有关人员行贿的方式，获得税费的减免，其中村干部在其中往往扮演着中间者的角色，获取一定的利益。

3. 户口转变

说到村落的行政边界，首先想到的可能是户籍。户籍是我国每个公民的身份证明，是政府对自然人按户进行登记并予以出证的公共证明簿。也就是说，拥有杨家大塆的户籍，就意味着需要受到杨家大塆村民委员会的行政管制。集体化时期，城乡二元结构致使村民难以脱离农村生活，被"捆绑"在土地之上，加上城市与农村之间的空间区隔被国家人口管理制度不断强化，难以逾越，农民想要迁移户口，只能通过招工、提干、入学等途径。随着市场经济的发展，国家限制农民流动的政策有所松动，村民进入城市的机会大大增加。不少村民开始举家搬往城镇，在城镇成家立业，转为城镇户口。户籍制度的松动，表明行政边界在逐渐开放。

> 1977 年我参加"文革"过后的第一次高考，顺利地考上了大学。于是第二年入学的时候，我就把自己的户口随学迁移，转为城镇户口了。1985 年我在市委党校工作了几年，被提为县级干部，当时国家有政策，家里处于贫困地区的干部直系亲属的户口可以随迁到工作地，于是我把我父母的户口也迁到了城市，转为城镇户口。当时拥有城镇户口可以享受很多农村户口享受不到的待遇，比如安排就业、粮油供应、布匹供应等。很多农村的人都想转为城镇户口，但是受国家政策严格限制，很难做到。到了 80 年代后期，国家限制没有那么严格了，城镇户口就开始变得不再那么难转了，甚至出现农村居民花 2000 块钱就可以买一个城镇户口的情况。而且城镇户口也开始不再那么"吃香"了，那些所谓的农村户口享受不到的福利待遇农村也开始有了。但是还是有很多人想转为城镇户口。（20170509，YGS，男，65 岁）

（四）　文化边界的淡化与消逝

"文化边界是基于村落共同价值观念体系的心理与社会认同。"（李培林，2004）作为宗族聚居形成的杨家大塆村落，这种心理与社会的认同主要体现于村民对传统宗族文化的认同等方面。伴随着杨家大塆经济边界的开放、自然边界的凸显以及行政边界的弱化，村民对于村落的社会认同开始动摇，文化边界日益淡化。

1. 传统宗族文化认同感缺失

宗族文化是建立在血缘与亲缘关系之上的特定的伦理文化，它有其特有的风俗习惯、道德伦理、规章制度等，使得具有同样生活方式的村民，借此从事社会生产与生活，形成特定的村落形态。杨家大塆在市场化与城市化的影响下，传统宗族文化的生存土壤在日益失去，村民对于宗族文化的认同感在逐渐缺失。

（1）反传统：文化认同感削弱，改为追求真理。过去的杨家大塆极其重视传统文化，以血缘关系所形成的家族生活模式决定了村民一直承袭传统文化。村落从建立延续至今也是传统文化代代承袭的结果，传统文化只有在尊重它和需要它的地方才得以传承和沿袭。随着社会的发展以及人们受教育程度的提高，传统的风俗习惯与乡村文化被冠上迷信的色彩。年轻一辈群体在接受现代教育之后，思想意识形态发生重大改变，思想更为先进、开放，崇尚追求真理，反对传统，对于杨家大塆传统的风俗习惯与乡村文化表现出不认同甚至不屑一顾的态度。传统文化失去了其继承与传扬的文化土壤，人们对传统文化的认同感在日益削弱。

（2）文化约束力下降。在长期的生活实践中，村民逐渐发展出一套适合自己的行为规范，使得道德在家庭、邻里、宗族之间有了更为灵活的表现形态，从而维系着村落安宁的社会生活。如果村里的某个村民未遵守相应的行为规范或未履行其应该履行的伦理义务，必然受到村民们的谴责，失去大家的信任，从而被宗族成员边缘化。正是在这一道德规范的约束下，村民们互帮互助，形成和谐融洽的农村社会生活环境。然而，随着村落共同体的变迁，个体主义思想充斥在村落共同体的各个角落，长期形成的、不成文的行为规范失去其生存的土壤而逐渐失去效用，难以对村民实现足够的约束。

（3）公共记忆的逐渐消亡。随着乡村人口流动日益频繁，村落成员逐渐迁移外出，年轻一辈日渐脱离村落生活，常年外出打工上班，致使宗族成员之间产生疏离陌生感。外出打工的许多年轻人长期在外工作，对于村落越来越陌生，成为村落里"熟悉的陌生人"，偶尔回到村落有种"相见不相识"的感触。作为村落文化传承与发扬的中坚力量，中青年村民群体这一主要行动主体的缺失，使得很多乡村风俗仪式（节日、婚礼、庆典、丧礼、祭祀、集会等）的传承中断，摧毁了村落文化的根基。

2. 传统宗族身份认同的淡化

社会成员对于自身的身份认同主要体现在家庭、家族以及村落成员三个方面。家庭联产承包责任制实施以后，家庭成为农村地区基础的经济生产单位，兼备生产与生活两重功能，血缘、婚姻关系是农村社会最为重要的社会关系。家庭关系往外扩展、延伸，构成以亲缘关系为基础的家族关系，形成农村社会主要的社会关系网络，在稳定、封闭的地域空间内演变为完整的村落。随着村民权利观念的转变，村民自身的家庭身份认同在日益增强，但是家族与村落身份认同在不断地淡化。

（1）年轻一辈归属感的缺失。年龄较大的村民尽管生活方式与价值观念发生了改变，但仍然希望延续祖辈那样对土地的深厚情感，没有完全放弃土地产出，即使在外从事非农产业，依然会选择在家种一些地。但年轻一辈外出打工时已经不会再回到村庄从事农业生产。城乡巨大的经济差异，给年轻一辈形成巨大的冲击，他们渴望摆脱乡村落后的生活条件，逐渐融入城市的生活。年轻一辈接受城市生活的熏陶，不认可上一辈人的价值观念，不愿意接受上一辈人的生活方式，逐渐脱离宗族成员的圈子，以独立个体的身份融入新的生活圈子，他们希冀工作事业能够取得成功，注重实现个人的权利，拓展自身的发展空间，慢慢淡化自身宗族角色，缺乏对宗族的归属感。

（2）意识转变：乡下人变为城里人。搬迁到城市的村民，尽管在进入城市时，依然带有浓厚的村庄身份意识，家族成员观念浓厚，但是随着城市生活的不断融入，村民们在潜移默化之中逐渐淡化以往固守的身份意识，改变过去的生活方式与习惯，不断适应城市多元化的价值体系，逐渐趋同于城市的思想观念、生活方式与习惯。当搬迁到城市的村民意识转变，不再认为自己是乡下人而是城里人时，也就意味着其对村庄的身份认同感降至最低，传统的文化边界日益消逝。

（五）社会边界的复杂与模糊

"社会边界是基于血缘、宗缘和地缘关系所形成的社会网络圈子。"（李培林，2004）社会边界的变化首先体现在村民权利观念的转变、村落生活环境的变化导致村落人际交往关系的变化上。在集体化时期，杨家大塆村民的流动性较低，活动范围仅限于村落及村落周围，劳动仅局限于从事农业活动，村民之间没有较大的社会分化，同质性较强，因此村落保留着浓厚的传统特色，邻里互动往来密切，注重人情与面子等。随着改革开放，杨家大垮开始走上工业化与城市化的道路，村民逐渐从土地上脱离出来，从单一从事农业活动到多样化的职业分工，村民的主要生产活动逐渐转移到第二、第三产业中，生活方式发生了根本变化，随之出现社会阶层分化。职业分工的多样化以及社会阶层的分化，导致杨家大垮村民之间的人际往来逐渐复杂化，基于血缘、宗缘和地缘关系的社会网络圈子变得复杂、模糊。

以下从亲缘关系、邻里关系和业缘关系三个方面的变化来探讨杨家大垮日益复杂化、模糊化的社会边界。

1. 亲缘关系内核化

亲缘关系是村民社会网络中最为原始、最为简单的一种。"亲缘关系是人们社会关系之中不同于地缘、业缘关系而相对独立存在的一种亲属关系，它包括个人出生便与生俱来的血亲群体以及由婚配所形成的姻亲群体，在社会关系中隶属传统先赋关系的范畴。"（郭于华，1994）在杨家大垮的日常生活与生产活动中，可以发现亲缘关系遍布整个村落。作为一个以宗族为划分标准形成的村落，亲缘关系无处不在。传统生活中，当村民遇到困难需要帮助，或遇到超出村民个人或家庭能力之外的事情时，首先会选择寻求亲戚的帮助，这时亲缘关系便会明显表现出来。

> 随着村里的人都在外面打工，亲戚之间的往来也少了，都是自己顾着自己的生活，人情味慢慢地也就淡了，找人帮忙也不好意思开口了，只有办喜事的时候才会通知一下，过来热热闹闹地吃顿饭，又各自回去忙自己的事情去了。（20171025，ZHJ，女，58 岁）

随着"原子化"社会生产现象的逐渐深化，村民较多关注自身利益，来往较多的仅仅是自己最亲的人，亲缘关系网络逐渐萎缩，慢慢局限于核心家庭范围之内，主要指以父母、子女关系为基础，基于血缘关系的直系血亲关系。其他旁系或宗族之内的亲戚，开始逐渐在村民的社会支持网络中衰退，并没有在村民的日常生活中发挥多大的作用。

2. 邻里关系生疏化

家庭联产承包责任制实施之后，虽然杨家大垮还是传统的宗族聚居社会，街坊、邻里之间依然是低头不见抬头见的老熟人，但随着农民开始外出打工，接触到更为广阔的外界社会，生活逐渐多元化。村民之间的社会分工、职业分工的出现，以及社会地位的变化，导致街坊、邻里间的关系开始生疏化和陌生化，村民的心理差距不断拉大。村民之间异质性程度扩大，不一致的工作经历、不同的兴趣爱好、互不相干的经济利益，使得村民难以找到共同话题。此外，村民忙于自己的工作与家庭，较少有闲暇与其他村民互动交往，越来越不适应串门聊天打发时间的消遣方式。村民与村民之间互动交往的减少，使得村民之间的人际关系不断疏离，传统的乡村邻里关系逐渐生疏化。

3. 业缘关系强化

受田地收益影响，村民在土地上的收成不足以支撑整个家庭的日常支出，村民陆陆续续离开自己的土地，在外打工，村民的生活、工作重心向外转移。在村落亲缘关系、邻里关系日益淡化的同时，村民通过从事非农业工作而形成的业缘关系却在加强。随着村民生活与工作圈子的不断扩张，与外界的联系交往更为频繁，同事关系、朋友关系、同学关系等交织形成广泛的业缘关系网络。相同的兴趣爱好、类似的工作经历、一致的经济利益，成为村民新的人际关系构建的基础，业缘关系在村民日常交往关系中越来越重要。以前村民的人情往来都是亲戚，随着业缘关系的不断加强，村民的人情交往中，朋友、同事的比重越来越大。村民开始逐渐成为外界社会各个朋友生活圈的一部分，而不再只是杨家大塆宗族、村落生活圈的一员。通过工作职业构建自身的业缘关系，形成自己的交往圈子与人际圈子，成为村民在外打工生活的社会支持系统。随着业缘关系在村民社会支持网络的比重不断加大，亲缘关系的内核化与邻里关系的生疏化，使得村民在村落以外找到了一种不同于亲情的归属感，开始不断适应外界社会的生活理性以及异质性的生活方式与价值观念，村民的社会关系网络也逐渐显现出理性与功利化趋向，这在一定程度上加速了传统村落共同体的消解。业缘关系的出现，使得各种复杂的社会关系充斥在原本简单的宗族关系之中，不断突破杨家大塆村落的社会边界，其开放程度日益提高，社会边界逐渐变得复杂而模糊。

（六）传统的部分延续

尽管杨家大塆村民的权利观念随着家庭联产承包责任制的实施而发生

巨大的转变，加上外界因素的冲击，村落各个边界逐渐开放，杨家大塆村落共同体逐渐衰落、初步消解，但是这一时期，杨家大塆村落共同体还没有彻底消解，因为延续至今的部分传统文化仍然在支撑着共同体的运行，使其不至于完全消解。

1. 家族传统仪式的延续

家庭联产承包责任制实施以后，集体化生产制度瓦解，政府对于村庄的管理与控制力度下降。这一时期，人们的思想观念从集体主义中解脱出来，家族观念开始有所恢复。传统的修族谱、祭祖仪式在杨家大塆继续传承，传统得以延续。

（1）修族谱仪式。新中国成立初期，国家大力破除封建迷信文化与活动，以维护新生政权的稳固，杨家大塆的家族传统活动一度被禁止。"文化大革命"时期，又明确规定"破四旧、立四新"。这一政策的推行，致使杨家大塆的传统文化受到严重摧残，祭祖仪式十年停止举办，家族族谱被迫销毁，村民家族观念日益淡化。改革开放以后，村民的权利观念日益转变，家族意识开始复苏，续族谱活动被提上日程。村落里的经济精英与政治精英开始四处张罗，联合村里的长者，重新制作了族谱。此后，每隔几年，村里文化程度高的知识分子以及有权威的乡贤人士便会主持修改族谱，邀请村里60岁以上的老人在村委会聚餐，请戏班子唱戏三整天，以示庆祝。

（2）祭祖仪式。据西汉时期的《淮南子·天文训》记载："春分后十五日，斗指乙，则清明风至。"清明节是我国四大传统节日之一。作为重要的祭祀节日，杨家大塆一直延续着在这一天祭祖和扫墓的家族传统。祭祖与扫墓仪式是传统孝道、缅怀先人、追本溯源的体现，蕴含着浓厚的家族文化观念，具有增强家族凝聚力、促进家族成员和谐互助的意义。20世纪80年代，尽管传统的祭祖与扫墓仪式有所简化，但是这一活动依然是杨家大塆最为重要的公共活动之一。由于家族祠堂的消失，村落的祭祖仪式一般在村里公共广场举行，全村老少都参加。先是在广场上摆一个案台，案台上放好祭祀物品。时间一到，准时鸣放鞭炮，由村里长者诵读悼念词，缅怀先人，诵读完再次鸣放鞭炮，村民一起作揖，祭拜祖先。之后全村村民前往祖先茔地祭拜，以示对祖先的敬意与怀念。之后村民各自前往自家近亲茔地祭拜、扫墓。"烧包袱"是祭拜祖先的主要形式。所谓"包袱"，是指子孙后代从阳间"寄往"阴间的邮包，邮包里装着种类多样的冥钱。尽管这一仪式带有浓厚的封建迷信色彩，但是其作为村民缅怀先人、寄托思念的主要方式，一直延续至今，体现出杨家大塆村民对传统孝道文化的传承与发扬。

（3）守孝仪式。家中长辈去世之后，子孙后代的守孝仪式也是杨家大塆一直延续下来的传统。守孝仪式便是表达对去世亲人的哀思。亲人去世的头七天，家人要给死者举办隆重的葬礼，亲朋好友都会到场，表达哀思。葬礼举办当天，家人围着亲人灵柩绕圈子，一边吹喇叭，一边击鼓，亲朋好友向死者鞠躬作揖，气氛严肃庄严。此外，在杨家大塆一直有"长辈去世，后代守孝三年"的传统，守孝期内家人不得出远门，不得举办喜庆活动。其中最令人记忆深刻的是，亲人去世以后，春节对联的贴法有很大的讲究。亲人去世第一年，要贴白对联；第二年，贴黄对联；第三年，改贴绿对联。对联的内容皆是表达对去世亲人的思念与哀悼。这一独特的贴对联传统，既表达了村民对传统孝道的继承与发扬，也体现了杨家大塆依然延续的家族仪式与文化传统。

2. 文化传统的连续性

尽管杨家大塆在改革开放大潮的冲击下，共同体边界已支离破碎，但是其作为宗族聚集而居的村落，依然表现其熟人社会的特征，延续着部分传统习俗，维系着日益淡薄的情感认同。

（1）依然是熟人社会。这体现在以下两个方面。

①人情往来。我国历来是一个极为重视人情往来的乡土社会，尤其是以血缘、地缘关系为纽带的农村，感情特征更加明显，人情往来成为农村最为重要的传统习俗，村民之间的人情往来关系强弱决定了其在行为处事方面所表现的态度好坏。传统的杨家大塆是一个"人情社会"，改革开放以来，这一特征在本质上并未改变，人情往来依然在村民生活中延续。

尽管村民离土离乡的愿望十分强烈，但是传统的"家乡""家族"观念并没有因此而完全消退，那些迁入城市的村民，仍然较为重视与村内亲戚朋友之间的往来。尤其是村民办红白喜事的重要日子，他们即使不能亲自到场，也会送上礼金或礼品。因此，传统社会的"乡"观念和"根"文化依然深深地影响着这些外出者的思想与行为，并维系着他们与村庄人员之间的关系网络。

②熟人借贷。尽管改革开放后村民们的经济活动频繁，资金流动较大，诸如盖房子、子女上学、自办工厂等均需要一笔不小的资金支出，但是杨家大塆村民在面临经济困难时，更多的是通过熟人之间的相互借贷来缓解，很少甚至几乎没有村民到银行贷款。显然，这与杨家大塆依然保留着熟人社会的特征有关，表现出一种反城市化的倾向。

（2）元宵节闹龙灯。在杨家大塆有元宵节闹龙灯的传统，村民认为大年正月十五的夜晚是一年之中首个月圆之夜，理应全村举办活动庆祝，祈求一年五谷丰登、风调雨顺。各家各户在这一天祈求天地诸神、祭拜先祖。新中国成立前，杨家大塆的村民们为了彰显祭拜诚意，会集中全村男女老少，花费大量人力、物力、财力，隆重举办最高标准的祭拜活动；新中国成立后至改革开放前，闹龙灯活动中断；20 世纪 80 年代开始，闹龙灯活动得以恢复。尽管活动形式上没有传统时期的高标准，但是这一传统文化活动对杨家大塆村民家族观念的凝聚影响深远。

> 元宵节闹龙灯是我们村延续很多年的风俗了，我记得八九十年代那会就已经开始举行了。闹龙灯活动是我们村的大活动，基本男女老少都会参加。先是在村委会或村里公共场所摆一个案台，案台上放好祭祀物品。时间一到，准时鸣放鞭炮，村民一起作揖，祭拜祖先。这是闹龙灯活动开始之前必须进行的家族祭拜仪式。后面就开始舞龙灯了，先是在村委会或公共场所进行。这个时候全村老少都会参与，场面非常热闹。之后龙灯开始游行，挨家挨户进行。活动一直持续到深夜。（20170614，YFZ，男，80 岁）

（3）辈分排行。杨家大塆长期以来都是讲究长幼有序、上下尊卑的家族共同体，家族成员的名字都是按照辈分来命名的，如杨敬 A、杨奉 B、杨宗 C、杨祖 X 等。"敬、奉、宗、祖……"的辈分排行一直延续在村民的日常生活中。从杨家大塆的族谱上，笔者发现家族的所有成员都能按照自己的辈分，明确清楚地找到自己的位置。严格的辈分排行，提醒着村民遵守传统孝道，维护家族团结，与家族成员和谐互助。此外，杨家大塆依然保留着一套明确且完整的辈分称呼方式，伯爷、叔爷、伯伯、叔叔、姨伯、姨、姑伯、姑姑等明确的长辈称呼方式一直沿用。

（4）婚嫁礼仪。杨家大湾的婚嫁礼仪习俗具有非常浓厚的地域特色。尽管没有了旧社会时期"父母之命、媒妁之言"的婚姻不自由以及订娃娃亲、收童养媳等陈规陋习，但是村落依然保留着较为传统的婚俗习惯。"男外娶，女外嫁"的规则一直得到遵循，不提倡同村村民通婚。这一时期，杨家大湾的婚娶礼俗依然繁多。首先是订婚习俗，两个年轻人想要订婚，需要由媒人撮合，通过测算男女双方生辰八字，经双方父母同意之后，选定合适的喜庆日子下聘礼、订婚。之后是结婚礼仪，也需要选定良辰吉日。男方到女方家中迎亲时，会面临女方家庭的一系列"刁难"，如给新娘洗脚等。女方出嫁时，还有哭嫁的风俗传统，感谢父母的养育之恩，临出门时，还需要跨过火盆，意味着新娘离开家门，远嫁他乡。

（5）生活惯习的延续。布迪厄认为，惯习是"一个开放的性情倾向系统，随经验而不断发生改变，并在这些经验的影响作用之下不断得到强化，或者重新调整自身结构。它是持久稳定的，但并不是永久不变的"（布迪厄，2004）。村落共同体不断发生演变的过程中，村民生活惯习的保留来自外界客观社会挤压下村民自身自由选择保留的结果。文化的包容性与不易取代的特性使村民在生活水平与生活环境发生重大转变后，依然很大程度地保留了村民原有的生活惯习与生活方式。

> 像我们平时聊天吧，声音都比较大，隔着老远就扯着大嗓门喊："哎，爱兵！哎，小庭！"在我们农村就这样。我们平常出门走在路上，碰到熟悉的或者认识的人，一般都会打个招呼，"哎，干吗去啊？""有些天没见了，最近忙些啥呢？"，特别热情的那种，关系很熟的走得近了，还会有些肢体动作呢，比如拍一下啊之类的，关系很融洽，一见面就感觉特别热闹。（20170904，YJC，男，71岁）

此外，杨家大湾村落一户一院，日不闭户，"串门子"是杨家大湾村民之间进行日常交往和人际互动最为常见的方式之一，村民之间"推门就进"的习惯也是杨家大湾最为常见的生活场景，这与杨家大湾依然保持着乡村熟人社会的特征有关。

五 小结

土地作为农村最为基础的生产生活资料，其制度的变革对村落的消解起到了根本性的作用，土地制度决定了村落共同体的变迁。从我国农村的发展历程来看，农村地区的每一步发展与变革都是以农村土地的所有权和承包经营权的关系演变为基础的。

1982 年，家庭联产承包责任制在杨家大塆全面推行，得到村民们的积极响应。这一农村土地制度的变革，充分体现了土地"两权分离"的特性，即在保留土地归集体所有的前提下，实现土地所有权和使用权的分离，并在处置权和收益权等方面做出了有利于农民的切割，构建了"交够国家的，留足集体的，剩下都是自己的"这一新的土地收益分配格局。

所有权与承包权"两权分离"的土地制度是农村农业生产合作组织为改变过去集体化生产状况而采用的一种新的生产责任制度。它打破了集体化时期农地"公有公营"的生产格局，摒弃了集体化时期的"大锅饭""大呼隆"传统，赋予农民土地承包使用权，实现农民自主经营。这一土地制度真正确立了农民在土地生产活动中的主体地位，并直接将生产者与土地有效结合在一起，既保证了农民作为生产主体的切身利益，也维护了他们与国家、集体间的经济合作关系。与集体化时期的土地制度相比，它改变的不是土地集体所有制，仅仅是土地生产的经营形式与组织形式。农民作为集体土地的经营使用者，可以自由控制自身所承包土地，并获取土地生产价值。农民与土地形成了密切的联系，进而激发其生产积极性与工作热情。

"两权分离"土地制度的实施，使得杨家大塆村民拥有了明确的土地产权意识，个体主义开始在村落盛行，村民的主体意识开始增强，日常生活权利观念开始发生变化。村民从集体化时期对生产组织的依附逐渐走向独立，实现了生产上的自由、经济上的独立以及行为上的自主。传统的保守思想被摒弃，村民逐渐进入更为广阔的社会分工之中，积极关注市场新态势。村民的权利观念的重大转变，进而引起了整个村落共同体朝着现代化的方向演变，逐渐走向消解。

"两权分离"土地制度对于村落共同体的影响首先体现在村民共同的利益纽带上。这一制度的实施，使得村民从行政计划体制的束缚中摆脱出来，以独立个体的身份重新融入乡村社会生活。在农业生产领域，集体已经不再是基本经济核算单位，农户变成独立完整且最为基础的经济核算单位。村民不再"捆绑"在生产大队这一集体生产组织之中，集体化生产被取代，个体化生产成为主要生产形式，村落共同体的利益纽带被斩断。到了 20 世纪 80 年代中期，村民的经济活动开始发生偏移，逐渐向村落外部发展，部分村民外出务工，村落的地域对于村民来说已经无足轻重，村民脱域现象明显。这些外出务工者通过付出劳动力换取货币的方式实现经济收入的提高，劳动力商品化现象显现。对他们来说，非农业劳动报酬更高，土地生产所获得的收入不足以满足生活需求，乡村利益生产活动及社会交换关系网被打破。

村庄社会交换网络的打破，不可避免地影响着村民之间的互动与交往。随着越来越多的村民接触到外界社会，生活也日益多元化，不一样的工作经历、不同的兴趣爱好以及互不相干的经济利益，使得村民之间的异质性逐渐扩大，出现明显的社会分工、职业分化和社会地位的阶层化。职业分工的多样化以及社会阶层的日益分化，导致杨家大塆村民之间的人际往来逐渐复杂化，基于血缘和地缘关系的社会网络圈子变得复杂和模糊。亲缘关系网络逐渐萎缩，慢慢局限于核心家庭范围之内。村民之间的互动交往频率减少，人际关系不断疏离，传统的乡村邻里关系逐渐生疏化，逐渐转化为理性社会关系。邻里之间的交往与互动掺杂着利益成分，村民开始根据社会地位的高低选择性地与其他村民接触，表现出人情冷暖、世态炎凉的社会风气。此外在利益观念的驱使下，家族内部矛盾凸显，土地分配与使用，财产借贷、老人赡养等矛盾的出现，无不对传统村落共同体形成强烈的冲击。

土地制度的变革带给杨家大塆更深层次的影响在于村民对村落的情感与认同的淡化。土地制度的变革，国家基层政权权力的弱化，村民权利观念的转变，并未使传统宗族权威重现，相反伴随而来的是宗族共同体的进一步消解。传统宗族文化被冠上迷信的色彩，失去了赖以生存的土壤，传承受到毁灭性的中断。宗族仪式逐渐消亡，教化作用逐渐缺失，村落传统规范的约束力大大减弱。村民对于自身的宗族身份认同不断淡化，对于村落的归属感逐渐缺失，渐渐成为村落里"熟悉的陌生人"。此外，年轻一辈接受城市生活的熏陶之后，不再认可上一辈人的价值观念，不愿意接受上一辈人的生活方式，逐渐脱离宗族成员的生活圈子，以独立个体的身份融入新的生活圈子，慢慢淡化自身宗族角色，缺乏对宗族以及村落的归属感。

"牵一发而动全身"，杨家大塆村落共同体的衰落，根本原因在于土地制度的转变。如图4-3所示，从集体化时期的"公有公营"到家庭联产承包责任制时期的"两权分离"，土地制度的变革给予了村民明确清晰的产权观念，改变了村民的权利观念，村民从依附走向独立，从保守走向进取，进而改变了村落共同体的生产方式，经济、政治格局以及宗族认同感，最终村落边界逐渐瓦解，经济边界开放、自然边界凸显、行政边界弱化、文化边界淡化以及社会边界复杂化，都表明村落共同体在向城市化、现代化靠近，逐渐走向消解。但是在这一时期，村落共同体还没有最终消解，因为传统的宗族文化依然在苦苦支撑着村落的延续。传统的家族活动仪式依然深深地影响着杨家大塆的村民们，熟人社会的文化特征依然维系着村民之间日益淡薄的情感认同。一直延续的修族谱仪式、祭祖仪式、守孝仪式等传统活动，提醒着村民明确自身的宗族定位，提升村落凝聚力，维系村落的团结互助。此外，传统的"乡"观念和"根"文化也依然留存在外出者的思想观念之中，影响着他们的思想与行为，并维系着他们与村民之间的关系网络。

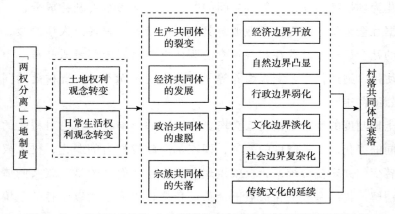

图4-3 "两权分离"土地制度促使村落共同体衰落的作用机制

　　月亮依然是那个月亮，但是村落已经不再是以前的村落。杨家大塆随着土地制度的变革而发生变迁，从新中国成立前的宗族共同体变成集体化时期的社队共同体，又变成"两权分离"时期逐步衰落、初步消解的共同体。不管杨家大塆如何变迁，构成共同体基本要素的杨家大塆村民依然在这一片地域生活，即便未来杨家大塆村落共同体走向终结，笔者相信，村落共同体的文化与传统依然深深地影响着村民的观念与生活，共同体以另一种方式在延续。

第五章

市场化的土地与村落共同体的消解

　　钱虽然不是万能的，但没有钱是万万不能的！地能卖钱，能卖很多很多钱，便成了村里最抢手的香饽饽！

——源自田野的声音

　　历史的车轮总是滚滚向前。随着科技的不断进步，生产力始终向前发展，而作为生产力外在表现的生产关系也从未停止其变迁的脚步，并在持续不断的变迁中重塑着人们社会生活的场域。

　　土地制度作为最典型的生产关系，每一次变动和调整都深刻反映了社会生活领域的变化，也深刻地影响着共同体中每一个成员的生活。如果说肇始于1978年的家庭联产承包责任制及其引发的农村土地的"两权分离"是杨家大塆改革开放以来经历的"新一轮土地改革"（卓尚进，2014），使得作为村落共同体的杨家大塆开始走向消解的边缘，那么，发端于20世纪90年代的土地市场化改革①及其引发的农村土地的"三权分置"，则是杨家大塆改革开放以来经历的"又一轮土地改革"。正是这一轮土地改革的出现，给村落共同体带来一系列"内忧外患"，促使作为村落共同体的杨家大塆最终被彻底消解。

一　土地的市场化

　　1978年改革开放以来，中国农村土地政策改革总体上是一个引入市场

---

① 在钱忠好、牟燕等学者看来，我国长期实施城乡分割的二元制度，农村土地属于集体所有，城市土地属于国家所有，因而土地的市场化也存在农村土地市场化和城市土地市场化两种路径（详见钱忠好、牟燕《中国土地市场化改革：制度变迁及其特征分析》，《农业经济问题》2013年第5期）。由于本书的研究以杨家大塆为例，关注农村土地制度变迁对村落共同体解体的影响，所以这里的"土地的市场化"仅限于对农村土地市场化的讨论，不涉及对城市土地市场化的讨论。土地的市场化是一个过程，而市场化的土地则是一种状态，二者是同一问题的两个方面。

机制、建立复杂和层级化的土地使用权一级市场和二级市场的过程（刘庆乐、施青军，2017）。在农村土地的市场化改革中，强化农民的土地产权是这一过程中的主线，而耕地的流转与集体建设用地的入市出让则构成了土地市场化改革实践中的两条主要路径。

（一）耕地的市场化：三权分置

耕地是农业生产最重要的生产资料。耕地的市场化在正式的术语表达中经历了一个从"不准买卖，不准出租，不准转让"到"鼓励承包经营权在公开市场上，向专业大户、家庭农场、农民合作社、农业企业流转"的历史转变过程，具体表现为耕地从所有权、使用权"两权分离"向所有权、承包权、经营权"三权分置"转变。耕地的市场化在本质上表现为两个方面：一是经营权的市场化；二是土地本身作为一种资源的市场化。

表5-1梳理了农村耕地市场化的政策沿革。耕地的市场化起始于20世纪80年代，其市场化的第一条路径在于承包经营权的流转。家庭联产承包责任制在广大农村实施后，土地"两权分离"，农民获得了土地的承包经营权后，对土地的权利有所扩大。但是，土地的所有权仍然属于集体，农民基于承包关系所具有的使用权仍处于集体产权之下，是一种依附性产权。这种依附性产权最典型的表现就是农民虽然获得了对耕地的承包经营权，但因为耕地的所有权属于集体，土地的承包者并不具备土地的交易权。1981年底发布的《全国农村工作会议纪要》①就明确地指出"在建立和完善农业生产责任制的过程中，必须坚持土地的集体所有制"，"社员承包的土地，不准买卖，不准出租，不准转让，不准荒废，否则集体有权收回"②。在这种政策环境下，作为资源的耕地，完全处于行政权力的支配之下，土地的承包经营权受到行政权力的严格限制，不允许流转，耕地的市场化程度受到很大限制。

---

① 《全国农村工作会议纪要》又被称为1982年的中央一号文件。
② 《1982年一号文件：全国农村工作会议纪要》，http://www.china.com.cn/aboutchina/data/zgncggkf30n/2008-04/09/content_14684460.html，最后访问日期：2019年1月10日。

表 5 - 1　耕地市场化沿革

年份	文件	关于耕地制度变迁及市场化的官方表述
1981	《全国农村工作会议纪要》	必须坚持土地的集体所有制；社员承包的土地，不准买卖，不准出租，不准转让，不准荒废，否则集体有权收回
1983	《中共中央关于一九八四年农村工作的通知》	实施集约经营；鼓励土地向种田能手集中；经集体同意，由社员自找对象协商转包；自留地、承包地均不准买卖，不准出租，不准转作宅基地和其他非农业用地
1988	《中华人民共和国宪法修正案》	任何组织或个人不得侵占、买卖或者以其他形式非法转让土地，土地的使用权可以依照法律的规定转让
1993	《关于当前农业和农村经济发展的若干政策措施》	坚持土地集体所有和不改变土地用途的前提下，经发包方同意，允许土地的使用权依法有偿转让；少数第二、第三产业比较发达，大部分劳动力转向非农产业并有稳定收入的地方，可以从实际出发，尊重农民的意愿，对承包土地作必要的调整，实行适度的规模经营
1995	《关于稳定和完善土地承包关系意见的通知》	在坚持土地集体所有和不改变土地农业用途的前提下，经发包方同意，允许承包方在承包期内，对承包标的依法转包、转让、互换、入股，其合法权益受法律保护；严禁擅自将耕地转为非耕地
2002	《中华人民共和国农村土地承包法》	通过家庭承包取得的土地承包经营权可以依法采取转包、出租、互换、转让或者其他方式流转；国家保护承包方依法、自愿、有偿地进行土地承包经营权流转；承包地不得买卖；不得改变土地所有权的形式和土地的农业用途；未经依法批准不得将承包地用于非农建设；以其他方式承包农村土地，在同等条件下，本集体经济组织成员享有优先承包权
2008	《中共中央关于推进农村改革发展若干重大问题的决定》	加强土地承包经营权流转管理和服务，建立健全土地承包经营权流转市场，按照依法自愿有偿原则，允许农民以转包、出租、互换、转让、股份合作等形式流转土地承包经营权，发展多种形式的适度规模经营
2013	《中共中央关于全面深化改革若干重大问题的决定》	坚持农村土地集体所有权，依法维护农民土地承包经营权；赋予农民对承包地占有、使用、收益、流转及经营权抵押、担保职能，允许农民以承包经营权入股发展农业产业化经营；鼓励承包经营权在公开市场上，向专业大户、家庭农场、农民合作社、农业企业流转，发展多种形式规模经营
2014	《关于全面深化农村改革加快推进农业现代化的若干意见》	稳定农村土地承包关系并保持长久不变，在坚持和完善最严格的耕地保护制度前提下，赋予农民对承包地占有、使用、收益、流转及承包经营权抵押、担保权能。在落实农村土地集体所有权的基础上，稳定农户承包权、放活土地经营权，允许承包土地的经营权向金融机构抵押融资

年份	文件	关于耕地制度变迁及市场化的官方表述
2014	《关于引导农村土地经营权有序流转发展农业适度规模经营的意见》	坚持农村土地集体所有权，稳定农户承包权，放活土地经营权，以家庭承包经营为基础，推进家庭经营、集体经营、合作经营、企业经营等多种经营方式共同发展；坚持经营规模适度，既要注重提升土地经营规模，又要防止土地过度集中，兼顾效率与公平，不断提高劳动生产率、土地产出率和资源利用率，确保农地农用，重点支持发展粮食规模化生产；促使承包权和经营权分离，形成所有权、承包权、经营权三权分置，经营权流转的格局

到了 1982 年、1983 年，伴随着家庭联产承包责任制在全国范围内的实施，农民的生产积极性获得极大提高，国家的粮食供应发生了根本性转变，中国的农民不仅摆脱了之前吃不饱的状况，更是第一次出现了"卖粮难"。几乎与粮食的丰收同步，卖粮难导致部分地区开始出现土地抛荒的情况。为了提高土地的利用效率，减少抛荒情况的出现，中共中央 1983 年末发布的《中共中央关于一九八四年农村工作的通知》适度扩大了农民对土地的产权，允许土地向有能力耕种的种田大户集中，社员承包的土地可以由社员自找对象转包，前提是须获得集体的同意。① 至此，国家不允许耕地流转的政策开始出现松动，民间的耕地流转市场开始获得发育，耕地的市场化开始萌芽。但是，这种市场化是低水平的市场化，耕地的流转仍旧处于行政权力的强力控制之下，国家仍不允许耕地的买卖和出租。到了 1988 年，政府的这种政策取向在法律层面得到进一步确认，1988 年的宪法修正案将原有的"任何组织或者个人不得侵占、买卖、出租或者以其他形式非法转让土地"修改为"任何组织或个人不得侵占、买卖或者以其他形式非法转让土地，土地的使用权可以依照法律的规定转让"②。这就表明，虽然之前法律禁止私下非法的土地流转，但合法的土地流转可以受到宪法的保护。

到了 20 世纪 90 年代，在部分沿海发达地区和内陆地区，耕地的流转市场已经初具规模，越来越多的农户出于各种原因，将原先自己承包

---

① 《中共中央关于一九八四年农村工作的通知》，http://cpc.people.com.cn/GB/64162/135439/8134254.html，最后访问日期：2019 年 1 月 10 日。

② 详见《中华人民共和国宪法修正案》（1988 年）。

的土地转让给他人，农村土地"三权分置"的现象越来越普遍（冯玉华、张文方，1992）。1993 年，在国家做出建立社会主义市场经济制度决定后的第一年，中共中央、国务院发布的《关于当前农业和农村经济发展的若干政策措施》[①] 就明确指出，在少数第二、第三产业比较发达，大部分劳动力转向非农产业并有稳定收入的地方，可以从实际出发，尊重农民的意愿，对承包土地作必要的调整，实行适度的规模经营。[②] 从改革开放初期的"四不准"[③] 到"尊重农民的意愿"，国家对耕地流转的态度越来越温和，耕地市场化的程度越来越高，参与流转的耕地数量越来越多。到了 1995 年，伴随着市场经济在我国获得初步发展，国家意识到既有的土地制度无法满足社会主义市场经济发展需求，为了保护正常的市场经济秩序，进一步促进农村经济的发展，国务院批转的农业部《关于稳定和完善土地承包关系意见的通知》中明确表示，在坚持土地集体所有和不改变土地农业用途的前提下，经发包方同意，允许承包方在承包期内，对承包标的依法转包、转让、互换、入股，其合法权益受法律保护。[④] 至此，农地不仅可以转包、转让、互换，还可以入股，耕地的市场化迈出更为坚实的一步。2002 年颁布的《中华人民共和国农村土地承包法》再次对农民流转土地的权利予以确认，其明确规定，国家保护承包方依法、自愿、有偿地进行土地承包经营权流转。[⑤] 通过家庭承包取得的土地承包经营权可以依法采取转包、出租、互换、转让或其他方式流转。[⑥]

进入 21 世纪，伴随着我国农村耕地流转市场的不断发展，国家意识到进一步放开对土地的流转限制的重要性，开始加强对耕地流转的服务建设。2008 年，《中共中央关于推进农村改革发展若干重大问题的决定》发布，国家第一次明确指出要"加强土地承包经营权流转管理和服务，

---

① 此文件亦被称为 1993 年的中央一号文件。
② 《中共中央、国务院关于当前农业和农村经济发展的若干政策措施》，http://www.chinalawedu.com/falvfagui/fg22016/12025.shtml，最后访问日期：2019 年 1 月 10 日。
③ "四不准"指 1981 年底出台的《全国农村工作会议纪要》的规定：社员承包的土地，不准买卖，不准出租，不准转让，不准荒废。
④ 《国务院批转农业部关于稳定和完善土地承包关系意见的通知》，http://www.gov.cn/zhengce/content/2016 - 10/19/content_51216 72.htm，最后访问日期：2019 年 1 月 10 日。
⑤ 详见《中华人民共和国农村土地承包法》第二章第五节第三十二条。
⑥ 详见《中华人民共和国农村土地承包法》第一章第十条。

建立健全土地承包经营权流转市场，按照依法自愿有偿原则，允许农民以转包、出租、互换、转让、股份合作等形式流转土地承包经营权，发展多种形式的适度规模经营"。该文件的发布，标志着国家在实施了几十年的限制性政策之后，对农村土地流转态度的根本转变，国家在土地流转过程中的角色也实现了全方位的转变，从之前土地流转的管理者、监督者向土地流转的服务者转变，为更大规模的耕地参与市场化流转铺平了道路。

2013 年，《中共中央关于全面深化改革若干重大问题的决定》出台，农村土地的市场化进程更进一步，国家不仅扩大了农民对土地的产权，允许农民以承包经营权入股的形式发展农业产业化经营，还明确鼓励承包经营权在公开市场上，向专业大户、家庭农场、农民合作社、农业企业流转，发展多种形式规模经营。① 紧接着，在 2014 年出台的《关于全面深化农村改革加快推进农业现代化的若干意见》《关于引导农村土地经营权有序流转发展农业适度规模经营的意见》中，国家再次强化了土地的资源属性，赋予了农民对承包地占有、使用、收益、流转及承包经营权抵押、担保权能，具备向金融机构抵押融资的资质；② 促使承包权和经营权分离，形成所有权、承包权、经营权三权分置，经营权流转的格局。③ 至此，耕地流转市场初具雏形，市场化程度得到实质性提高。

综上所述，耕地的市场化过程是一个对农民不断赋权的过程，也是一个土地流转从非法向合法、从量变向质变转变的过程。在家庭联产承包责任制实施初期，国家严格限制农民对土地享有的产权，农民承包的耕地未经相关部门允许，既不准买卖，又不准出租，更不准转让、荒废，土地的资源属性不清，土地流转市场处于萌芽状态，土地的市场化程度极低。到了 20 世纪 90 年代，国家严格限制土地流转的政策出现松动，开始尊重农

---

① 《中共中央关于全面深化改革若干重大问题的决定》，http：//www. gov. cn/jrzg/2013 – 11/15/content_2528179. html，最后访问日期：2019 年 1 月 10 日。

② 《关于全面深化农村改革加快推进农业现代化的若干意见》，http：//www. gov. cn/jrzg/2014 – 01/19/content_2570454. html，最后访问日期：2019 年 1 月 10 日。

③ 《关于引导农村土地经营权有序流转发展农业适度规模经营的意见》，http：//www. mlr. gov. cn/xwdt/jrxw/201411/t201411211335 876. html，最后访问日期：2019 年 1 月 10 日。

民的意愿，保护合法的土地转让，民间的耕地流转市场得到发育，土地的市场化程度得到提升。进入 21 世纪的第一个十年，国家在土地流转市场中的角色发生了很大的转变，其角色不仅实现了从耕地流转的管理者向耕地流转的服务者转变，还承担了建立健全土地承包经营权流转市场的职责，土地的市场化程度取得了实质性进展。到了全面深化改革阶段，国家在赋予农民更大产权的同时，鼓励土地的承包经营权在公开市场上流转，促使承包权和经营权分离，形成所有权、承包权、经营权三权分置，经营权流转的格局，耕地参与流转的机制不断建立健全，土地流转市场不断发育成熟。

（二）集体建设用地的市场化：入市出让

在农村，土地的市场化既是一个过程，也是一个范畴。受城乡分割的二元土地制度影响，土地的市场化既包括农业用地的市场化，也包括集体建设用地的市场化，二者是同一个问题的两个方面。"集体建设用地包括农户的宅基地、集体经营性用地及集体公益、公用设施用地，与农业用地相对而言。"（刘庆乐、施青军，2017）在纵向的市场化历程中，集体建设用地的市场化过程在起始时间上要明显晚于耕地的市场化过程（胡振红、叶桦，2018），过程相对简洁，脉络亦更加清晰。

中国现行的宅基地制度框架源于 1962 年颁布的《人民公社工作条例修正草案》，这一草案废除了宅基地私有制，确立了宅基地"所有权归集体，使用权归农户"的基本产权结构以及一户一宅、面积有限、人地捆绑、无偿使用的制度特征（胡振红、叶桦，2018）。这种制度框架在集体化时期较好地保障了农村居民的福利。由于宅基地仅向具备集体成员身份的农村居民提供，所有权归集体，使用权归农户，不可流转，不可出让，不可买卖，具有极强的福利性质和社会保障性质，不具有商品属性，也不具备完全财产权利的资本属性（韩康、肖钢，2008）。

到了改革开放时期，虽然耕地的产权有了新的制度规定，但是国家对宅基地的产权依旧延续了集体化时期的规定。例如，1982 年中央一号文件《全国农村工作会议纪要》在开启耕地市场化改革的同时，仍旧延续了集体化时期宅基地的产权模式，规定"集体划分给社员长期使用的自留地、自留山以及宅基地，所有权仍属集体"①，虽然没有明确禁止宅基地的转让、买卖，但是在当时的环境下，宅基地的市场化尚未萌芽。这一状况在当年颁发的《村镇建房用地管理条例》中得到明确重申，条例规定"严禁出租、买卖和违法转让建房用地"②；出卖、出租住房后，不得再申请宅基地。③ 1988 年通过的宪法修正案，亦未对集体建设用地的市场化做出明确规定。1997 年，中央下发的《中共中央 国务院关于进一步加强土地管理切实保护耕地的通知》，确立了加强农村集体土地的管理、进一步严格建设用地的审批管理④的政策基调。1998 年修订后的土地管理法虽然仍旧保留土地使用权可以依法转让的规定，但对集体建设用地使用权转让进行了严格限制。可以说，集体建设用地的市场化进程直到 21 世纪初叶，都未能取得实质性进展。

到了 21 世纪初叶，伴随着我国社会主义市场经济的深入发展，农村土地制度与我国经济发展水平不相适应的地方越来越多，农村土地市场化改革迫在眉睫。2004 年以后，情况开始有了实质性改观。国家陆续实施城乡建设用地增减挂钩、集体经营性建设用地入市的改革和试点，农村集体建设用地的市场化开始获得初步发展。2013 年，中央十八届三中全会确立了农村土地征收、集体经营性建设用地入市、宅基地制度改革的发展目标。2014 年，中共中央办公厅下发了《关于农村土地征收、集体经营性建设用地入市、宅基地制度改革试点工作的意见》（以下简称《改革试点工作意见》），明确提出要建立城乡统一的建设用地市场。在符合规划和用途管制前提下，允许农村集体经营性建设用地出让、租赁、入股，实行与国有土地同等入市、同权同价。⑤ 为了保证《改革试点工作意见》的顺利实施，第十二届全国人民代表大会常务委员会第十三次会议又审议通过了《全国

① 《1982 年一号文件：全国农村工作会议纪要》，http://www.china.com.cn/aboutchina/data/zgncggkf30n/2008 - 04/09/content_14684460.html，最后访问日期：2019 年 1 月 10 日。
② 见 1982 年《村镇建房用地管理条例》第一章第四条。
③ 见 1982 年《村镇建房用地管理条例》第四章第十五条。
④ 《中共中央 国务院关于进一步加强土地管理切实保护耕地的通知》，http://blog.sina.com.cn/s/blog_b2fc42a70101lnj9.html，最后访问日期：2019 年 1 月 10 日。
⑤ 《2016〈关于农村土地征收、集体经营性建设用地入市、宅基地制度改革试点工作的意见〉解读》，https://www.tuliu.com/read - 27862.html，最后访问日期：2019 年 1 月 10 日。

人民代表大会常务委员会关于授权国务院在北京市大兴区等三十三个试点县（市、区）行政区域暂时调整实施有关法律规定的决定》，对《土地管理法》以及《城市房地产管理法》部分不利于农村建设用地市场化的条款调整实施，以适应我国土地市场发展的需要。经过几年的改革试点，农村集体建设用地的市场化开始有了经验可循。为了配合乡村振兴战略的实施，2018 年 1 月又出台了《中共中央、国务院关于实施乡村振兴战略的意见》（以下简称《乡村振兴战略意见》），明确指出：扎实推进房地一体的农村集体建设用地和宅基地使用权确权登记颁证。完善农民闲置宅基地和闲置农房政策，探索宅基地所有权、资格权、使用权"三权分置"，落实宅基地集体所有权，保障宅基地农户资格权和农民房屋财产权，适度放活宅基地和农民房屋使用权。[①] 至此，我国农村集体建设用地市场雏形初显，市场化进程明显加快。

（三）土地市场化的生成机制

土地的市场化是一个长期的、渐进式发展的过程。这个过程发端于中国的改革开放，发展于市场经济的浪潮中，成熟于全面深化改革的新时期。其中，市场经济的深入发展是土地市场化的决定性因素。

1. 决定性机制：市场经济的深入发展

土地作为一种资源，促使其市场化的决定性因素在于中国市场经济的深入发展，市场在土地的配置中起着越来越重要的作用。

中国土地的市场化改革，在时间节点上，起始于 20 世纪 80 年代末。在高度集中的计划经济体制下，国家的行政力量是支配一切社会资源唯一合法的途径，对各种社会资源高度垄断。在计划经济时期，国家曾长期忽视市场在资源配置中的作用，视市场为资本主义洪水猛兽，市场机制发挥作用的空间被严重压缩（徐晓军、程星，2017）。在这种状况下，土地资源的使用主要依靠国家的行政命令进行配置。20 世纪 70 年代末 80 年代初，国家的经济体制改革率先在农村展开，家庭联产承包责任制带来的土

---

① 《2018 年中央一号文件公布　全面部署实施乡村振兴战略》，http://www.gov.cn/xinwen/2018－02/04/content_5263760.html，最后访问日期：2019 年 1 月 10 日。

地"两权分离"在给予农民土地产权的同时，极大地提高了农民的生产积极性和土地的产出效率。土地产出的提高引发了农产品相对价格、农业经营组织形式以及农产品购销体制的变化，在家庭联产承包责任制正式实施后不久，土地的转包、流转就已经在不少地区出现。在这种状况下，农村土地的市场化改革与农村土地产权的"两权分离"几乎同时发生，前者以后者为标志，后者向前者提供动力。尤其是在乡镇企业异军突起之后，农村大量剩余劳动力脱离土地，进入城镇就业，土地撂荒开始出现，农民自发的土地流转实践大量出现，广大农村在农民自发土地流转实践的基础上形成了土地的流转市场（冯玉华、张文方，1992）。[①] 但由于该阶段市场经济体制尚未建立，在广大农村出现的这种自发的土地流转实践以及土地流转市场由于缺乏政策上的合法性，一直处于模糊的灰色地带，使得广大农村地区的土地虽然出现了市场化的雏形和趋势，但土地实际的市场化程度仍处于较低水平。

在80年代中期，农村经济体制改革的成功经验给了国家进行进一步改革的信心，城市经济改革也随之拉开了序幕，在这一过程中，货币和市场的作用被承认，城市的商品经济得到快速发展，计划经济体制开始出现松动，市场在资源配置、提升市场活力上的作用开始逐渐显现。城市的市场经济虽然没有得到正式承认，但是已经初具规模。经济基础决定上层建筑，农村经济体制改革和城市经济体制改革的成功极大地影响了整个社会的结构。一来，城市经济改革的成功加速了中国工业化、城市化的进程，而城市化、工业化进程的加快必将加大对土地的需求，为土地的市场化提供动力；二来，国家层面自上而下的制度供给，把国有土地的使用权推向了市场。以1990年国务院颁布的《中华人民共和国城镇国有土地使用权出让和转让暂行条例》为标志，在国有土地使用权的出让过程中，市场机制开始发挥作用。"土地卖给谁，卖什么价，怎么卖，由市场而不是由市长决定。"（任福民，1992）

到了20世纪90年代，社会主义市场经济制度极大地深化了我国土地

---

① 早在1991年前后，冯玉华等人就注意到，在沿海发达地区和内地部分地区，农户原先承包的土地不断发生调整和转让的现象越来越普遍，并开始了有关土地"三权分置"的讨论。

市场化的水平。1992年春，邓小平在南方谈话中初步提出了建立社会主义市场经济的构想。同年10月，中国共产党第十四次全国代表大会做出了建立社会主义市场经济体制的决定，并明确指出要让市场在资源配置中起基础性作用。至此，市场经济不断发展，高度集中的计划经济体制在我国逐渐退出历史舞台，市场在资源配置过程中的作用逐步得到显现。1993年，十四届三中全会通过的《中共中央关于建立社会主义市场经济体制若干问题的决定》明确指出，经过改革开放十多年的发展，市场在资源配置中的作用逐渐扩大。在发展房地产市场的过程中，必须十分珍惜和合理使用土地资源，加强土地管理。切实保护耕地，严格控制农业用地转为非农业用地。国家垄断城镇土地一级市场。实行土地使用权有偿有限期出让制度，对商业性用地使用权的出让，要改变协议批租方式，实行招标、拍卖。同时加强土地二级市场的管理，建立正常的土地使用权价格的市场形成机制。[①] 土地一、二级市场建立后，获得长足的进步，在配置土地资源的过程中发挥着越来越重要的作用。尤其是进入21世纪后，国家行政力量逐渐退出对土地资源配置的直接干预，转而扮演土地市场服务者的角色，土地市场配置资源的体制机制不断趋于完善，土地的市场化程度不断提升。

到21世纪第二个十年，国家进入了全面深化改革时期，明确提出了深化经济体制改革、建立现代市场体系的改革目标。2013年，中共十八届三中全会通过的《中共中央关于全面深化改革若干重大问题的决定》明确指出要加快完善现代市场体系，使市场在资源配置中起决定性作用，凡是能由市场形成价格、由市场进行配置的，政府不进行不当干预。尤其是在农村土地的市场化上，明确指出国家要建立城乡统一的建设用地市场，在符合规划和用途管制的情况下，允许农村集体经营性建设用地出让、租赁、入股，实行与国有土地同等入市、同价同权。改变了过去"集体土地征收没有统一的游戏规则，征收政策随意性极强"的状况。[②] 与此同时，不断

---

① 《中共中央关于建立社会主义市场经济体制若干问题的决定》，http://www.people.com. cn/GB/shizheng/252/5089/5106/5179/20010430/456592.html，最后访问日期：2019年1月10日。
② 关于"集体土地征收没有统一的游戏规则，征收政策随意性极强"这一提法是笔者在黄陂区国土资源和规划局进行访谈时，一位受访工作人员的提法。

完善土地租赁、转让、抵押二级市场。至此，伴随着我国市场经济体制从建立到不断深化，市场在资源配置中的作用从基础性作用转向决定性作用，农村土地逐渐从非市场化转向市场化。

2. 辅助性机制：土地财政与政府竞争

促使农村土地市场化程度不断提高的另外一个辅助性机制是地方政府的土地财政及政府之间的竞争行为。

（1）土地财政的恶性循环。国家在 1994 年实施分税制改革的直接原因是原有的财政包干体制存在诸多弊端，无法协调中央政府和地方政府的财权、事权。然而，美好的愿景终究难以实现，国家在分税制改革的过程中仍旧未能实现财权和事权的统一。分税制改革虽然改善了中央政府的财政状况，缓解了中央财政逐渐变弱的困境，让中央政府财政预算收入在财政预算总收入中的比重从 1993 年的 31.5% 上升到 1999 年的 50% 以上，但这种税收分配方式是建立在国家总税收十分有限的基础上的。当国家总税收为定值时，提高中央政府在总税收中的比重，必然会压缩地方政府在总税收中所占的比重。分税制改革的实践表明，中央政府和地方政府任何一方比重的失衡都会引发新的问题。在分税制改革之前，地方政府的财政收入在国家财政总收入中的比重一度达到 80%，改革后骤降至 45%（吴群、李永乐，2010）。然而，财权的改变并没有带来事权的改变，那些原本由地方政府承担的职能仍旧没有发生变动，[①] 财权上移、事权留置直接导致了"中央政府拿钱多，做事少；地方政府拿钱少，做事多"的窘境。因此，1994 年的分税制改革在改善中央政府财政状况的同时，导致了地方政府财政收入和支出之间的巨大缺口（吴群、李永乐，2010）。为了维持自身的运转，地方政府只有寻求新的非正式资金收入来化解中央财政集权的压力。

地方政府通过不断提高农地市场化水平，用农地非农流转"价格剪刀差"获得丰厚收益的方法来筹集资金，这已成为地方政府筹集资金的主要方式（陶然、袁飞、曹广忠，2007），成为名副其实的土地财政。一方面，

---

① 在中国的政治体制中，中央政府的职能有军事保卫职能、外交职能、治安职能和民主政治建设职能四项；地方政府的职能有建设职能、社会保障职能、社会事业发展职能三项。

通过"农地征收－转为国有－市场出让"这一路径获得土地出让金的方式在全国普遍存在，成为各级地方政府心照不宣的方式；另一方面，在部分地区，因出让国有土地获得的收入在政府非预算收入中占有极高的比重，地方政府对土地出让形成了严重的依赖。例如，有学者的调查数据显示，在东部发达地区的部分市县，出让土地的收入占到预算外收入的60%以上，从土地上产生的收入占地方财政收入的50%以上（刘守英、蒋省三，2005）。

地方政府过度依靠出让土地资源获得财政收入的局面，让财政的运作陷入了土地财政的死循环。政府出让的土地越多，获得的土地出让金就越多，因出让土地产生的非税收收入在地方财政中所占的比例就越大，因而财政对土地出让的依赖就越大，财政对土地出让的依赖越大，反过来越倒逼地方政府出让更多的土地。然而，由于城市国有土地的市场化程度较高，从规划到出让形成了较为完整的体制机制，市场主体对国有土地的使用要服从规划，再加上每个城市每年拿出的土地配额极其有限，都迫使地方政府在面临财政压力的情况下，打起了农村集体土地的主意。例如，在部分地区，一直被严格保护的基本农田被转作他用，以前限制用途和流转范围的农村集体建设用地，被允许进入土地市场都是农村土地市场化程度提高的表现。因此，农村土地的市场化在一定程度上是土地财政倒逼政府进行土地制度改革的结果。

（2）政府的竞争行为。在纵向层面上，中央政府和地方政府之间存在一种纵向的财政竞争关系。当中央政府在国家的财政总收入中占有过大比重时，就会严重压缩地方政府的财权。这种纵向竞争的存在，促使地方政府寻找新的生财之道。通过提高土地市场化水平，增加土地的出让数量，获得土地出让金，采取"卖地生财"的方式攫取体制外资源（周飞舟，2007），就成了地方政府最直接的选择。这种竞争逻辑及其产生的后果在上文"土地财政的恶性循环"中有详细论述，不是本部分关注的焦点。本部分关注的焦点在于地方政府官员的横向竞争。

在横向层面上，地方政府中存在普遍的晋升竞争。在这种"零和博弈"的竞争关系中，最终能够成功晋升的官员只占少数（周黎安，2004）。在稀有的晋升机会面前，地方政府官员具有极强的主动性。这种主动性表现在以下两个方面。第一，在现有的考核指标下，地方政府官员会努力实现上级政府对其考核的正面指标，避免负面指标的出现，前者如提高 GDP 增速、提升经济总量等，后者如维稳、安全生产、节能减排等；第二，一些主观能动性较强的官员会选择不断地主动获取晋升砝码，例如提升所在行政区的档次、城市规模、人口规模，利用行政权力推动城中村改造、旧城改造、城市土地资源开发与利用等（王文普，2005）。与此相对应，城市在扩大面积、人口规模的过程中，必然会增加对土地的需求。例如，一些地方政府，以较低的成本把大量集体土地征收为国有用地，然后变成商业用途的土地，再以优惠政策吸引投资，既可以扩大本行政区域内的税基、提高 GDP 增速，又能创造更多就业岗位，解决就业问题；还有一些地方政府对扩大城市规模情有独钟，因为在一定程度上，城市规模是反映城市档次的重要指标。这些都能成为地方政府官员在晋升竞争中的有用砝码。因此，"因政府官员的竞争行为所产生的土地需求，间接提高了农村土地的市场化水平"（吴群、李永乐，2010）。

进入 21 世纪后，伴随着农村土地市场化程度的不断提高，农村土地使用方式的非农化所产生的巨大的土地增值收益，在一定程度上激发了政府卖地生财的积极性。与此同时，社会上日益突出的征地矛盾开始倒逼政府不断加快农地用途非农化制度的改革进程，国家原有的禁止农村集体建设用地流转的政策规定在新的政策环境下被不断突破，市场经济的作用促使民间形成一定规模的隐形市场。在下文谈到"市场化的土地制度促使村落吸引'外患'"时，笔者将再次回到对土地财政和政府理性竞争问题的讨论。证据表明，横店街道办和黄陂区政府在杨家大塆的拆迁问题上之所以表现积极，既有土地财政的逻辑，也有政府官员竞争的逻辑，二者如影随形。

（四）土地市场化在杨家大塆的实践

杨家大塆作为一个普通的村庄，和国内无数村庄一样，经受着土地制度变迁的冲击。随着国家在制度层面不断推进土地的市场化变革，杨家大塆也不断开启了土地的市场化改革。

杨家大塆在耕地的市场化实践中，土地市场化的第一种表现形式是耕地流转。杨家大塆土地流转的实践最早可追溯至 1985 年。当年，老村支书在村里开办了水泥制管厂，由于生意好，需要全家人一起参与制管厂的生产和经营，家里承包的 6 亩水田便无人耕种，抛荒了一年多。庄稼人对土地始终爱得深沉，看着如此肥沃的水田抛荒，他的内心不是滋味。到了 1986 年的春耕时节，他主动找到堂叔，要把自家的 6 亩水田转包给堂叔耕种。按照国家规定，土地的转包需要获得集体同意，但是，由于这件事是私下协商的结果，所以没有经过集体协商，也未获得集体同意。而且，因为他是村支书，村里"团结的杨家人"① 对他把土地转包给堂叔一事，基本没有异议。然而，有了第一个吃螃蟹的人，后面参与土地流转的追随者蜂拥而至。20 世纪 80 年代中后期到 90 年代，随着大米脱壳厂、自行车车身电镀厂、服装厂、养殖场、蜂窝煤加工厂等民营企业的陆续建立以及生产规模的不断扩大，越来越多的村民开始脱离农业生产。杨家大塆村委会的数据显示，从 1985 年到 1990 年五年间，全村共有 28 户农户因为从事工业生产而进行了面积大小不等的土地流转，涉及耕地面积 150 余亩。到了 2000 年前后，因为高额的农业税赋，农民种田收不抵支，承包的土地成为村民眼中的鸡肋，越来越多的村民弃农从工，村内的土地流转达到历史的峰值。以 1999 年为例，仅这一年，全村就有 23 户村民进行了不同形式的耕地流转。这些土地流转大都遵循熟人社会的运作逻辑，涉及土地流转的村民之间彼此要么达成口头协定，要么签订简易的土地流转合同。

　　土地市场化在杨家大塆的第二种表现形式是国家对耕地的征收。由于杨家大塆地处武汉市的边缘地带，武汉市在近 20 年快速的城市化进程中，城市规模迅速扩大。国有存量建设用地数量的相对不足，促使政府开始打起杨家大塆土地的算盘。杨家大塆的第一起土地征收发生在 1994 年，当时为了建设横店第二中学，黄陂县教育局以 5 万元的市场价格购买了杨家大塆 64 亩耕地的使用权。进入 21 世纪后，更为频繁的土地征收在杨家大塆发生。从 2004 年到 2017 年的十多年间，先后有数百亩耕地被征收，并进入国有土地市场挂牌拍卖，转作他用。或是用于基础设施建设，或是成为

---

　　① "团结的杨家人"这一说法是我们在村里进行访谈时，老村支书自己的表达，在他看来，那个时候的杨家大塆人是可以拧成一股绳的。

工业用地，或是成为城镇建设用地。

　　土地市场化在杨家大塆的第三种表现形式是作为集体建设用地重要组成部分的宅基地被政府征收，和被征收的耕地一起转为国有土地，并一同进入国有土地市场挂牌拍卖，转作他用。在市场经济、土地财政以及政府竞争等多种因素的共同影响下，杨家大塆被征收的宅基地，近乎获得了与城市国有建设用地相同的价格以及相同的权利。虽然这种市场化实践缺乏法律上的合法性，但仍旧构成了杨家大塆土地市场化的主要类型，成为村落共同体解体的重要原因。

　　考虑到杨家大塆的实际情况，下文在论述市场化的土地与内忧外患的村落时，将主要聚焦于耕地的市场化以及宅基地的市场化。

二　市场化的土地与内忧外患的村落

　　在制度学派的学者看来，所谓的制度变迁实际上是权力和利益的转移及再分配，制度的每一次变更，都会带来利益格局的改变（卢现祥，1996：100）。尤其是作为农村全局性制度的土地制度，涉及集体组织每一个成员的切身利益，其变迁必然导致村庄利益分配格局的变化。杨家大塆的案例表明，土地在市场化之后快速升值，改变了村落内部利益相关者之间的利益分配格局，也改变了外部利益相关者对村落共同体的利益期待，内部利益相关者极力参与分利，外部利益相关者则千方百计地逐利，内部利益相关者因分利产生的冲突和外部利益相关者因逐利对共同体形成的冲击共同构成了共同体所面临的内忧和外患。

（一）市场化的土地制度促使村落吸引"外患"

　　"架上的葡萄熟了，路过的人都想尝尝鲜；村里的土地值钱了，各方都想分一杯羹。"这是我们在杨家大塆开展田野调查时，一位村干部这两年最切身的感受。在他看来，"树欲静而风不止"，随着村里的土地越来越值钱，觊觎村里土地的外部利益相关者越来越多，尤其是一些极为强势的利益相关者，他们不断地从外部侵蚀着共同体，构成村落共同体的"外患"。

1. 地方政府：杨家大塆必须拆

在杨家大塆的土地征收和房屋拆迁中，黄陂区政府和横店街道办利益一致、意见一致，但遵循着不同的逻辑。具体而言，横店街道办的如意算盘是拆掉杨家大塆，走产城融合之路，进而提升横店街道办的城市水平，以及横店街道办在黄陂的地位和影响力；而黄陂区政府作为具有土地出让权力的高一级政权，获取土地出让金，维持土地财政的运转成为其推动杨家大塆拆迁的首要动因。

（1）横店街道办：提升地方经济实力。为了更好地发展横店街区的经济，提升街区的城市化水平，早在2012年横店街道办就提出了"产城融合"的发展策略，大力发展临空经济区，吸引更多的人口在横店落户，扩大临空经济区的规模和影响力。

2015年，中共十八届三中全会通过的《中共中央关于全面深化改革若干重大问题的决定》明确设立了建立城乡统一的建设用地市场的改革目标，指出：在符合规划和用途管制前提下，允许农村集体经营建设性用地出让、租赁、入股，实行与国有土地同等入市，同权同价。一改之前农村集体建设用地不能入市的状况。文件出台后，横店街道办立刻认识到发展的机会来了，辖区内所有的农村建设用地都将获得入市的机会，而且能以与城市国有土地相同的价格出让。

机会都是留给有准备的区。2017年开始，武汉市政府发布《关于支持百万大学生留汉创业就业的若干政策措施》，正式启动"百万大学生留汉计划"。为了解决留汉大学生的住房问题，武汉市政府计划每年建设、筹集50万平方米以上的人才公寓，5年内达到满足20万人的租住需求的目标。然而，人才公寓建在哪里，成为市政府必须认真考虑的一个问题。如果建在市区，成本太高，代价太大。这时，市政府瞄准了黄陂区，黄陂区瞄准了临空经济区和横店街道办。2008年兴建的临空经济区属于横店街道辖区，如果把人才公寓建在临空经济产业园附近，不仅能够扩大横店的人口规模、提升城市化水平，还能带来大量的优质劳动力、助力第三产业的发展，助力横店走上"产城融合"之路。

2017年3月，在横店街道办牵头下，横店街道办成立了由黄陂区发改委、黄陂区国土资源和规划局、横店国土所四部门联合组成的"杨家大塆

片区改造项目领导小组"，经过一系列前期论证后，横店街道办于 2017 年
4 月向黄陂区政府递交了一份《关于启动杨家大垸片区改造项目的请示》，
明确表示："随着临空经济产业园核心区快速建设和发展，区域功能的变
化和提升，我街杨家大垸已逐渐成为开发区的组成部分，改造该片区成为
推进我街城市化进程的迫切需要，经初步测量，该片区共有民房 14 余万
方，小企业 4 家。为了集约、节约利用土地，盘活土地使用效益，改善城
镇环境和基础设施，我街办拟采取市场化运作方式，引进有实力的企业，
参与该片区的改造工作。"横店街道办的请示开启了杨家大垸集体拆迁的
序幕。

（2）黄陂区政府：获得土地出让金。在武汉市属的十六个区中，黄陂
区属于典型的远郊区。和几个中心城区相比，无论是第二、第三产业产
值，还是城镇化率，黄陂区均排位靠后。因此，黄陂区的经济税源明显少
于中心城区。但是，正因为发展相对滞后，黄陂区仍保存着大量未开发的
土地资源，这些未开发的存量土地为区政府卖地生财维持土地财政的运转
提供了绝佳的资源。如表 5 - 2 所示，以 2015 年的数据为例，黄陂区 2015
年共征收集体土地 12409.05 亩，发放征地补偿款 55849.2476 万元；挂
牌出让土地 4460 亩，获得土地出让金 236384 万元；出让土地面积为征
收土地面积的 35.94%，获得的土地出让金是土地征收补偿金的 4.23
倍。就单位面积土地而言，土地出让金是征收补偿金的 11.78 倍。价格
剪刀差让区政府在单位面积的土地上获利 10.8 倍，总金额为 180534.73
万元。

表 5 - 2　黄陂区 2005 ~ 2017 年国有土地出让收入完成状况
及 "土地财政" 占比状况

单位：万元，%

年份	国有土地出让收入完成额	全口径财政收入	"土地财政" 占比
2005	22122	71062	31.13
2006	25631	90186	28.42
2007	34100	130888	26.05
2008	46300	176666	26.21
2009	94161	255755	36.82

年份	国有土地出让收入完成额	全口径财政收入	"土地财政"占比
2010	192790	434273	44.39
2011	294073	665487	44.19
2012	373558	867643	43.05
2013	465900	1066872	43.67
2014	360876	1032491	34.95
2015	378287	1057734	35.76
2016	705861	1480851	47.67
2017	874025	1750825	49.92

注："国有土地出让收入完成额"和"全口径财政收入"两项数据分别来源于黄陂区国土资源和规划局以及黄陂区财政局。

在 2005～2015 年的十年间，城镇化过程中的土地出让金，构成了黄陂区财政收入的 37.86%，在某些特殊年份甚至达到 49.92%。与此同时，伴随着黄陂区整体的城镇化水平得到了极大提升，城镇人口占比从 2000 年的 35.09% 提升到 2016 年底的 45.52%（《黄陂统计年鉴 2016》，2017）。然而，城市化进程本身有其 S 性规律，和诸多发达国家一样，当城市化水平接近 60% 的时候，城市化的速度会逐渐减慢，房地产市场也逐渐放缓。伴随着国家一轮又一轮的房地产市场调控政策的出台，和武汉市一样，黄陂区房地产市场和国有土地出让市场的增速在 2016 年首次出现同比下降的趋势。在房地产经济已经成为支撑经济增长的关键行业的当下，房地产行业的疲软会直接影响与之相关的行业的增长，进而拉低 GDP 增速，最终影响地方政府的政绩考核。如何拯救房地产市场和土地出让市场开始成为地方政府慎重考虑的问题。

市政府提供低落户门槛、八折购房、租房补贴等一系列优惠措施吸引大学生落户武汉。表面上看，这是不同城市之间的人才之争，事实上都与土地财政脱不了干系。随着中国城市化水平逐渐接近 60%，各大城市的房地产都开始经历一个降温的过程，武汉市也不例外。这几年武汉市各区的房地产都开始降温，买房的人少了，新开工的楼盘少了，参与圈地的房地产商也少了，我们出让的土地也少了，土地出让金少了很多。但是，政府的开支是逐年增加的。政府通过这些优惠政策留住了拥有丰富人力资源的大学生群体，就能扩大城市人口规模，增加潜在的房地产消费人群数量，进而带动房地产经济的持续繁荣乃至整个城市经济的持续繁荣。房地产经济必定是附着在土地上的经济，当房地产经济繁荣的时候，"土地财政"也就可以为继。毕竟，100万人不是个小数，要是他们都在武汉买房，武汉的房地产市场又能红火好多年。因此，人才之争的本质是房地产经济和"土地财政"的延续。（20180304，YGL，男，52岁）

然而，地方政府"经济参与人"的角色也使其在经济参与的过程中表现出了"理性经济人"的特质。黄陂区政府十分明白，在土地出让价格、面积一定的情况下，要想维持政府土地出让金的利润空间，尽量降低土地出让成本是必然的选择。尤其是在存量国有土地面积不断减少、每年配额有限的大环境下，低成本征收农地，再高价出让，利用价格"剪刀差"获利，不仅具有法律层面的合法性，也是极为有效的手段。因此，当横店街道办正式递交《关于启动杨家大塆片区改造项目的请示》（以下简称《请示》）后不久，黄陂区政府就责成黄陂区发改委和黄陂区国土资源和规划局做出了一份详细的《杨家大塆片区改造项目规划》。这份规划对杨家大塆片区未来的建设项目做了详细规划：杨家大塆片区共拆迁414亩，初步规划居住用地149亩，商业用地198亩，学校用地19.5亩，医院用地18亩，文化用地29.3亩。①

2. 开发商：杨家大塆必须便宜拆

为了顺利推进改造项目的实施，将横店街道办在《请示》中关于"拟采取市场化运作方式，引进有实力的企业，参与该片区的改造工作"的承诺付诸实践，早在向区政府递交《请示》之前，横店街道办和横店国土所就共同组织了数场项目推介会，以项目可行性论证的方式吸引了

---

① 数据源于黄陂区国土资源和规划局。需要指出的是，这只是黄陂区国土资源和规划局内部的初步规划，并未形成正式文件。后期建设用地中的学校、医院、文化用地面积会根据实际情况进行调整，并上报市国土资源和规划局审批，还需市直主管部门同意后方可进行调整。

武汉数家房地产开发企业参与竞标。最终，横店街道办通过运作，在未正式挂牌拍卖及招标的情况下，和武汉地产开发投资集团有限公司达成初步合作意向。

2017年6月23日，《请示》正式获得黄陂区人民政府批准。随即，由横店街道办、横店国土所和武汉地产开发投资集团有限公司三方共同成立了"杨家大塆片区改造项目工作组"，于7月10日进驻杨家大塆，挨家挨户和村民们协商拆迁赔偿事宜，计划在一个月内完成村民动员工作并签订拆迁协议。与此同时，黄陂区政府、横店街道办、黄陂区国土资源和规划局于7月16日公开对外发布土地拍卖公告和项目招标公告，8月5日，武汉地产开发投资集团有限公司在杨家大塆片区改造项目招标中胜出，获得杨家大塆414亩国有土地的使用权，正式成为杨家大塆片区改造工作的参与者。

地拿到了，剩下的工作就是完成整个村子的拆迁，并早日破土动工。但是，在拆迁补偿金额协商的过程中，工作组遇到了村民们坐地起价的情况，一场关于拆迁补偿价格问题的博弈又在村民和拆迁工作组之间悄然展开。在这场博弈中，街道办的立场十分鲜明，这块地现在已经被政府出让了，非拆不可，早拆晚拆都一样；而村民们给出的理由则是，政府的拆迁来得太突然，他们还没做好准备，要拆可以，必须给他们留下两年的过渡时间，并且按照两年后的市场价格来协商拆迁补偿款的金额。在村民眼中，即使是每个月每平方米房价涨100元，100平方米的房子就涨1万元，一年12个月，就能涨12万元，每年因房价上涨而获得的收益远远超出了村民们正常的工薪收入。拖两年，就能争取一笔数额更大的补偿款，就能在和政府谈判的过程中挺直腰杆，即使这两年不工作，照样吃喝不愁；即使是漫天要价，也有高房价撑腰。在村里调研的时候，一位伯伯向笔者详述了村里"地王"的故事。

这里且称他为A。A是村里的一位苗木商人，主营市政绿化苗木，在村里有一块占地十几亩的苗木基地。A由于早年辍学，文化水平不高，经营苗木发家后，被村里人戏称为"东山头的暴发户"。仓廪实而知礼节，为了改变自己在村里暴发户的形象，A总喜欢在自己的苗木基地里种植一些高档园林苗木，以至于他把自己的苗木基地经营得很像一个私人公园。2017年8月，工作组进村和他商议拆迁补偿事宜，他以高档苗木值钱为由，直接"狮子大开口"，要价一千万元才能把苗圃搬迁，一时成了村里的"地王"。然而，这个价格哪里是开发商能接受的，不能因为一个苗木商人坏了拆迁的规矩。经过几个回合的讨价还价之后，仍旧未能达成拆迁协议。这时，街道办和开发商一起找来了一家评估公司，对 A 所谓的价值千万元的苗木进行了市场价格评估。最后，评估公司给出了价值50 万元的评估结果。拿着这份"权威"的评估报告，拆迁队在一周之内便强行拆除了 A 的苗木花圃。

市场经济固有的属性决定了每一个经济活动的参与者都将逐利视为第一目标，激烈的竞争造就了适者生存的法则。对于以追求利润为目标导向的房地产开发商而言，村民们希望把拆迁时间延后两年是他们不可接受的。且不说两年的时间足以使改造项目完工，楼盘入市，更重要的一点在于市场环境变幻莫测，两年的时间里，一旦楼市出现动荡或政策出现变动，都会影响企业的效益。羊毛出在羊身上，政府发放的拆迁补偿款从根本上源自房地产开发商取得土地使用权支付的价款。如果村民们从政府那里获得的拆迁补偿款太高，就会直接抬高房地产开发商从政府手中拿地的成本，进而间接抬高整个楼盘的市场价位。尤其是在建筑高度限高的区域，过高的地价会严重压缩企业的利润空间，甚至使企业出现亏损。

> 这个地段的开发和一般地段还不一样。杨家大塆靠近天河机场，根据《民用机场飞行区技术标准》第 166 条的规定，为了确保机场净空面积和飞机起降安全，我们的建筑高度不能超过 72 米。高度限制死了，我们整个楼盘的容积率连 3 都不到。不压低征地拆迁成本，这个项目我们就会赔本。（20180322，LYX，男，40 岁）

在这场涉及多个利益主体的拆迁博弈中，并不存在可以协调公平与效率的帕累托最优（Pareto Optimality）模型，尤其是在集体土地征收游戏规则尚不明晰的背景下，强势的一方在博弈中注定可以投入更多砝码，获得更多利益。由于村民和房地产开发商在这场博弈中遵循着完全不同的行为逻辑，村民们极力抬高拆迁补偿金额，而开发商为了利润考虑极力压低征地成本。村民们无法容忍区政府和开发商制定的条款，开发商也无法容忍村民们坐地起价。村民和街道办、开发商价值取向的冲突，使得项目工作组动员村民签订拆迁协议的工作举步维艰。原本计划一个月完成的工作拖了一个季度毫无进展。

为了早日完成拆迁和改造项目，街道办和房地产开发商形成了一个利益共同体，但这个利益共同体在内部并不是坚不可摧的，在面对坐地起价的村民们时，二者又显得同床异梦。开发商认为街道办的策略太软弱，在拆迁工作上没有采取强力措施，被村民们牵着鼻子走；街道办则认为自身"作为人民利益忠实的捍卫者、代表者，拆迁这样有损村民利益的事既不方便抛头露面，更不可能组织实施"（20180315，ZGH，男，42 岁），同时，街道办认为开发商在拆迁这件事上太过仓促，"心急吃不了热豆腐"，要是有办法，开发商可以自行组织村民拆迁。开发商作为幕后的金主，给出的理由则是"出了钱以后更是不想做坏人，拆迁以后还要施工，还要还建，得罪了村民，他们天天跟你闹，在村里的地盘上，我们是弱势群体"（20180422，LYJ，女，34 岁）。

3. 拆迁队：杨家大塆必须按时拆

正如有学者指出的那样，在中国社会基层治理的模式中，复杂的代理关系往往深深地嵌入国家生活的各个层面（孙敬良，2016），当政府权力在基层治理实践中无法奏效、合法的治理行为遇到阻力的时候，政府往往不得不通过非正式的手段或资源来化解社会矛盾，缓和社会冲突，以实现维持社会秩序和社会治理的目标（袁泉，2013）。这些非正式的手段或运行于制度的灰色地带、打擦边球，或借助私人性社会关系网络，或利用日常生活中的"人情""面子"，或诉诸多种有别于法律或正式制度的方式，或使用代理人的角色，形成一种正式权力非正式运作的景观。正式权力的非正式运作有多种表现形式，例如，利用代理人的角色来"摆平""理顺"（孙立平、郭于华，2000）。

由于村民们普遍希望政府提高拆迁补偿的金额，实现自身利益最大化，所以在拆迁的过程中极尽一切办法，"村民之间似乎形成了一种默契，能拖一个月，绝不少拖一天；能拖一年，绝不少拖一个月"。

当街道办和开发商希望快速完成拆迁的愿望无法实现而又不愿意直接涉足拆迁事务的时候，正式权力的非正式运作便成为街道办和开发商解决问题的可能选择。2017 年 10 月，受雇于开发商，默许于街道办，扮演着街道办、开发商双重代理人角色的专业拆迁队正式入驻杨家大塆，和早已进村的"杨家大塆片区改造项目工作组"共同工作，成为杨家大塆拆迁的另一个利益相关者。拆迁队的介入，使得原本就极为错综复杂的利益关系变得更加扑朔迷离；但是，也正是因为拆迁队的出现，杨家大塆的拆迁才有了"实质性"进展。

> 我们这种工作方式也获得了街道办的默许，只要不惹大的麻烦就行。我们名义上是受雇于开发商，但也是为街道办服务。房屋拆得越快，整个过程中出现的矛盾就越少，街道办的麻烦也越少。街道办领导也觉得，搞拆迁就得快刀斩乱麻，速战速决。拆迁的过程中，尽管有矛盾冲突，但都能控制在一定范围内。毕竟，大家的利益从根本上是一致的。(20180309，FQW，男，31岁)

（二）市场化的土地制度促使村落产生"内忧"

"三权分置"，耕地征收，宅基地入市，这一制度性变革可以为村民们带来更多的财产性收益。

> 以前种几亩地，劳作一年，可能挣不到两千块钱，即使在厂里打一年工，也挣不了几万块钱。现在一亩地十几万元，几亩地一卖，养老的钱都有了。几百平方米的院子加上几百平方米的房子，全部还建，能分到好几套商品房。(20180502，YAB，男，42岁)

土地从之前食之无味弃之可惜的鸡肋，变成塆子里家家户户不惜打破头争抢的香饽饽。随着有限的耕地、宅基地的市场价值不断提升，塆子里的村民不再为土地上的产出而奋斗，因为土地本身作为资源的价值的增长，使得村民们即使坐享其成也能够过上比之前辛勤劳作更好的生活。面对征地和拆迁带来的补偿，只要有逐利的资格和能力，村落共同体的每一个成员就会千方百计、尽其所能地为自己争取最大化的利益，在村落内部形成激烈的利益竞争和利益冲突。

1. 村干部：多方面利益的调和人

有学者在研究河南中部某村庄的拆迁时指出，村干部在拆迁过程中具有双重角色。他们既是国家权力进村、拆迁进村的领路人，也是拆迁行为本身的利益相关者，村干部对政府拆迁任务的代理和利益激励与村民对村干部的授权和信任形成冲突，开发商则强化了村干部的经济动力（孙敬良，2016）。在杨家大湾，村干部虽然和村民同出一脉，但是在土地制度不断变迁、土地迅速升值的市场环境中，一方面要代表政府发声，另一方面要维护村民利益。

（1）村集体的利益。在经历了市场化的变革之后，土地在所有权上仍归集体所有，很难说哪一块土地属于某个人或某一户。但是，如果按照使用权的归属划分，村里的土地可以划分为两类，一类是农民使用的土地，另一类是村集体使用的土地。前者如村民的宅基地、耕地等，后者如在集体土地上建设起来的村委会、小学、老年人活动中心、村卫生室等。后者或是村庄自治机构的所在地，或是发挥向村民提供公共服务职能的基础设施，在属性上仍属于共同体的集体财产。然而，这些基础设施虽说是村落共同体的集体财产，其支配权在村干部。这种状况的长期存在，为村干部在拆迁中侵占集体财产、损公肥私提供了机会。

以村委会为例，2008 年杨家大湾小学撤销以后，教学楼便成了村委会的办公场所，操场也逐渐变成公共停车场。起初，所有的村民都可以将自家的车子停到村委会的停车场，停车场在名义上是村民们的共有财产。但是，2010 年春，当村里开始有人"谣传"村里的地即将被征、地能卖钱的时候，时任村书记 YJQ 便私自给停车场大门上了一把锁，而且全家都住到了村委会。在很长一段时间内，如果村民们想把车子停进去，就必须征得村书记的同意，部分村民因为与村书记的关系一般，想把车子停进去，始终未能如愿。在给停车场上锁近两年后的 2012 年，杨家大湾迎来了第一轮拆迁。在未经村集体同意的情况下，YJQ 私自和开发商签订了拆迁补偿协议，将十几万元的拆迁补偿款据为己有。然而，如果说给停车场上锁只是一种限制停车场使用人数的手段，[①] 尚在村民的可以接受范围之内，那么私自和开发商签订拆迁补偿协议，将巨额拆迁补偿款据为己有就是村民们

---

① 一位受访者表示，当年的村书记给停车场上锁的理由是有几家停车很随意，上锁是为了阻止这些随意停车的人再进入停车场。

难以接受的事情了。后来，几户村民以联名举报的形式越过横店街道办，直接向黄陂区人民检察院举报村书记。黄陂区人民检察院对村书记进行立案调查，案件最终以村书记涉嫌侵占集体财产被免、全额将土地拆迁补偿款归还村集体告终。这是杨家大湾自 2012 年以来唯一的一起村干部因侵占集体财产、损公肥私而被免的案件。在现任的村"两委"班子中，有人曾将村内无主的房屋据为己有，有人曾将村内长期抛荒的土地划分到自己名下，这些都成为村干部向利己主义者蜕化的例证。

（2）村干部的个人利益。村干部作为联结村民与街道办的桥梁，在土地征收的过程中，有更多机会与上级政府、房地产开发商、拆迁队之间"互通有无"，获得普通村民无法获得的消息。这就使得村干部在拆迁的过程中有更多机会假公济私。作为在共同体内部成长起来的精英，村干部长期生活在村庄内部，对村庄内部事务、人际关系网络乃至村民利益诉求的熟悉程度远超出刚进入村子的工作组和拆迁队。这种不对称的信息优势，使得村干部成为拆迁工作组进入村庄时首要的争取对象。村干部的存在，为拆迁工作的稳步推进提供了极大支持。

首先，"村干部可以充当拆迁力量进村的领路人"（龚春明，2015）。在村庄的内部生活中，村干部和村民之间打交道的机会最多，不仅是村民的"直接上司"，也是村民眼中的政治权威。工作组和拆迁队作为嵌入村庄内部的外部力量，没有村干部的配合、引介，很难直接开展工作。其次，村干部可以为拆迁队和工作组出谋划策。村里哪户当家的比较软弱？谁家媳妇泼辣不好对付？谁家儿子正在上大学，家里急需用钱？谁家姑娘是体制内工作人员，可以做组织工作？由于村干部长期生活在这个熟人社会中，对这些利害关系了然于胸。当拆迁队从村干部这里获得这些关键信息的时候，就具备了将村民"户户击破"的可能。最后，村干部可以帮拆迁队做思想工作。在村庄日常生活中，村干部是联结村民和上级政府的桥梁纽带，虽然不是国家权力体制中的正式人员，但仍旧是村庄政治生活中不可或缺的角色。用村干部的话说：

> 谁家办个准生证，谁家需要开个证明，谁家办个助学贷款，没有村委会的公章就是不行。（20180421，YGQ，男，46 岁）

　　此外，当国家自上而下向村庄投入资源的时候，在规则允许的范围内，村干部直接掌握着资源分配的权力。低保的名额给谁，贫困户的名额给谁，年底的慰问金给谁，村干部有很大的决定权。人情是一笔债，欠了总是要还。那些平时欠村干部人情的村民，遇到村干部来家做工作的时候，大都会配合村干部，给村干部留足面子。

　　俗话说：吃人的嘴软，拿人的手短。当村干部在拆迁工作中为拆迁队和开发商行了方便的时候，拆迁队和开发商则投之以桃，报之以李，给予村干部实实在在的利益。具体到拆迁工作中，这种回报便表现在拆迁面积的计算上。对大部分村民而言，拆迁队在测量还建面积的时候，不"缺斤少两"即万幸；而对于村干部而言，不仅不会出现"缺斤少两"的情况，面积还会上浮 10% ~ 20%。

　　（3）和稀泥。曾有学者指出，村干部在中国特殊的治理结构中处于"上面千根线，下面一根针"的特殊位置。对上，村干部算不了干部，毕竟干部前面还有一个村字，充其量是基层政权在村庄的代理人；对下，他们确实又是实实在在的干部，因为村里的大事小事都得经过他们，否则基层民众和国家政权之间就失去了联结（龚春明，2015）。如果说"代理人"和"当家人"角色的冲突在村庄利益没有受到外部威胁的情况下尚可调和，那么当拆迁队进村的时候，这种角色冲突就显得极为明显。到底站在哪一边？是当代理人还是当家人？双重的身份让他们在拆迁博弈中处于两难境地。

　　一方面，村干部作为街道办在村里的代理人，如果在拆迁中站到了村民的一边，帮助村民表达自身的利益诉求，可能就背离了街道办的初衷。用村主任的话说：

　　　　街道办有一套考核村干部的办法，得罪了领导，他们在年终考核时，有一万种办法惩罚你，严重一点，可以随便找个理由，比如说你工作能力不行，直接把你换下来。（20180426，YQW，男，43 岁）

　　另一方面，村干部是村民们选出来的当家人，村干部的身份本身就是村落内部利益博弈的产物，承载了相当部分村民的利益期待。用村民的话说：

村干部是我们选上去的，我们可以把他选上去，也可以把他选下来！如果村干部吃里爬外，不能为老百姓当家做主，在拆迁中只顾着讨好街道办领导，我们下次换届选举，完全可以把他选下来。（20180322，YDW，男，35岁）

街道办和村民两边都不能得罪、两边都不想得罪的行事逻辑，迫使村干部在整个拆迁工作中处于一种"和稀泥"的状态，即使是出了强拆或抗拆事件，村干部也处在两难位置。①

2. 公职人员：拆迁模范

拆迁往往涉及居民的土地和住房等深层次的权益问题，由于在补偿标准、过渡安置等诸多方面存在分歧，通常会遭到居民的抵制（祝小宁、于付秀，2005）。因此，政府在拆迁动员中是讲求策略的。在不同的语境、面对不同的需求以及不同的环境下，往往会采取不同的策略。例如，在单位体制中，利用单位组织做思想工作，进行组织式动员是一种常见的方式（李怀、贺灵敏，2009）；当地方政府以政权经营者的角色进行拆迁动员时，经营式动员便成为一种行之有效的动员手段（张静，2000）。然而，"不论是组织式动员、经营式动员，还是运动式动员，均以强大的国家力量和科层制行政组织为基础，强制性特征明显"（海云志，2011）。

在杨家大塆的拆迁动员中，政府和开发商则采用了一种截然不同的"关系型"动员（海云志，2011）策略。在实践中，黄陂区政府和横店街道办层层施压，将行政权力嵌入公职人员、事业单位人员、党员等具有特殊身份的村民的私人关系网络，进而促使他们动员自己的家属、亲属配合拆迁工作。②

---

① 事实上，杨家大塆的村干部之所以在拆迁中"和稀泥"，除了两边都不想得罪之外，还有一个重要的原因是杨家大塆的村干部是拆迁中的重要利益相关者。一来，村干部在村内有自己的产业。以村支书为例，村支书及其家属在村内不仅有数百平方米的厂房，还有数间店面出租，每年的产业经营能为村支书及其家族带来数十万元的现金收益，拆迁直接威胁到这些收益能否继续。二来，村干部也知道，一旦杨家大塆成功拆迁，村民们都"上楼"了，他这个"村干部"头衔可能就不存在了。

② 关于类似的动员，海云志（2011）将其定义为一种新型的"关系型"动员。

事实再次证明，政府的动员策略是极其有效的，在通知下发后的两个月里，陆陆续续有人从城里回村做思想工作。在公职人员的努力下，全村先后涌现出十几位拆迁模范。截至 2017 年底，全村所有公职人员的家属、亲属都完成了拆迁。

> 我是公立学校的老师，有事业单位编制。在村里，这是一份收入稳定而且较为体面的工作。和村民们一起抵抗政府拆迁，这样的事情我做不来。一来，我是体制内人员，和政府作对，可能会影响我的工作；二来，我有稳定的收入预期，多争取几万块钱的补偿款，于我而言意义不大。早点配合政府拆迁，既能得奖励，又能当榜样！（20180514，YGQ，女，42 岁）

在杨家大塆这出由政府和开发商共同唱起来的拆迁大戏中，有唱黑脸的，就必定有唱红脸的。当区政府和街道办采取强势的姿态推动公职人员家属及其亲属拆迁的时候，开发商却摆出了一副完全不同的姿态，采用了一种相对柔性的策略——"利诱"，来推动拆迁的进行。2017 年 9 月，武汉地产开发投资集团有限公司印发了《武汉地产开发投资集团有限公司致杨家大塆全体村民的一封公开信》（以下简称《公开信》），在信中明确表示：对部分支持我司工程项目，在拆迁中起模范带头作用的村民，我司将一次性给予一万元现金奖励；对于提前签订拆迁补偿协议、提前搬家腾退的村民，我司优先安排还建，并对自购面积①给予 9 折优惠。面对实实在在的利益诱惑，又一批村民丧失了博弈的动力，陆续和开发商签订了拆迁补偿协议。

> 他们这样和政府叫板有什么用吗？早晚都是要拆的，现在何必闹得这么僵了！依我看，还是早点拆好。我家就因为拆得早，拿到开发商额外给的一万元奖金，这顶我两个多月工资。（20180506，YJG，男，32 岁）

如果说在拆迁的早期，村民们尚能为争取更高的拆迁补偿拧成一股

---

① 在此次拆迁中，开发商许诺村民可以以低于市场价的价格购得一定面积的商品房。

绳，一致对外，但到了后期，伴随着街道办的施压、开发商的利诱以及拆迁队的分化瓦解，村庄的各路精英被各个击破，悉数俘获。树立了诸多拆迁模范，极大地起到了分化、瓦解村民的作用。此时，对于那些坚持"坐地起价"的村民而言，则是看在眼里，急在心里。一来，他们阵营规模越来越小，博弈的力量越来越弱；二来，面对这些实实在在的利益诱惑，不为之所动亦是一件难事。妥协、签合同，开始成为越来越多的村民内心的声音。2017 年底，全村 238 户村民，有 192 户完成了拆迁。虽然横店街道办预定的 2017 年底全部拆除的目标尚未达成，但离实现预定目标的日子越来越近了。

3. 村民："无恒产者无恒心"

除了村干部、公职人员等村落内部具有特殊身份的人员外，村民自身由于缺乏对土地长远的规划和预期，普遍存在类似"博弈"的短期投资行为和待拆心理，这也成为导致村落共同体不断消解的"内忧"之一。

正如笔者在第三章中所指出的那样，1962 年《人民公社工作条例修正草案》所确立的宅基地"所有权归集体，使用权归农户"的产权结构在保证集体产权的同时，极大地削弱了农户个体的土地产权。古语有云："民之为道也，有恒产者有恒心，无恒产者无恒心，苟无恒心，放辟邪侈，无不为已。"[①] "无恒产而有恒心者，惟士为能。若民，则无恒产，因无恒心。"[②] 意思是说，一个人有了永恒占有的财产才会对未来产生长期的、乐观的预期，那些没有永恒财产的人，则很难对未来产生长远的预期。没有永恒占有的财产却对未来有长远预期的人，只能是高尚的士人；如果是普通老百姓，没有永恒占有的个人财产，则很难对未来产生长远预期。在孟子所言的"恒产"中，土地是重要的组成部分之一。在他看来，土地既是农业生产的根本，也是农民长期赖以维持安定生活的基础。对于农民而言，恒心的养成，"五亩之宅"和"百亩之田"必不可少（马朝琦，2007）。

实践的检验结果表明，真理永远是真理。在宅基地所有权归集体、使

---

① 引自《孟子·滕文公上》。
② 引自《孟子·梁惠王上》。

用权归农户的制度框架下，杨家大塆村民们普遍丧失了对土地的长远预期。他们清楚地知道，脚下的这片让他们得以安身立命的耕地和宅基地并不属于他们。尤其是经历了市场化后，土地变得寸土寸金。外部利益相关者的觊觎，使得杨家大塆的拆迁是早晚的事。在这场利益博弈中，杨家大塆的村民既无法制定游戏规则，也无法获得信息优势。由于村民们不具有土地的所有权，就连有期限的使用权也无法得到有效保障，村民们也就失去了对土地进行长远投资的"恒心"，在土地上"放辟邪侈"也就自在情理之中。什么村庄规划、布局美观、保护土地，是村民们几乎完全不考虑的问题。在村民们的产权意识中，宅基地并不属于他们，真正属于他们的只是那一栋附着在宅基地上的房子。他们所能做的就是极尽一切可能，赶在拆迁来临之前，加大对房子的投资，增加房子的价值，以便在拆迁来临之时增加同政府和开发商博弈的砝码，实现自身利益最大化。

现实的情况是，由于政府对宅基地的征收采取"还建＋补偿"的方式进行，每户村民所能得到的还建面积和补偿金额直接取决于拆迁时的房屋面积以及价值。例如，如果某一户村民被征收的宅基地面积为140平方米，那么这一户可以获得一套120平方米的还建房，外加10000元拆迁补偿款；[1] 如果某一户村民被征收的宅基地面积为240平方米，那么这一户可以获得两套120平方米的还建房；如果某一户村民被征收的宅基地面积为500平方米，那么这一户可以获得四套120平方米的还建房，外加10000元拆迁补偿款。在宅基地面积一定的情况下，楼层数越多，房屋面积越大，那么还建面积就越大，补偿款金额也越高；单位面积房产评估的价值越高，那么还建面积就越大，补偿款金额也越高。

为了在即将到来的拆迁中获得最多补偿，那些对拆迁早有耳闻的村民会想尽一切办法，增加自家房屋面积，提升房屋价值。在预期利益的驱使下，村民们要么积极装修已有的房子，增加单位面积房子的价值；要么斥资加盖房子，增加房屋的面积。原本布局规整的村落，因为"种房子"，开始变得凌乱不堪；原本能供车辆通行的村内道路，一寸一寸地被新种下的房子所占用；原本美观的两层小楼，在加盖的铁皮房下，

---

① 还建以120平方米为一个单位，可往上叠加，多出部分按照每平方米500元的标准补偿。

显得如此不搭。更为离奇的是，这些新种下的房子并不是用来住的，而是等着政府来拆的。

在增加拆迁面积这方面，一位在某市机关单位工作多年后退休回村养老的老人给予了我颇有启发意义的见解和术语表达。这里且称他为 C，C 是一名退休的机关干部，在"文革"后的第一届高考中有幸金榜题名，顺利升入大学。毕业后，接受组织分配，到湖北某市教育局工作。因为从小生在塆里、长在塆里，而且继承了父亲留在村里的祖宅，所以 C 在 2013 年退休后，就回到村里养老。我在拜访 C 之前，就听说他是杨家大塆里最有威望、最有文化的长者之一，而且对村民们争相建房子的做法颇有见解。他在聊到村民们为了增加拆迁面积而违规建房的做法时，向我提供了"种房子"和"寸土必争"两种表达。

> 以前村子里的房屋是有间距的，排列也算整齐。村民们在建房子的时候，都遵循着一个基本的原则：你家的房子不能挡了我家的阳光，我家屋檐上的水不能滴到你家屋檐上。现在，因为大家都知道村子是要拆的，所以大家都在"种房子"。我为什么说是"种房子"呢？因为大家把房子建得密密麻麻的，就像地里种的玉米一样。房子建得高高的，漂漂亮亮的，密密麻麻的，不是为了住，而是等着政府来拆，造成了极大的资源浪费。为什么会这样？这一切都能回到经济学上的产权问题，归根结底在于我们的土地制度问题。我们现在的土地是集体所有，村民们没有所有权。有恒产者才有恒心，但土地是集体的，而集体又是一个很模糊的概念，任何一个村民都无法独占。这样的一个最直接的后果就是：土地既然不是我的，我为什么要好好规划？老百姓关心的只是房子能不能"种下去"，拆迁的时候能不能得到尽可能多的补偿。我们的村民，私有产权观念实际上是很强的，在维护自身利益方面，那才是真正的"寸土必争"。没有切切实实的利益，你和老百姓讲村容村貌，建筑规划，都是无稽之谈。挣钱，过好日子，守好自己的财产，这才是万千底层老百姓的终极信仰。（20180504，YGS，男，65 岁）

C 的表述清楚地向我展示了作为村落主人的村民是如何在有限的产

权下丧失掉守卫共同体的恒心。在这样一个"无恒心"的群体面前，当村庄利益（长远的村庄规划）和个人利益（短期收益）产生冲突的时候，村民们普遍地将村庄利益抛之脑后。共同体昔日爱抚的孩子们如今像病魔一般，从内部自发地吞噬着它的肌体，成为促使其从内部消解的又一"内忧"。

三　"内忧"与"外患"何以消解共同体

杨家大塆的案例表明，土地制度之所以会导致村落共同体的变迁，其根源在于制度的变迁改变了村落利益相关者之间的利益关系及利益分配格局，使得村落面临一系列"内忧"与"外患"，正是这些"内忧"与"外患"全方位地消解了共同体。在本节，文章将从 5 个具体维度（见表 5-3）来展示这些"内忧"与"外患"如何将共同体消解殆尽。

表 5-3　土地市场化时期村落共同体消解的维度、指标选取

共同体维度	一级指标	二级指标
地域纽带	耕地	征收历史 征收缘由 征收面积 剩余面积
	宅基地	征收历史 征收面积 剩余面积
利益纽带	民办企业	创办过程 就业岗位 消亡过程 村民就业的转移
利益纽带	职业农民群体	职业农民数量 劳作方式 互动形式 互动频率 消亡过程

续表

共同体维度	一级指标	二级指标
情感纽带	认同感	对村庄的认同 对宗族的认同 对传统文化的认同 集体记忆
互动交往	互助活动	生产互助 仪式互助 互助形式及变迁
	人情往来	礼物形式 随礼仪式 随礼金额
	半熟人社会	外姓人进村 居住形式的变化 陌生人数量
	仪式性互动	诞辰仪式 婚嫁仪式 乔迁仪式 丧葬仪式
社会秩序	内部冲突	干群冲突 亲属冲突 邻里冲突

（一）消解村落共同体的地域纽带

正如笔者在第一章第一节中对共同体概念进行操作化时所指出的那样，占有一定的地域面积作为共同体行为边界，对共同体的存在和延续是极其重要的。一来，一定的地域面积为社会关系的产生、发展和演化提供了物理基础，没有一定的地域面积作为支撑，共同体的社会关系只能在想象和文本中存在。二来，共同体在占有一定地域面积的同时，也确定了共同体的边界，为共同体成员的集体认同感提供了判断依据。三来，人们的生产和生活活动都是附着在一定面积的土地之上的，一个共同体的存在必须占据一定的地域空间，以一定的地域面积为基础。土地作为共同体存在和延续的基本要素，是共同体存在的重要纽带。如果没有了土地，共同体就失去了"落脚之地"，也失去了共同体自我再生产的场域。因此，土地的存在对共同体而言至关重要。但是，在杨家大湾，随着土地制度的不断变迁以及随之而来的耕地征收和宅基地征收，原本属于杨家大湾集体所有的 900 多亩土地被征收殆尽，杨家大湾作为一个共同体存在的地域纽带被彻底消解。

1. 征收耕地

由于早期的杨家大湾是一个主要从事农业生产经营活动的村落，用于农业生产的耕地是杨家大湾最主要的土地利用方式，也是全村在面积上具有绝对优势的土地利用方式。村委会提供的数据显示，1981 年杨家大湾开始实施家庭联产承包责任制时，全村共有耕地 989.5 亩[①]，人口 1116 人，人均不足 1 亩。自土地到户至今，人多地少的矛盾在杨家大湾一直存在。但就是靠着这人均不足 1 亩的土地，勤劳朴实的杨家大湾人通过辛勤劳作，不仅交够了国家的，留足了集体的，还养活了全村的人。

在杨家大湾开展田野调查时，一开始笔者对杨家大湾用这人均不足 1 亩的土地养活全村人这一事实有过质疑，但一位老人的讲述彻底打消了笔者的疑虑。据他讲，那时候，在面积上虽然是人均不足 1 亩，但是村里的田水热条件很好，每家每户种的都是双季稻。村民们在二月底三月初就开始育秧，清明前后稻子就已经插下了，年份好的时候，六月底就能收割早稻。早稻收割之后，快速插下二季稻，九月底十月初刚好收割二季稻。冬天还能在田里种上时令蔬菜。所以，土地面积虽然人均不足 1 亩，但是能实现一年两熟甚至三熟，单位面积产量近乎翻倍，养活村里人自然也就不在话下。但是，随着土地制度的不断变迁，杨家大湾这仅有的 900 多亩土地，已经在这 20 多年的时间内被征收殆尽。

表 5-4 和图 5-1 分别展示了杨家大湾的耕地征收历史和土地数量的历时性变化。1994 年，为了提高横店街道的教育水平，黄陂县教育局批准建设横店第二中学，横店街道将杨家大湾的耕地一次性征收 64 亩，给予了

[①]　关于杨家大湾在 1981 年土地到户时总共有多少亩耕地的问题，由于村里缺少详尽的资料，只能根据访谈得出一个大致的约数。比较一致的说法是，杨家大湾的耕地数量大约为 1000 亩。

5 万元的象征性耕地占用补偿。2004 年前后，湖北省开始修建汉十高速，因规划的线路从杨家大塆东南部穿过，高速公路投资方对涉及的 21 户农户的 39 亩耕地给予了 12 万余元的补偿。2008 年，黄陂区政府对外招商引资，因修建临空工业园的需要，征收耕地 564.5 亩。同样是在 2008 年，横店街道为响应黄陂区政府关于加强招商引资的号召，修建了横店工业园，征收了村里 243 亩耕地。[①] 2011 年，黄陂区交警大队治超检测站建设项目规划出台，项目建设选址落在了杨家大塆，征收了村里 15 亩土地的使用权修建了治超检测站。2012 年，珠宝加工企业周大福因设厂需要，购买了村里 34 亩土地的使用权。紧接着，2013 年，中石油武汉分公司因修建临空加油站的需要，又购买了位于临空大道旁的 6 亩耕地的使用权。至此，杨家大塆作为一个村落共同体，其用于农业生产的 989.5 亩耕地，在 20 年间，前后历经七轮征地，现仅剩 24 亩，基本被征收殆尽。

表 5 - 4　杨家大塆耕地征收简史

耕地征收年份	耕地征地缘由	耕地征地面积
1994	横店二中建设项目	64 亩
2004	汉十高速建设项目	39 亩
2008	临空工业园建设项目	564.5 亩
2008	横店工业园建设项目	243 亩
2011	治超检测站建设项目	15 亩
2012	周大福珠宝工厂建设项目	34 亩
2013	临空加油站建设项目	6 亩
2014 年至今	无	0 亩

注：关于征地时间，在杨家大塆有两种版本。一是实际的征收时间，二是官方文件出台的时间。通常而言，官方文件出台的时间早于实际的征地时间，从正式的征地文件出台到农民的地被征收，有一到两年的时间间隔。

2. 征收宅基地

2015 年，中共十八届三中全会做出的《中共中央关于全面深化改革若干重大问题的决定》明确设立了建立城乡统一的建设用地市场的改革目

---

①　由于横店工业园在占地面积上小于临空工业园，杨家大塆村民们形象地将之称为"小工业园"；与此类似，由于临空工业园占地面积较大，村民们遂将之称为"大工业园"。

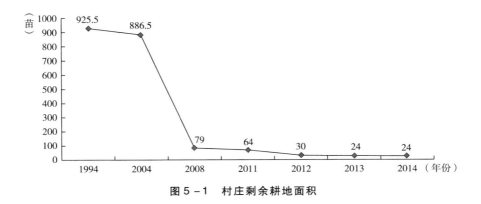

图5-1　村庄剩余耕地面积

标，指出：在符合规划和用途管制前提下，允许农村集体经营建设性用地出让、租赁、入股，实行与国有土地同等入市，同权同价。打破了城镇土地国有、农村土地集体所有的二元格局，为农村集体建设用地进入建设用地流转市场提供了合法依据。

然而，在杨家大塆，农村集体建设用地进入土地市场流通的实践早在这一制度性规定出台前就已经开始。2012年，黄陂区政府将杨家大塆划入临空工业园的规划范围之内。为了满足修建临空大道的需要，对杨家大塆的部分村民的宅基地进行了征收，于当年完成了11000多平方米宅基地的征收与拆迁。2017年，在横店街道办和黄陂区政府的大力推动下，杨家大塆片区改造项目正式上马，截至2017年底，杨家大塆238户居民中的192户，约合15万平方米宅基地已被全部拆除。

也许村民们在房屋还建后还生活在原杨家大塆的地域范围内，但建设成现代化居民小区后的杨家大塆一定不会再以杨家大塆来命名，取而代之的可能是幸福小区、美好小区等将宗族色彩洗刷殆尽的商业化命名方式。每当村民外出被人问到是哪里人的时候，村民们可能会回答说"我是横店街道幸福小区的"，不会再像以前那样说"我是横店街道杨家大塆村的"。也许，数年之后，在村民的日常用语及其话语表达中，"杨"字不再像过去那样是一个标明身份、表明地域、传递认同的宗族姓氏，不再如此频繁地被人们使用。或许村民们的房屋在就地还建后，一家和另一家之间的直线距离并没有延长，但是房地产企业对住宅的商业化开发必将引入更多的"外姓"购房者。与此同时，随着房价的高企，村民们手中分得的数套住房也注定会进入房地产市场,"转手"给"外姓"购房者,从而获得可观的现金收入。随着"外姓"居民的"入侵",杨氏可能不再是当地的大姓。

(二) 消解村落共同体的业缘关系

"业缘关系以职业为纽带,是指因职业活动而形成的关系,如同事、同行、下属以及同僚、生意伙伴等。"(李汉宗,2013)在过去的十年,伴随着土地制度的变迁,杨家大湾有限的耕地和集体建设用地被征收殆尽,以耕地和集体建设用地为依托的业缘共同体——村办集体企业和职业农民也逐渐被消解,最终走向彻底消亡。

1. 村内家庭作坊式小企业破产

20世纪八九十年代的中国,伴随着改革开放的春风,乡镇企业获得了长足的发展。那时候,几乎每个村都办有自己的企业。这些企业在规模上,大的有成百上千人,小的可能就是几个人的家庭作坊。在生产的产品上,部分企业生产的是有一定技术含量的产品,例如电灯开关、绝缘材料等;还有部分企业生产加工的则是没有多少技术含量的产品,例如蜂窝煤、大米等日常生活品。和全国"村村点火,户户冒烟"大力发展乡镇企业一样,杨家大湾在几个能人的带领下也创建了数家私人企业。正是当时那些没有多少技术含量的私人小企业,验证了人们关于改革开放时"只要敢经商,不怕没钱赚"的说法。用村民的话来说,那时候凡是胆子大、敢开厂的人,最后都赚得盆满钵满。

早在1985年,老村书记YGA敏锐地意识到改革开放会带动城市基础设施以及建设行业的发展,利用社队企业改制的契机,率先在村里开办了一家水泥制管厂,向武汉市各建筑工地供应水泥排水管,生意红火的时候,每天都要向工地运送数车水泥管。几年下来,便成了村里数一数二的富庶人家。1987年,村主任看着每家每户粮食丰收,而村民们却需要将成百上千斤的稻谷运到滠口去加工,灵机一动,和几家亲戚合伙,共同投资在村里开办了一家大米脱壳加工厂,从事水稻脱壳加工,后来,这个小小的加工厂逐渐发展成横店有名的幸福米厂。一位从武汉自行车厂退休回村的老工人,更是利用自己的电镀技术,和几户村民合伙在村里开办了一家自行车车身电镀厂。此外，还有村民们开办蜂窝煤加工厂、养殖场、服装加工厂等不同类型的工厂。90 年代初，这些工厂的数量一度达到峰值，最多的时候有近十家。这些村办企业的存在，吸引了相当一部分的村民在这些企业上班，解决了很大一部分人的就业问题。平时，村民们是亲戚，是邻居，是朋友，在厂里上班的时候，大家又成了同事。正是得益于这些村办民营企业，杨家大塆内部形成了一个规模不小的工人群体。

　　然而，工厂的存在和社区共同体的存在一样，也需要占据一定的地域空间范围。一来，厂房是附着在土地之上的，没有了土地，就无法修建厂房，厂不能被称为厂；二来，工厂的生产经营活动必须在一定的土地上进行，如原材料的仓储、产品的仓储等。杨家大塆的这些村办企业，之所以在产品没有多少技术含量的情况下仍能长期经营，一个重要的原因就在于这些小企业能够低价使用村里的土地。这些企业要么是在自己的承包地上开展经营，无须支付任何租金，例如水泥制管厂、蜂窝煤加工厂；要么是低价向村集体租赁土地建厂，例如自行车车身电镀厂、幸福米厂等。然而，伴随着土地的市场化，外来资本的强势介入及其引发的土地快速升值，给了这些小企业致命的一击。一方面，村里近乎所有的耕地和宅基地都被征收殆尽，土地换了"主人"，这些村办企业悉数被新的"主人"从土地上赶走。重新建厂需要重新租赁土地，而在杨家大塆及其周围已经不存在廉价的土地。另一方面，土地的市场化使得土地快速升值，对于部分经济效益不佳的企业来说，"卖地生财"的经济效益比经营企业更好。理性的利益选择，使得一部分小企业主积极地与房地产开发商签订拆迁还建协议。无论是外部利益群体施加给村庄的被动拆迁，还是企业主自身的主动卖地行为，都从根本上瓦解了村办企业赖以存在的土地基础。截至 2017 年底，昔日的近十家企业只有水泥制管厂和蜂窝煤加工厂，在村里仅剩的 24 亩土地上发出最后的喘息。表 5-5 展示了伴随着杨家大塆耕地的征收，村办企业的衰落过程。

　　伴随着这些村办企业的破产，工人群体之间的业缘关系也被近乎彻底消解。一来，旧有的村办企业大都从原有的土地上被赶走，或破产，或被变卖，村里的工人失去了在村里就业的机会，不再在同一个厂里上班，不再朝夕相处，工人之间的业缘关系纽带逐渐弱化、消失；二来，这些失去了工作的村民或进入临空经济区寻找新的就业机会，或流至武汉市区乃至其他地区寻找就业机会，村民和村民之间的时空距离的延长直接导致原业缘共同体成员之间的互动频率下降。久而久之，由工人构成的业缘共同体在丧失业缘关系纽带之后，被彻底消解。

表 5-5　杨家大塆村办企业的衰落史

耕地征收年份	耕地征地缘由	被关闭企业
1994	横店二中建设项目	
2004	汉十高速建设项目	自行车车身电镀厂
2008	临空工业园建设项目	养猪场
2008	横店工业园建设项目	华荣服装
2011	治超检测站建设项目	
2012	周大福珠宝工厂建设项目 临空大道建设	幸福米厂 塆里开关、东荣铜电
2013	临空加油站建设项目	
2017	杨家大塆片区改造项目	包装纸箱厂、彩蝶制衣 宏丰日光灯、佳明陶瓷 塑料回收厂、凤凰烟花

资料来源：资料和数据均由杨家大塆村委会提供。

2. 职业农民群体消亡

业缘关系消解的另一个表现是共同体内部职业农民群体的消亡。在历史上，杨家大塆自形成开始，就一直是一个以农业为主要产业的农业型村落，近乎家家户户都以种地为业。那些数量庞大的、在土地里寻找生活希望的农民也构成了一个职业农民共同体。伴随着土地市场化进程的不断深化以及村落内忧外患的出现，杨家大塆职业农民的规模不断缩小并最终走向消亡。

在土地的"两权分离"时期，农业税的征收是按照每家每户承包的土地面积来确定的。农民户头上的地种了，要交税；户头上的地没种，同样要交税。正是因为土地种与不种都要交税，村里相当一部分年龄较大无法外出打工的农民或者那些不愿意外出打工的农民仍旧留在了土地上，成为杨家大塆最后的麦田守望者。在他们看来，反正税都是要交的，地种着总会有些收成，不种损失更大。由于农业税的存在，农民在某种程度上仍旧被捆绑在土地上。也正因为这种捆绑式的人地关系，杨家大塆始终有一部分人以种地为生，扮演着职业农民的角色。虽然由这些职业农民组成的业缘共同体规模在不断缩小，但在土地"两权分离"时期，这一职业农民共同体始终存在。耕地的"三权分置"，既改变了原有的人地关系，也给农民做出理性的经济选择预留了空间。在人地关系上，原本村民们是捆绑在土地上的，自家承包的地就是自家的，很少有土地流转发生。"三权分置"的土地制度赋予了人们土地流转的权利，土地种还是不种也属于村民自由决定的范畴，村民对土地权利的扩大，为农民向农民工、工人、市民转变提供了可能，也导致了部分职业农民的消失。尤其是在农业税取消之后，承包地即使撂荒也不会有任何经济负担，村民们可以做出外出务工等更为理性的经济选择。因此，有越来越多的村民选择外出务工来获得主要的家庭收入。久而久之，村里以种地为生的村民越来越少。

同时，土地市场化后，村落共同体面临着更为频繁的征地，有限的耕地被逐渐征收殆尽。在土地"两权分离"时期，村民们虽然有着较重的税赋，但捆绑式的人地关系仍旧将村民束缚在土地上，作为劳动力的村民和作为生产资料的耕地是结合在一起的。这种人地关系虽然缺乏自由，但确保了职业农民作为一个业缘共同体的再生产。我们设想，在一个阳春三月的午后，三五个老农扛着锄头一起下地干活。干活的时候，彼此应声，聊着当年的收成；休息的时候，三五成群，坐在田埂上抽烟、喝水，聊着各家的家常。村民们之间的这种非正式互动，对于维系村落共同体的业缘纽带起了很大作用。而现在，耕地被征收殆尽，村民成为"失地农民"，也随之失去了在田间地头一起劳作的机会。村民们之间以在田间地头聊家常为主要形式的非正式互动逐渐消失，村落旧有的业缘关系纽带逐渐弱化。与此同时，作为劳动力的村民和作为生产资料的耕地相互分离，业缘共同体正常的再生产机制被打破，使得村落很难再生产出新的职业农民，新生的业缘关系纽带无法有效地建立。在业缘关系无法实现新旧交替的状况下，原有的职业农民之间的业缘关系纽带就无法被延续，最直接的后果便是由职业农民构成的业缘共同体被彻底消解。

（三）消解村落共同体的认同体系

共同体的情感认同是指某一个共同体的成员对共同体本身所具有的一种归属感，这种归属感能够给个体的心理带来满足，缓解情绪焦虑，增强个体的安全感。如果说杨家大塆的村落传统在"两权分离"的土地制度下仍保有其文化上的延续性，仍维系着村落"苟延残喘"的情感认同，那么市场化后的土地及其为村落带来的内忧外患逐渐消解了共同体的情感认同。

1. 宗族仪式消亡

古语有云："祠堂者，敬宗者也。"意思是说，修建祠堂的目的，就在于孝敬祖宗。在传统的农业社会，祠堂设立的目的就是通过在祠堂举办一些宗族仪式维系宗族成员对祖先的共同信仰，进而维系宗族内部的团结，以至于"在祠堂内部，你就可以见到中国人的神"（杜靖，2005）。据族谱记载，杨家大塆自一世祖定居以来，就建有杨氏祠堂，联系生者，供奉逝者。按照村里一位老人的回忆，每一位出生在杨家大塆的村民从出生到离世，每遇人生重大仪式，都要进祠堂，告慰祖宗。"生时，当入祠堂认祖，而后赐名；婚时，当入祠堂报喜，而后名分；迁时，当入祠堂问吉，而后择期；逝时，当入祠堂供奉，而后安息。"（《杨氏宗谱·清白堂第二卷》，2006）意思是指，族里的人在出生的时候，父母就要把新生儿抱入祠堂认祖，然后给孩子取名；结婚的时候，夫家应当把新媳妇带进祠堂向祖宗报喜，然后确认新媳妇的名分；乔迁的时候，乔迁之家应先去祠堂请示祖先，然后选择适合乔迁的黄道吉日；去世以后，应当把逝者的牌位放入祠堂，接受供奉，以获得安息。作为一个有上千口人的宗族，祠堂近乎每年每月都会有宗族仪式举行。或是弄璋弄瓦之喜，或是洞房花烛之喜，抑或是上梁乔迁之喜，百岁归山之喜。祠堂里的宗族仪式络绎不绝，香火旺盛不熄。

> 香火鼎盛的时候，祠堂香炉的炉灰几天就满了。（20180508，YXJ，男，90岁）

祠堂作为村落共同体的公共建筑，是土地上的附着物。如果没有了土地，祠堂就无法继续存在，宗族仪式也就失去了其存在的载体。2008年，因修建临空工业园的需要，黄陂区政府将杨氏宗族祠堂所占的土地征收为工业建设用地。从此，村里没有了祠堂，村民们在婚丧嫁娶的过程中也就没有了举行宗族仪式的场所，宗族仪式随之慢慢淡出了村民生活的场域。

2. 集体记忆消亡

村落的集体记忆也是村落共同体情感认同的重要组成部分，它不仅承载着村庄既有的文化传统，也联结着人们的乡愁情感（汪芳、孙瑞敏，2015），既具有文化规约、社会认同的作用，又具有为社会成员提供心理安慰与心灵净化的功能。在社会心理学家看来，集体记忆是指一个特定社会群体的成员共享往事的过程的结果，进而形成一种群体心理，在本质上属于社会范畴，共同性是集体记忆的出发点（Halbwachs，1992）。就村落集体记忆形成的过程而言，有着较强的媒介依赖性，例如既有对记忆场所、象征符号、记忆者等物质性实体的依赖，也有对人物事件、政治环境等非物质性因素的依赖。就村落集体记忆的形式而言，既有由制度化与仪式性的集体欢腾所产生的深刻记忆，也有在非制度化的日常生活中慢慢累积而成的点滴记忆。正是这些集体记忆的存在，村落共同体的情感认同方得以维系。然而，正是由于集体记忆的形成有着极强的媒介依赖性，媒介的存在与否就直接影响村落集体记忆的形成与消解。

在集体化时期和"两权分离"时期，村落的农业基础设施对村民的农业生产必不可少。一来，春种秋收，靠天吃饭的农民在不可预测的大自然面前是极其脆弱的。无论是干旱也好，洪水也罢，只要有自然灾害发生，杨家大湾的村民们就有绝收的可能。对于村民而言，自然灾害不仅意味着一年的汗白流了，还影响一家人今后一年的生活。良好的农田水利基础设施，能够让村里的土地"旱涝保收"，让村民们过上有盼头的日子。因此，杨家大湾的村民和中国很多地方的村民一样，对农田水利等农业基础设施有着特殊的情感。哪一条水渠是哪几家共同筹资修建的？又由哪几家共同维护？村口的水塘是什么时候淤塞的？又由哪几家村民一起疏浚？谁家小孩在村口水塘洗过澡？谁家小孩又在堰塘里撒过尿？日久天长，这些农业生产过程中的琐事，村民们无须刻意去记，在长久的农业生产实践中，早已默默地写进了村民们的集体记忆。二来，村里的很多设施既是村民们农业生产的设施，也是村民的生活设施，兼具生产与生活的双重功用。例如村前的水塘，既是全村灌溉水田的水源，也是村民们的生活水源；村口的晒谷场，既是村民们丰收时晾晒谷物的场所，也是村民闲暇时唠家常的地方。相比较那些功能单一的物设，在村民们的集体记忆中，这些具有双重功能的设施是更为重要的象征。三来，对于村子部分特定的空间而言，由于历史上长期的政治运动，在某种程度上似乎成为村落的神圣空间。每当人们进入这一场域或聊到这一场域时，总会想起特定的历史事件，产生特定的情感，集体记忆会被再次呈现。以村头的晒谷场为例，在新中国成立后的土改时期，是村里开诉苦会的场所；"文革"时期，是村里开展政治活动的场所；到了土地"两权分离"时期，又是交公粮、放电影的场所，见证了村子里的很多大事、趣事，因而成为村落集体记忆的主要载体。在杨家大塆做田野调查期间，我能明显地感受到，每当我请求受访者向我讲述有关晒谷场的故事时，讲述者总是滔滔不绝，有讲不完的故事。每每讲起，眼里总闪着光，言辞里总隐藏着些许激动。

然而，伴随着土地制度市场化，杨家大塆村民们关于村落的集体记忆不断消亡。一来，土地制度的不断变迁使得本就有限的土地资源被逐渐征收殆尽，附着在土地之上的村落集体记忆得以形成的物质载体也逐渐被取代，直接导致了村落集体记忆的消亡。例如，早在 2008 年，建设临空经济区的时候，晒谷场所在的土地被征收，晒谷场从此成为历史。二来，土地制度的变迁使得之前捆绑式的人地关系被彻底解除，村民们不再捆绑在土地上，逐渐退出了农业生产，那些为农业生产服务的基础设施也就失去了存在的必要，久而久之，也就失去了其原有的功能，作为集体记忆载体的功能不断弱化。三来，土地制度的变迁既改变了人们的生产生活形式，也改变了村民之间的居住形式，村民们之间彼此的共同利益减少，取而代之的是个体意识的觉醒，这种个体化的趋势切断了集体记忆再生产的过程。古老的回忆不断远去，在村民的集体意识中越来越模糊，而新的记忆无法被及时生产出来，最终直接导致了村落集体记忆的消亡。

3. 集体认同感消解

村落共同体成员的集体认同感特指在一个共同体内，每一个成员对共同体的认同感以及基于这种认同感形成的个体联结和互动。这种集体认同感是由一种成员身份（membership）引发的归属感，是一种由价值观的相似引发的亲密感，抑或是一种由血缘、地缘、业缘关系等社会联结引发的安全感。正是由于这些归属感、亲密感、安全感的存在，个体和集体之间才会形成一种拉力，拉近个体和集体之间的距离，共同体内部才会产生团结，共同体才会得以延续。

勤劳朴实的杨家大塆人对村落有着很强的集体认同感。尤其在集体化时期，集体主义深深地扎根在杨家大塆人心中，在特定的政治语境中，对杨家大塆有着极其强烈的认同感。

1960 年，中共黄陂县委发布了《中共黄陂县委关于全县农业生产问题的指示》，要求全县在农业领域发展多种经营，争取利用两年时间，集中力量恢复粮食产量［《县委关于兴修农田水利、经营管理、收益分配和多种经营（包括耕牛、猪、渔、副业等）问题的通知》，1960］。当年，稻谷创造了亩产 1000 多公斤的神话，[①] 县委书记为此特地前往杨家大塆，表扬他们的突出成就。对于普通的杨家大塆人，能见到县委书记，是他们一生的荣幸，更何况得到了县委书记的嘉奖。县委书记走后，杨家大塆像过年一样，为此庆祝了好久。一位小队会计进城采购下一年度的生产资料，在采购单上签完字后，他竟然在名字后面写了一句话：我是杨家大塆村的小队会计，县委书记刚刚表扬过杨家大塆。

杨家大塆人出自一脉，杨氏在横店是大姓。在乡土社会中，大姓意味着有势力，不怕人欺负。在很长的一段时间内，杨家大塆人在走出村落时，甚至会选择把杨家大塆作为自己的"护身符"。关于杨家大塆人特有的家族势力，一位退伍老兵向我讲述了他当年参军时的"囧事"。这位老兵于 1960 年应征入伍，那时他才 18 岁。用他的话说，从小时候到他参军服役的那一年，他一直在村里生活，最远的地方也仅仅到过黄陂。在参军

---

① 受访者承认，这个产量仍旧是村里浮夸风的结果，实际产量不到 300 公斤。

入伍的路上，他和一队来自武汉市内的新兵乘坐同一辆开往罗布泊的军车，同行的战友问他是哪里人，他回答：我是杨家大塆人。战友又问，杨家大塆是哪儿？他说：杨家大塆就是杨家大塆啊，那么大个地方你们竟然不知道？他的一番回答竟惹得同行的战友哈哈大笑。到了罗布泊后，接收新兵的首长问他是哪里人，他又回答说是杨家大塆的。首长问杨家大塆是哪里，他又回答，杨家大塆就是杨家大塆啊，那么大个地方，你竟然不知道？他的回答让这位军官啼笑皆非，只好去查新兵档案，才搞清楚他是武汉人。这件事成了他的一个笑话。服役的那几年，很多战友都不直接称呼他的姓名，而称呼他为"那个杨家大塆的"。而他也觉得这么称呼并没什么不妥，因为他就是杨家大塆人。

除了这位老兵的经历，我在杨家大塆村还听到了另外一个故事，同样表达了杨家大塆人高度的集体认同感。1982年，杨家大塆获得了粮食大丰收，村民的生活状况有了很大改善。此时，村里的一位姑娘经过亲戚介绍认识了隔壁红旗村的一个小伙子。二人彼此中意，转眼间就到了送彩礼、择婚期的日子，可是姑娘提出了让小伙子入赘的要求。女方的理由是，我是杨家人，我怕嫁到你们村，你们村里人欺负我。在杨家大塆，杨家是大姓，谁都不敢欺负我。突然间谈入赘，邻村小伙子的面子哪里能过得去？这桩本已板上钉钉的婚事眼看着就要黄了。但是，这位姑娘非这个小伙子不嫁，父母无奈之下，只好去请村支书帮忙。没想到村支书竟带着杨家大塆的一群小伙子到红旗村和村支书谈判，当面向红旗村村支书保证说只要小伙子以后在杨家大塆生活，没人敢欺负他。在得到村支书的保证之后，这桩婚事才得以谈成。

近几年，随着隔壁村征地和拆迁，村民或拿到了拆迁补偿款，或住进了还建楼。和隔壁村相比，杨家大塆拆迁还建仍未全部完成，内心对邻村自然也少不了羡慕。有些村民外出的时候，甚至不愿意让外界知道自己是杨家大塆人。

（四）消解村落共同体的亲密互动

1. 实物礼物变成货币礼物

"天上下雨地上滑，各人摔倒各人爬，亲戚朋友扶一把，酒换酒来茶换茶。"（阎云翔，2017）无论是人类学领域还是社会学领域，礼物都是洞悉社会互动形式与内涵的重要媒介。在杨家大塆，村民们的各种礼物馈赠也创造了一个互动共同体。伴随着土地的市场化及其为村民们带来的现金收入，礼物的形式在过去 20 年内发生了革命性变化，"酒换酒来茶换茶"的这种实物礼品早已退出了村民们的生活场域。

人民公社时期，村民们随礼、赶人情的物品是一些"实实在在的礼物"。这些礼物或是一些生活必需品，例如毛巾、袜子、水杯、食品、被面、卷轴，或是一些纪念品，例如领导人勋章、钢笔、邮票。在那个什么都要凭票供应的年代，这些"实实在在的礼物"往往比送钱更有实际意义。那个时候生活必需品来之不易，能把这些生活必需品拿出来送人，实属不易。

礼物馈赠方面，C 为我提供了很好的田野资料。1977 年，他考上了大学。但是，那个时候家里一穷二白，如何置备一份上学期间的生活用品，成了家里的一件难事。然而，他考上大学的消息传遍村子，大家纷纷自发地送来了礼物。时至今日，虽然已经 40 余年，但 C 仍旧清楚地记得村民们送过来的礼物。有铅笔、搪瓷缸、瓷盆，还有帆布背包、毛巾、蚊帐等生活必需品。这些看来不起眼的东西，在那个年代却是村民们宝贵的礼物。

1981 年，杨家大塆开始实行家庭联产承包责任制，村民们分得了自己的土地。随着粮食的丰收，余粮可以在市场上销售，村民们有了现金收入，村民们之间礼物交换的形式开始发生变化。在一些仪式性场合，份子钱的形式越来越普遍。1983 年，毕业工作两年后，C 回到杨家大塆，在村子里举办了自己的婚礼。因为他上过大学，有写日记的习惯，他把当天出席婚礼的 47 个家庭的礼物全部记在了自己的日记里。出乎意料的是，前来随礼的村民送来的基本都是现金。我在村子里做访谈的时候，他的家人向我展示了他在 1982 年婚礼上收到的礼物。如表 5 - 6所示，在前来参加婚礼的 47 个家庭中，他不仅收到一些物品，还收到305 元现金。而这 305 元现金相当于他半年多的工资。他回村里举办婚礼仅仅是出于对乡风的考虑，没想到富起来的村民竟让他多了半年的收入。

表 5-6　C 婚礼收礼礼单

宾客	礼物	宾客	礼物
1	瓷盆 2 个、红鸡蛋 2 斤	25	鞭炮 1 鞭、现金 10 元
2	红布 2 米、现金 10 元	26	现金 5 元
3	橘子罐头 2 瓶、现金 10 元	27	红太阳香油 2 瓶
4	现金 5 元、苹果罐头 2 瓶	28	饼干 2 包、现金 10 元
5	饼干 2 包、白糖 6 斤、大米 10 斤、红糖 2 斤	29	暖水瓶 2 个、红头鸭蛋 2 斤
6	暖水瓶 2 个、现金 5 元	30	瓷盆 1 个、现金 10 元
7	鸡 6 只、红梳子 2 把	31	现金 10 元
8	现金 50 元	32	铁桶 2 只、塑料盆 2 个
9	白酒 10 斤、现金 5 元	33	现金 10 元
10	黄豆 10 斤、芝麻 10 斤	34	鞭炮 1 鞭、现金 10 元
11	电子手表 1 块	35	米 50 斤
12	现金 10 元	36	收音机 1 台
13	现金 20 元、钢笔 1 支	37	现金 10 元
14	红糖 2 斤、白糖 2 斤、冰糖 2 斤、猪肉 10 斤	38	梨罐头 2 瓶、苹果罐头 2 瓶、10 元香烟 1 条
15	现金 10 元	39	现金 10 元
16	现金 10 元	40	糯米 20 斤、白米 20 斤
17	现金 5 元	41	烤火盆 1 个
18	红葡萄酒 2 瓶	42	暖水瓶 2 个、红盆 2 个
19	新衣服 2 套	43	挂轴 1 个、相框 1 个
20	现金 20 元	44	现金 20 元
21	5 元香烟 2 条	45	的确良衬衣 2 件
22	玻璃杯 10 只	46	红椅子 2 把、扫帚 2 把
23	现金 20 元	47	现金 10 元
24	现金 10 元		

　　到了 2003 年，C 的父亲去世，C 回村里给父亲办葬礼，他在葬礼上收到的礼物基本上都是现金，只有为数不多的几户村民送上了实物礼品。据他回忆，他最后一次收到实物礼品是在 2005 年。那时他家女儿顺利考上硕士研究生，他回村给女儿办酒席庆祝，酒席共摆了 8 桌，在参加酒席的 70 多位客人中，仅有一位客人送的是实物，其余都是份子钱。当我向 C 询问这位老人送他的是什么礼物的时候，他说他收到的是两瓶罐头。原来，这

位老人在村里德高望重，C 年幼的时候，受老者恩惠颇多。如今老者年事已高，土地被征收，自身没有经济收入。用 C 的话说，老人出席这个仪式送的是面子，而不是礼物，他的两瓶罐头仅仅具有象征意义。后来，在2005 年到 2017 年这十二年间，C 又陆续经历了母亲去世、女儿出嫁、外孙出生等人生事件，也都举办过隆重的仪式。但从 2005 年以后，再也没有收到过实物礼品。

自 2006 年以来，伴随着土地市场化程度的提高，杨家大湾经历了几次土地征收，加上务工经商收入，村民们有了较多的现金收入，份子钱的标准也水涨船高。在杨家大湾的调研过程中，笔者有幸收集了 6 份村民们近些年收礼的礼单。

以笔者收集的其中三份礼单为例（如表 5 - 7 所示），第一份礼单为村民 YAB 母亲去世收礼，葬礼举办的时间为 2011 年农历正月十二，由于母亲的葬礼是由 YAG、YAM、YAB 兄弟三人共同操办，故这份礼单是兄弟三人亲朋好友及社会关系的加总。在参加随礼的 116 名客人中，共收到礼金30900 元，礼金均值为 266 元，116 名客人无人赠送实物礼品。第二份礼单为 YAB 女儿出嫁收礼，婚礼举办时间为 2016 年 6 月 18 日，共有 96 份随礼，共收得礼金 45600 元，人均 475 元，无人赠送实物礼品。第三份礼单为村民 YSW 儿子结婚收礼，收礼时间为 2017 年 5 月 15 日，由于 YSW 在滠口儿子家和村里老家都举办了婚宴，且是在滠口婚宴结束后回村补办的婚宴，因此在村里参加婚宴的嘉宾人数较少，仅有 34 位。这 34 位随礼的嘉宾共送了 52000 元，人均 1529 元，亦无人赠送实物礼品。

表 5 - 7　基于 3 份礼单进行的随礼金额统计

单位：人

礼单编号	随礼金额及嘉宾人数											
	100 元	200 元	300 元	400 元	500 元	600 元	700 元	800 元	900 元	1000 元	大于 1000 元	客人总数
1	3	76	20	6	8	0	0	0	0	3	0	116
2	0	2	40	8	28	4	0	3	0	10	1	96
3	0	0	1	0	9	3	0	0	1	14	6	34

注：收集的 6 份礼单中，由于有 2 份礼单中的随礼金额存在极端值（超出 10000 元），对均值的计算有明显影响，另外有 1 份礼单所记录的随礼宾客人数较少，不是该户全部的宾客，故笔者在表 5 - 7 中，仅对其中的 3 份礼单进行了频数分布统计。

从 1977 年 C 考上大学收礼到 2017 年 YSW 儿子结婚收礼，一个极其明显的现象是实物礼品逐渐从村民的礼单上消失，被货币礼物所取代。表 5 - 8 展示了杨家大塆礼物类型自改革开放以来的变迁。伴随着土地市场化，村民的现金收入增加，随礼的金额也随之水涨船高。从 2011 年到 2017 年，人均随礼金额增长了 5.7 倍。

表 5 - 8　杨家大塆礼物类型的变迁

年份	土地制度	礼物类型
1981 年前	社队所有的土地	纯实物礼，少量货币礼
1981 ~ 2005 年	"两权分离" 的土地	现金礼与实物礼并存
2005 年后	市场化的土地	纯现金礼

2. 熟人社会变成半熟人社会

贺雪峰在研究基层村干部选举的过程中，通过考察行政村的形成过程以及基层选举的运作逻辑，创造性地提出了"半熟人社会"的概念，用以区分传统的"熟人社会"，后逐渐为学界所接受，并成为众多学者分析我国农村社会结构变迁时所沿用的理论框架。传统的乡土社会，由于村落占地域面积不大，人口流动性不强，村民与村民之间比邻而居，"每个孩子都是在人家眼中看着长大的，周围的人也是从小就看惯的"，人和人之间的社会关系不仅仅停留在认识的层面，还有深入了解的层面，因而传统的农村社会被称为熟人社会（费孝通，1998）。在费孝通熟人概念的基础上，贺雪峰进一步指出"若将自然村看作熟人社会，行政村便可以称为半熟人社会"。因为村民之间虽然相互认识，但是并不熟悉；虽然共享一些公共人物，但是缺乏共同的生活空间（贺雪峰，2000）。尤其是在那些人口规模较大、地域面积较大的行政村中更是如此。在杨家大塆，农地的"三权分置"、宅基地的入市、土地市场化及其引发的社会结构的变迁从根本上改变了村民们的互动形态，杨家大塆也经历了一个从熟人社会向半熟人社会转变的历程。

首先，土地市场化的过程是一个人地关系不断松绑的过程，也是一个村民之间互动不断弱化的过程。在土地"两权分离"时期，家庭取代原来的生产队，成为新的生产共同体。每家每户可以独立组织生产，虽然村民之间在生产领域的互动相较于集体化时期有所减少，但大多数村民仍旧参与村落的再生产过程。尤其是在农业税时代，村民们在某种程度上仍旧是捆绑在土地之上，相当部分的村民仍旧是生产共同体的一员。大家日出而作，日落而息，朝夕相处，各自劳作，基于共同的业缘联系和长期的共同生活，不仅相互熟知，而且建立了亲密的邻里关系。在土地的市场化时期，情况则大不相同。由于村民的耕地和宅基地大都被征收，村民和土地之间不再粘连在一起，人地关系开始松绑，一部分村民进入非农领域，退出了村落共同体的农业生产过程。一方面，伴随着村落劳动力的流动，村民日常活动的地域范围超出传统的村落边界，村民之间的物理距离增大，随之而来的是互动频率的下降，传统的熟人关系网络越来越难以为继；另一方面，这些劳动力在进城的过程中，会逐渐建立新的业缘关系，而这种新的基于价值认同形成的业缘关系一经建立就会对传统的地缘关系形成替代效应。用一位村民的话说，就是：

> 有了新同事，忘了老朋友。以前我们一起种地，关系还不错，后来他的地被征收了，自己进城打工，一连七八年不见，再见的时候，差点认不出彼此了。（20180509，YLC，男，55岁）

尤其是那些从小随父母离开村落进入城市、在城市长大的孩子以及那些生在外面、长在外面的孩子，即使回到了村里，也不是村里人看着长大的孩子。

再者，宅基地的征收以及村庄改造项目的实施，将吸引外来人口进入村落，村落共同体原有的关系网络必将被这些"不速之客"所稀释，熟人社会变成半熟人社会。随着房价的高企，村民们分得的数套住房也注定会进入房地产市场，转手给更多外姓购房者。

> 也许以后我家住五楼，四楼是新搬来的张家，六楼是新搬来的李家。即使是同一单元同一楼层的邻居也是素不相识的陌生人。随着越来越多的外来人口来此定居，在日常生活中会见到越来越多的陌生面孔。（20180505，YAB，男，42岁）

（五）消解村落共同体的内部团结

内部团结是指属于同一个共同体的成员通过各种紧密的社会关系纽带形成的一种彼此依赖、相互需要、共同生存的状态。作为一个村落共同体，良好的内部团结有助于强化共同体的集体意识以及内部成员之间的关系纽带。在杨家大塆，土地的升值在村落内部产生了严重的利益冲突，极大地消解了共同体的内部团结。这些冲突主要表现为干群矛盾、邻里冲突和亲属冲突三种形式。以下主要介绍邻里冲突和亲属冲突。

1. 邻里冲突

土地的市场化引发的邻里矛盾，使得原本团结的村落开始变得不团结。2017 年，村子里两户邻居因为争夺 12 平方米宅基地而发生冲突。2018 年 5 月，笔者在村里做访谈时，当事人的一位邻居还原了事件经过。

YXQ 和 YYR 自爷爷辈起便是三世的邻居，两人虽不是兄弟，却胜似兄弟。土地刚到户的那几年，兄弟俩更是不分你我，经常你帮我、我帮你，有时一起干活到深夜。2017 年 8 月，改造项目工作组正式入驻杨家大塆，开始和 YXQ、YYR 协商补偿办法。不久，原本进展顺利的协商却因为两家屋檐下的一个杂物间而陷入停顿状态。在两家房屋中间有一条小小的过道，被当作杂物间，长期以来两户共同使用，然而在十几万元拆迁补偿款的归属上，两家发生了分歧。在 YXQ 看来，杂物间是他家的，因为是他购买物料修建的；而 YYR 则认为杂物间更靠近他家房子，在他家屋檐的滴水范围之内，拆迁补偿款理应归他。在一次协商中，两人发生矛盾并武力相向，致使 YYR 头部受伤，从此两家成了仇人。

2. 亲属冲突

古人常说"打虎亲兄弟，上阵父子兵"。在杨家大塆，伴随着一次次的土地征收，由此产生的利益纠纷让亲属关系失去了原有的味道。"当'血缘'原则与'利益'原则冲突时，利益成为拆迁户选择的优先序列。"（孙敬良，2016）在大额补偿款面前，亲属之间寸土必争。一位受访者向笔者讲述了他和弟弟因为征地而反目成仇，最终对簿公堂的故事。

兄弟俩原本生活在一个七口人的大家庭，家里还有父亲、母亲和三个妹妹。1981 年，杨家大塆开展第一轮土地承包时，哥哥已成家立业，单独出户，四口人（包括妻子和两个孩子）以家庭为单位，承包了埫里的土地，人均一斗三分①；弟弟因未成家，仍旧和父亲、母亲以及三个妹妹生活在一起，一家六口人以父亲为代表承包了埫里的土地，人均也是一斗三分。第一轮土地承包关系存续期间，父母先后去世，三个妹妹也先后出嫁，弟弟因为之前和父母一起生活，继承了家庭户的承包地。但由于弟弟"不是种地的料"（20180506，YZT，男，68岁），且"看不上种地卖粮的那几个钱"（20180506，YZT，男，68岁），2000年前后去上海打工，一直没有回村。

2005年，杨家大埫第一轮土地承包到期。按照国家规定，村委会需要和村民签订土地续包合同，颁发农村土地承包经营权证。对于那些长期抛荒、无人耕种的土地，村集体有权收回。村委会获得弟弟的同意后，将原来由弟弟继承的承包地登记在哥哥的名下，并且颁发了土地承包经营权证。2006年，黄陂区政府以14万元的价格对兄弟二人承包的土地进行征收，实际征收的土地面积为9.019亩，其中哥哥承包的土地全部被征收，弟弟的承包地除了一斗三分未被征收外，其余全部被征收。经兄弟二人协商，此次征地补偿款二人均分，各得7万元。2010年5月，兄弟二人协商签订协议书，对二人在村里的相关土地、宅基地使用权进行了分割。祖宅宅基地的土地使用权归属于弟弟，未被征收的耕地的承包经营权归属于哥哥，双方对对方后续产生的行为均无权干涉。

2017年4月，黄陂区政府对兄弟二人在2006年被征收的土地进行增补，发放增补资金123538元。但是，兄弟二人对此次增补款项的归属问题并没有达成共识。在哥哥看来，早些年，弟弟年幼，由哥哥抚养长大，并且弟弟没有承担赡养父母的责任；弟弟不在村里的这几年，父母的承包地一直由哥哥经营，并且上交国家的公粮，承担土地分摊劳力、农业税等负担。哥哥认为，是他几十年在村里守着田，现在才有田分，才有征地补偿款。而且，弟弟之前还擅自把归属于哥哥的一亩田卖给别人建房，所得6万元卖地款，经妹妹调解，才愿意分哥哥一半。但是说分一半，这么多年过去了，也只给了哥哥1万元。除此外，弟弟还在田里建了房子。2006年的

---

① 在杨家大埫，"斗"是面积单位，同"亩"，"一斗三分"意为"一亩三分"。

征地补偿款给弟弟分了一半，那是出于兄弟情谊，增补款想不想分给弟弟，全凭个人良心。哥哥说：

> 而且，土地承包经营权证上写的是我的名字，我才是法定的土地承包人。（20180510，YZT，男，68岁）

弟弟则认为，那些地都是自己继承父母的承包地，自己不在村子的这几年，实际上是把承包的土地流转给哥哥了。虽然哥哥承担了这么多年的农业税等负担，但也收获了土地上的粮食，是受益者。因为土地是"三权分置"的，虽然都登记在哥哥的名下，但哥哥只有经营权，承包权仍旧归自己，而增补款是对承包地的补偿，因此自己应该获得增补的全额款项。

弟弟在多次找哥哥协商增补款无果的情况下，以哥哥将自己承包土地的增补征地补偿款据为己有为由，于2017年6月将哥哥告上法庭。

武汉市黄陂区人民法院于2017年8月对123538元增补征地补偿款做出一审判决：原告享有55%，约合67945.9元；被告享有45%，约合55592.1元（《鄂0116民初3498号民事判决书》，2017）。一审判决下达后，哥哥不服，向武汉市中级人民法院提出上诉，要求撤销一审判决，查清事实后依法合理分割增补征地补偿款。武汉市中级人民法院二审做出判决：对于增补发放的123538元征地补偿款，兄弟二人各享50%（《鄂01民终6759号民事判决书》，2017），哥哥需要在判决生效之日起十日之内返还弟弟61769元。在哥哥执行法院判决之前，其个人账户内的123538元增补征地补偿款将一直被冻结。

随着武汉市中级人民法院二审终审，兄弟二人之间的增补承包地征收补偿款分配纠纷依法得到解决，但是按照哥哥的说法，分完这笔钱，兄弟俩的血缘关系也就尽了，从此我不再是他哥哥，他也不再是我弟弟。

> 他这是狼心狗肺，小的时候，我既当哥哥，又当爹妈，现在竟然为了几万块钱把我告上法院，这笔征地补偿款分完之后，我们之间的兄弟关系也正式结束，就当我这辈子没有这个弟弟。从此以后，我不会再上他的门，他也不要再来我家。（20180506，YZT，男，68岁）

在杨家大塆，像这样因为征地补偿纠纷而对簿公堂的仅此一例，但是因为征地补偿引发的亲属纠纷不少。有出嫁十几年的姑娘因为父母卖地未获得相应的份额而不再回娘家的，也有离婚好几年的媳妇回村找前夫索要征地补偿款的，更有爷爷在征收宅基地时和孙子发生矛盾指着孙子破口大骂的。在这些冲突面前，共同体原有的内部团结逐渐弱化，最终走向彻底消解。

（六）传统的断裂

土地"两权分离"时期的共同体虽然初步瓦解，但传统文化仍旧起着维系作用，仍旧支撑着共同体运行，使得共同体处于一种藕断丝连的状态。到了土地"市场化"阶段，伴随着共同体的地缘纽带、业缘关系、认同体系、亲密互动以及内部团结的全方位消解，共同体分崩离析，曾经努力维系共同体的那根"丝"——传统，也不再延续，彻底断裂。

1. 家族传统的断裂

消解前的杨家大塆作为一个宗族共同体，有着根深蒂固的家族传统。在集体化时期，这些家族传统在国家权力的强力冲击下，遭受了巨大的挑战，但仍然顽强地延续下来；到了土地"两权分离"时期，虽然共同体成员权利观念的改变导致共同体衰落，但杨家人的家族观念仍旧没有彻底淡出人们的脑海。就像笔者在第四章结尾所言的那样，以修族谱、祭祖、守孝等为代表的家族传统仍然在杨家大塆延续。然而，到了土地市场化阶段，市场经济的洪流不仅吞噬了杨家大塆的土地，而且吞噬了杨家大塆的家族传统，延续了千年的家族传统发生断裂。

（1）修谱仪式的终结。对于黄陂杨氏而言，自他们于洪武元年从江西南昌府南昌县迁徙至此以来，"编修族谱，载族人之名于其中"就是一项事关杨家人的大事。族谱的延续，不仅记载了黄陂横店杨氏繁衍生息的历史，也成了维系杨家人家族观念的纽带。正是因为族谱在共同体的宗族生活中发挥着如此重要的作用，在曾经的杨家大塆，族谱是一种神圣的存在。那时，家家户户都必须保留一本，谁家要是没有族谱，那就是忘祖。在保留族谱的同时，族谱还占据着每家每户的神圣空间。每家每户都会在堂屋进门靠墙的中间位置，供奉一本族谱，与牌位并列，上面覆盖着崭新的红布缎面。把逝去的先人归入谱中逝者的行列，供后人供奉；把新生的晚辈载入族谱，明确其辈分排名，是极其重要的仪式。① 正因为如此，修谱一直是杨家大塆的大事，每隔几年，② 在长者和乡贤的主持下，都会组织族谱修订活动。但是，伴随着杨家大塆祠堂的拆除、修谱老人的离世以及宗族共同体的消解，族谱修订仪式已经在杨家大塆终结。

（2）辈分排名的终结。正如笔者在第二章曾经描述的那样，笔者在2015年初次进入杨家大塆做田野调查的时候，曾经在一位受访者的家里惊讶地发现一名小孩被另一位70多岁的老者称为爷爷的故事。在过去的杨家大塆，辈分排名是和每一个杨家人息息相关的事情。有了辈分，也就确定了一个人在村子里的地位。族谱详细载明了杨家人的辈分及排行规则，每个人的名字都要带上自己的辈分。如果是三个字的名字，人们都知道，中间的那个字就是这个人的辈分排行，人们听到名字的时候，也就知道了这个人在村子里的地位。这样就出现了长者把小孩叫爷爷的故事。但是，随着经济因素对村落共同体的渗透以及族谱修订仪式的终结，杨家人在给新生晚辈取名的时候，越来越多的人开始放弃用辈分给孩子取名的做法，取而代之的是，名字怎么好听就怎么取。不仅摆脱了名字必须有三个字的规矩，而且出现一些新生儿随母姓的情况。

2. 文化传统的断裂

文化是村落的血脉，是维系村落共同体的纽带。杨家大塆作为一个有着数百年历史的村落，形成了自己的文化传统。伴随着土地市场化及村落共同体的消解，这些文化传统也逐渐走向断裂，慢慢退出了杨家大塆人的生活。

（1）文化活动的淡化。历史上，每逢村落的重大仪式，杨家大塆会组织各式各样的仪式性演出。例如，春节期间，杨家人会有各色各样的舞龙活动和舞狮活动；元宵节期间，杨家人会在村内组织元宵灯会，唱歌猜谜；端午期间，会组织青壮年在村口的水塘举行划龙舟比赛；到了中元节，祭祖就成为一件极其重要的事项，村民们会聚集到祠堂，举行祭祖大

---

① 笔者的名字亦在笔者还很年幼的时候被载入杨氏宗谱。
② 据一位长者回忆，杨家人修谱的间隔一般是五年，特殊情况下会有例外。

典；中秋期间，村民们更是会走家串户，把自己制作的手工月饼赠予邻家。这些独具特色的文化活动，构成了杨家人文化生活的重要组成部分。但是，伴随着土地的市场化及共同体的消解，这些传统的文化活动逐渐淡出了杨家人的生活。村子被拆了，村民们上楼了，春节舞龙舞狮就成为一种奢望，既没有舞龙舞狮的场地，也难以找到舞龙舞狮的人。"腰包鼓了"，年轻人宁愿在麻将桌上消耗时间，也不愿意"充傻卖愣"去舞狮。村民上楼之后，元宵节悬挂的手工灯笼，不仅没了悬挂的位置，也失去了传统的装饰功能。伴随着共同体的解体，传统的仪式性文化活动逐渐淡化。

（2）婚嫁习俗的西化。婚嫁习俗从来都是窥视一个社会文化的重要方面。就杨家大塆而言，婚嫁习俗的西化，也是文化传统断裂的一个重要表现。在传统的杨家大塆，某个人的婚嫁不仅是个人的大事，也是整个村落的大事，因为有婚嫁就意味着有外姓人进村，就会对村落内部的权力分配产生重要影响。所以，杨家人在婚嫁上有一套极具特色的习俗。例如，传统的父母之命、媒妁之言，虽然被视为旧社会的代表，在"破四旧"期间得到了强烈压制，但是在改革开放后又重新出现。实际上，这些习俗并不具备实体上的意义，在程序上却有其难以言说的重要性。但是，伴随着土地的市场化，经济因素在人们的社会生活中越来越重要，婚嫁习俗也出现了明显的西化和市场化趋势。例如，婚嫁双方对经济因素的考量已经成为影响婚嫁最重要的因素之一，婚礼仪式上的西方元素越来越多，有更多的村民会选择举办西式婚礼。

四　小结

日本社会学学者富永健一在其著名的《社会学原理》一书中提出过一个影响深远的观点：在传统农业社会向现代产业社会转型的过程中，地域社会最基本的变动是在农业社会中形成的共同体的解体（富永健一，1992：322）。杨家大塆作为一个在传统农业社会中形成的共同体，其向现代社会转型的过程及随之发生的变迁过程似乎再次佐证了富永健一关于社会转型导致共同体解体的论断。

如图 5 - 2 所示，得益于土地的市场化对土地资源属性的明确，土地在市场化之后迅速升值。市场化导致的土地价值的提升不仅改变了有地村民的身价，也深刻地改变了村民与村民之间、共同体与外部利益相关者之间的利益分配格局，使原本简单的利益关系在土地升值后变得错综复杂。土地制度作为一种生产关系，其变迁并不能直接导致共同体的消解，而是作为一种间接性因素，通过改变共同体利益相关者的利益关系和利益分配格局，促使共同体同时面对诸多"内忧"与"外患"，使得共同体在"内忧"与"外患"的共同侵蚀下走向内外交困，最终被彻底消解。

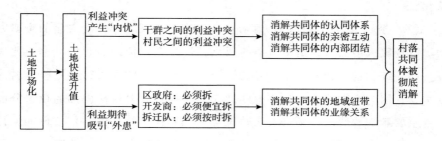

图 5 - 2 土地市场化促使村落共同体消解的作用机制

共同体内部利益相关者之间因利益分配产生的摩擦越来越剧烈，利益冲突不断。村干部作为村民的当家人，在村庄利益格局改变的情况下，既要维护自身利益，又要服从上级意志，还要维护村民利益。公职人员、事业单位人员等具有特殊身份的村民，在村委的要求、开发商的利诱、拆迁队的分化瓦解下，完全丧失了博弈的能力，成为政府树立的拆迁模范。而作为共同体主人的村民因为不具有对土地的完整产权，在短期利益的诱惑下，丧失了对土地进行长远投资的热情，普遍存在"种房子待拆"的心理。在发生利益冲突的时候，可以不认六亲。这些利益竞争和利益冲突成为共同体的内部忧患，在村落内部持续发酵，不断地冲击着共同体原有的熟人关系网络，促使村落共同体从内部消解。

共同体外部的利益相关者也对共同体的土地产生了利益期待，想方设法地参与到共同体内部的利益分配过程中来。横店街道办作为最低一级的政权，之所以觊觎杨家大湾的土地，开展城中村改造，提高城镇化水平，走"产城融合"发展之路，提升街区城市等级和地方经济实力，其主要目的是，在地方政府的竞争过程中，为街道办领导增加政绩砝码。黄陂区政府作为比横店街道办高一级的政府机构，具备征收和出让土地的权力，将杨家大塆的土地低价征收为国有，然后高价出让，利用价差获得土地出让金，其目的是，在维持土地财政持续运转的同时，刺激房地产行业的发展。房地产开发商作为市场经济的参与者，极力压低拆迁成本和还建成本，其目的是获得最大商业利润。

在导致共同体变迁的作用机制上，市场化的土地及随之而来的内忧外患对于村落共同体的影响首先体现在它彻底消解了村落共同体的地域纽带。虽然杨家大塆在土地"两权分离"后走向共同体的衰落，但那时村民们仍有地可种，至少可以靠种地为生，"交够国家的，留足集体的，剩下都是自己的"；就宅基地而言，"两权分离"时期的共同体虽然在不断地滑向解体的边缘，但那时每家每户都有一块宅基地撑着一栋房子，杨家大塆在地理位置上仍占有一块地面。然而，伴随着土地的市场化以及随之而来的征地，杨家大塆的耕地没了，宅基地也没了，村落共同体变得"无立足之地"，丧失了存在的物理基础。

地域纽带的消解又产生了一系列连锁反应。伴随着土地征收，家庭作坊要么被从原来的土地上迁走，要么丧失了廉价的土地基础，逐渐走向破产。企业没了，工人的就业机会也就没了。与此同时，那些以农业为生的农户由于耕地逐渐被征收，无地可种，无法获得基本的生活资料，农民也就丧失了存在的意义，共同体内部的业缘关系纽带也不复存在。

和土地的"两权分离"对共同体消解的影响一样，土地的市场化及其带来的内忧外患在更深层次上消解了共同体的认同体系。祠堂被征收，水塘、晒谷场等承载着集体记忆的实体逐渐消失，"我是杨家大塆人"的意识逐渐淡化，那些仍旧住在老宅子里的村民不再以杨家大塆而自豪；他们在内心里对村落没有了归属感，盼着村落早日被拆除，早日得到拆迁补偿。精神上的认同没了，维系共同体的纽带断了，村民和初步消解后残存的共同体之间无法形成有效联结。

伴随着地域纽带、业缘关系、认同体系的消解，共同体成员之间的亲密互动也被殃及。由于村民在征地拆迁中获得拆迁补偿，村民的"身价"随之改变，以前那些村民之间的亲密互助也逐渐被市场化，变成了请工。

与此同时，实物礼被现金礼彻底取代，以前饱含温情的礼物如今成为部分村民要面子、攫取利益的一种形式。而外部购房者的进入以及居住方式的改变，导致村落不再只是杨姓人的村落，村落开始从熟人社会向半熟人社会转变。

土地的市场化及随之而来的内忧外患对村落共同体的影响还体现在它对村落内部团结的改变上。拆迁过程中，拆迁矛盾导致干群冲突、邻里冲突、亲属冲突，村落内部的社会团结被逐步消解。

如果说在土地"两权分离"时期，共同体只是初步被消解，共同体的传统仍在某种程度上得到了延续，那么，这种情况在土地市场化之后被彻底改变。在内忧外患的冲击与侵蚀下，共同体的地域纽带、业缘关系、认同体系、亲密互动、内部团结被进一步消解。

这里需要说明的是，本章所描述的城市规划、城市建设、土地征用、拆迁还建等外部因素，看似是导致村落共同体消解的直接原因，但是这些外部强力干预因素，都产生于现行土地制度基础之上，以土地公有和"三权分置"为前提。在这里，村民只有土地的承包权、经营使用权，而没有土地所有权，必须接受国家和集体对土地的规划和征用。因此，村落共同体最终消解的决定性因素还是土地制度。

第六章

结论与讨论

一　结论

第一，历史地看，土地制度变革与村落共同体的历史变迁之间高度关联，存在因果关系。土地制度的形式在很大程度上决定了村落共同体的基本形态；村落共同体的演变也在一定程度上影响着土地制度的变革。

土地作为农村最基本、最重要的生产资料和生活资料，每一次土地制度变革以及产权变化，对农村经济社会发展和变迁都具有决定性意义。新旧土地制度的更替从经济基础和利益分配格局上对村落共同体产生深远影响，在权力结构、利益关系、社会结构、组织方式和人际关系等方面改变了原有村落社会秩序和治理格局。因此，从这个意义上说，土地制度变革是对既有村落共同体存在基础的否定，也可以说，土地制度变革消解了原有村落共同体，催生了新的村落共同体，使村落的发展既呈现前后相续、不间断发展的历史过程，又表现出从一个阶段到另一个阶段的质的飞跃，从而体现了破与立的辩证统一关系（见表6-1）。

表6-1　土地制度变革与村落共同体的变迁

		土地制度变革			
		私有的土地	社队所有的土地	"两权分离"的土地	市场化的土地
共同体的维度	一定地域	1. 耕地是最重要的生产资料，杨家大塆人"惜土如命"，"一抔土宁守一生"。 2. 人们在土地上的结合，占据着一定耕地和宅基地，构成了村落物理边界，持续的共同生活，以家族为中心的地域共同体附着其上。	1. 土地还是那片土地。集体产权的边界与村落共同体的地域边界相一致。	1. 剩余劳动力在农业和农村以外寻找出路。农民"出走"，导致共同体的"脱域"，传统自然边界划分受到严重冲击，土地的神圣感和宗族成员间曾经的亲密感逐渐淡化。	1. 土地的征收，使村落地理面积逐渐缩小，原本由自然特征决定的村落地理边界逐渐被打破。 2. 村落耕地和村民宅基地一次次被征用，共同体存在的地域纽带彻底消解，地缘意义上的共同体即将消失。

		土地制度变革			
		私有的土地	社队所有的土地	"两权分离"的土地	市场化的土地
共同体的维度	精神纽带	1. 基于血缘关系形成的对杨家人共同祖先的崇拜是联结所有杨家人的精神纽带。2. 农耕、治安防卫、祭祀信仰、娱乐、婚葬以及农民的意识道德中的共同规范等方面具有共同体意义的相互依存关系。	1. 国家权力对族权的替代，冲击了传统的祖先崇拜，基于宗族共同体形成的精神纽带开始弱化，但在一定程度上仍旧起到了维系杨家人的作用。2. 社会主义和集体主义价值观念嵌入村落共同体，成为占据主导地位的精神纽带。	1. 集体意识开始弱化，个体意识不断增强。2. 随着农民流动性的增大，打破了共同体的孤立性和封闭性，传统的社会价值观念受到冲击。3. 宗族仪式逐渐消亡，宗族情感与认同逐步弱化，内部矛盾日益凸显，传统宗族权威在社会化和市场化的冲击下日渐衰弱。4. 公共记忆逐渐消亡。	1. 共同体地域纽带消解，杨家祠堂也随之拆除，宗族仪式载体丧失。2. 内忧外患在吞噬村庄土地的同时，也吞噬了那些以地表为依托的集体记忆的载体，例如晒谷场、村口水塘等，进一步导致了村落集体记忆的淡忘。3. 来自邻村的诱惑和拆迁利益的驱动，杨家人的身份认同感和集体认同感弱化。
	利益纽带	1. 作为宗族共同体的成员，一荣俱荣，一损俱损，杨家人有着共同的宗族利益。2. 由血缘关系和姻缘关系联结起来的宗族共同体，为了维护共同利益，在面对外部挑战时，能够同仇敌忾，共同抵御。	1. 国家政权向乡村渗透后的集中统一共同体，一定程度上打破了传统宗族共同体的利益纽带。国家利益在村落共同体利益和共同体成员个人利益之上。2. 生产生活资料的集体所有，使成员依赖于集体经济，社队具有生活共同体的特征，是经济共同体、国家权力深度干预的政治共同体。3. 统一劳动，统一分配，平均主义盛行。	1. 农民可自由经营使用承包土地，进行个体化生产，并获取土地生产价值，对集体的依附逐步减弱，在经济上实现自主独立，打破了集体化生产和生活的纽带。2. 集体所有制企业衰落，私营企业兴起，经济利益分化，经济生活多元化，贫富差距凸显，社会地位分化。3. 经济活动半径扩大：企业触角延伸，村民经济交换扩展。4. 雇佣制度取代建立在人情关系网络基础之上的互助机制，劳动力商品化。	1. 耕地和宅基地的征收，使得村落以耕地和集体建设用地为依托的私营小企业失去了"立足之地"，或是走向破产，或是迁出村落，基于这些村办企业存续的业缘共同体逐渐走向消亡。2. 耕地的"三权分置"，村民作为劳动力，不再被捆绑在土地上，为一部分村民从村落共同体脱域创造了条件；耕地的征收，使得杨家大湾的村民成为"失地农民"，农业劳动者与农业生产资料结合的纽带被切断，由职业农民组成的业缘共同体被消解。

		土地制度变革			
		私有的土地	社队所有的土地	"两权分离"的土地	市场化的土地
共同体的维度	互动交往	1. 社会联系以及信任网络主要沿着血缘关系及私人关系展开，形成一个典型的熟人社会，杨家大垸人在村落内部有着紧密的互动。 2. 以宗族邻保的连带互助形式进行农耕劳作，小农经济，自给自足，商品经济不发达，横向的市场交换程度低。宗族内部人们相互信任、守望相助，对外具有封闭性和排他性。 3. 族权的神圣性，政治生活具有边缘性、孤立性和封闭性的特点。	1. 共同体的成员紧紧地捆绑在土地之上，集体生活、集中劳动、朝夕相处、紧密互动。 2. 共同体统一组织生产、统一分配劳动产品，计划经济体制对资源进行配置。经济行为缺乏独立性，具有单向性、封闭性特点；个人和社队集体之间缺乏横向的商品交换和利益联系。 3. 村民之间存在普遍的互助形式，礼物的交换也以实物为主。	1. 市场经济制度使村民的互动交往功利主义色彩浓重，利益追逐成为村民互动交往的主要因素。 2. 村干部权力弱化，村民政治参与度降低，干群矛盾凸显。 3. 个体利益优先，村民对村庄公共事务不上心，甘当村庄发展的旁观者，争做村庄利益的获得者。 4. 村民关系渐趋理性与功利，情感因素弱化，村落难以形成足够强大的凝聚力，村落的社会边界日益复杂化、模糊化。 5. 维系村民情感与互动的公共空间被挤占，其吸附能力也逐渐消失。 6. 村民对基层政权组织的依赖减弱，对村落精英的依赖增强。 7. 财产借贷增多，矛盾频现。	1. 土地市场化为村落共同体的成员带来拆迁补偿收入，村民们从市场购买服务的能力增强，作为传统互助形式的换工逐渐被请工所替代。 2. 货币收入的增加对共同体内部的礼物馈赠形式产生了深远影响，礼物的形式和内涵也被货币化，传统的实物礼品逐渐被货币礼物所替代。 3. 土地的征收成为促使共同体成员脱域的推力，加大了共同体成员之间的时空距离；外来者的进入也降低了杨家人在社区总人口中的比例，传统的熟人社会转变为半熟人社会。

		土地制度变革			
		私有的土地	社队所有的土地	"两权分离"的土地	市场化的土地
共同体的维度	传统文化	1. 在宏观社会层面，杨家大塆和整个中国社会一样，是一个受儒家文化影响深远的村落共同体。亲孝道、敬祖宗，传统文化历代延续。 2. 在微观共同体层面，土地私有制时期的村落变革缓慢，村落文化得到了很好的传承，民间艺术、舞龙舞狮、贴春联等文化形式基本满足了共同体成员的文化需求。	1. 在政治运动中，以"四旧"为代表的传统文化受到压制，社会主义文化成为主流文化。 2. 一些旧的、不与社会主义意识形态相冲突的文化形式在民间仍旧存续。	1. 传统的宗族、道德规范对村民的约束力不断弱化，针对道德滑坡，不得不制定村规民约进行约束。 2. 传统宗族文化难以为继，教化作用日渐式微。 3. 部分传统文化和宗族仪式的延续，艰难地维系着日益淡薄的情感认同。	1. 祠堂的拆除，族谱编撰人的离世，丧葬文化的变迁，使得宗族传统仪式难以为继。 2. 现代文艺表演取代传统文化仪式；取名不按辈分、婚丧嫁娶仪式的现代化加速了共同体传统文化的消亡。
	社会秩序	1. 在传统的封建社会，皇权不下县，共同体内部的秩序依靠族权维持。 2. 革命政权建立早期，政府的权力开始下沉到村落内部，开始重塑村落内部的权力格局，但村落秩序的维持仍旧以族权为主。	1. 社队取代宗族权力管理村庄事务，社会秩序依靠公社、生产队维持，共同体呈现机械整合的状态。 2. 在政治运动中，共同体表现出一定程度的失序。	1. 村干部以权谋私，村民违规占用土地、违规建房等时有发生。 2. 邻里纠纷频繁。 3. 家庭矛盾凸显。	1. 作为村庄精英的村干部，在土地征收过程中扮演的是多方利益调和者的角色；"和稀泥"难以消除干群冲突。 2. 在土地市场化过程中，村庄土地寸土寸金，为了争夺三尺宅基地，昔日亲如兄弟的近邻矛盾重重。 3. 在拆迁补偿面前，亲属之间寸土必争，没有长幼之分；在个人利益面前，兄弟之间反目成仇。

　　纵观我国农村经济社会发展历程，都围绕着农村土地制度变革与村落共同体变迁这对主要矛盾展开，二者之间的张力和平衡关系衍生出和影响着其他农村社会关系。

新中国成立前，私有的土地制度、稀缺的土地资源以及薄弱的农业经济基础使得杨氏宗族成员紧紧地"粘"在这片土地上，形成了地缘共同体；同根同宗的血缘关系使得杨氏宗族成员之间关系紧密甚至亲密，人们相互信任、守望相助，形成了祖荫之下的宗族共同体。

新中国成立后，先后在农村开展了以互助组、初级社、高级社、人民公社为组织形式的土地集体化制度。从1958年开始到20世纪70年代末，以土地集体所有为核心的人民公社制度是农村主要社会管理组织，人民公社具有强烈的意识形态色彩，集政治、经济、文化、社交、学习等诸多功能于一体，在内部以集体所有为基础，进行共同劳动、统一分配，村落由此成为高度集中的政治、经济共同体。由于生产资料的集体所有，共同体成员不得不屈从于社会分工、依赖于集体组织，从而形成非自发性质的、整齐划一的集中统一共同体。土地作为重要的生产生活资料，在集体化时期，与农民的命运息息相关。

家庭联产承包责任制的核心在于土地制度改革，将土地的所有权和承包经营权"两权分离"，以户为单位承包经营集体所有的土地，将农民的投入与收入挂钩，独立自主、自负盈亏、权责自负。邓小平指出："农村改革的内容总的说就是搞责任制，抛弃大锅饭的办法，调动农民的积极性。"（《邓小平文选》第3卷，1993：117）同集体化时期的土地制度相比，改革开放后的家庭联产承包责任制没有改变土地集体所有的基本属性，而是在继续坚持土地集体所有的前提下，改变了土地的生产组织形式和经营方式，赋予农民更多的权利，从而真正确立农民在土地生产活动中的主体地位，既保证了农民作为生产主体的切身利益，也维护了他们与国家、集体间的经济合作关系。与土地制度改革相关联的是村落共同体存在形式和内容上的深刻变化，即村落共同体从农业集体化时期的人民公社，转变为改革开放后的农村基层民主自治体。"两权分离"土地制度作为一种生产关系，其变迁并不能直接导致共同体的转变，它作用于"农民权利观念"这个中间变量，具体表现为：赋予农民明确清晰的产权观念、改变农民日常生活中的权利观念，使农民从依附走向独立，从保守走向进取，从而改变了村落共同体的生产方式、政治格局、人际关系以及宗族认同感，进而导致了村落边界的改变——经济边界开放、自然边界凸显、行政边界弱化、文化边界淡化以及社会边界复杂化，最终村落共同体发生裂变，逐渐衰落，融入整个社会大环境中。由此可见，土地制度变革同村落共同体变迁的内容是紧密联系在一起的，呈现明显的正相关。

如果说土地的"两权分离"制度使杨家大塆共同体开始消解，那么，继"两权分离"之后的土地市场化，对村落共同体的彻底消解甚至消失起到了釜底抽薪的作用。从"两权分离"时期就已经开始的农民私下的耕地流转，是土地市场化的起点，带来的是人口脱域、经济活动半径扩大、贫富差距凸显、情感和认同分化等一系列共同体衰落的迹象；接下来的耕地征收，使得杨家大塆在地图上的版面越来越小，共同体最基本的地理承载也逐渐消失。没有了耕地作为资源的经济来源，外出打工的村民越来越多，共同体曾经的利益纽带的承载、耕地为村民提供的最后的经济来源保障滑向消失的边缘；紧跟而至的宅基地市场化，使村民生存的最后一点空间也被挤占。但与此同时，土地作为资源，其自身的价值也被放大到前所未有的最大化。过去，村民为了土地上的产出物奋斗；现在，村民为了土地本身以及土地上的房子而存在纠葛。征地、拆迁所带来的高额利润回报，不仅使有地村民一夜暴富，也深刻改变了村民与村民之间、共同体与外部利益相关方之间的利益分配格局，导致村落共同体同时面对诸多"内忧"与"外患"，正是这些彻底地消解了共同体的地域纽带、业缘关系、认同体系、亲密互动、内部团结。当村落共同体最终变得"无立足之地"，丧失了最后存在的地理承载时，聚居在其上的人们自然也就各奔西东，同时这也意味着杨家大塆"历史的终结"。

纵观杨家大塆共同体形成、演变、衰落、消解的全过程，因土地制度变迁而起，也因土地制度变迁而终。

第二，横向地看，每一时期土地制度的变迁，都会对国家、市场、村落之间的互动产生重大影响，这是导致村落共同体消解的重要原因。乡村共同体治理与重建是国家的权力行为、市场的价值规律和乡村的内部变化综合作用的结果。

当前，乡村社会治理受到贯彻国家方针政策、谋求市场经济利益、乡村社会自治等多维动因的影响。国家在继续巩固和扩大对乡村基层社会的领导力和影响力的同时，力图增强在经济建设和经济动员方面的影响力，扩大贯彻执政党的政策决议的能力。市场力量介入乡村社会体现在乡村社会的基础设施建设和居民的日常生活各项需要，以及农村生产的加工服务上，主要是基于利益最大化的价值规律的驱动，以获取最大的经济效益为目的。在国家和市场的作用下，乡村社会迅速分化，原有的社会关系和经济结构不断调整，新的关系逐渐产生，这个过程也可以视作旧的乡村共同体的衰败和新的共同体产生的过程。尽管在国家宏观层面，提出乡村振兴战略的政策指导和政治共识，国家、市场和乡村社会的利益指向有很大重叠区，但基于不同行动逻辑和价值取向，共筑乡村共同体的合力还没有形成，离新的共同体的目标还有相当的距离。

从党和政府的政治逻辑来说，实施乡村振兴战略，统筹城乡发展，满足农民对更高生活水平的需要，是当前及今后党在农村施政的首要目的，各级政府在经济社会发展过程中，必须以此为指导，贯彻党对农村工作的最新政策和决议。中国共产党担负着实现中华民族伟大复兴的历史使命，在新中国成立以来70多年的执政时间里，同中国经济社会发展形成紧密的命运共同体，党的政策和路线的变化深刻地影响着经济社会各方面发展。我们看到，从新中国成立到当前，乡村经济社会在不同时期的几次重要变革，很大程度上都是国家权力建构下的产物，反映了国家权力下乡、改造乡村社会关系对乡村社会的深刻影响。党和政府将农业农村农民问题视为关系国家长治久安的根本性问题，把始终解决好"三农"问题作为全党工作的重中之重，将实施乡村振兴战略作为乡村治理与重建的总规划和总指导。党的十九大报告还从城乡融合发展、完善农村基本经营制度、深化农村土地制度改革、集体产权制度改革、完善农业生产经营体系、促进多种形式适度规模经营、加强农村治理体系等方面对实施乡村振兴战略做出了具体规划和部署，是指导我国乡村治理和农村农业发展的最重要的政策依据。必须紧紧围绕落实党的决议和要求，结合各地农村发展最新实际情况，实现产业兴旺、生态宜居、乡风文明、治理有效、生活富裕的乡村治理新局面。

从市场经济活动对乡村社会的影响来看，改革开放后，市场经济的交易规则和交换意识深入乡村社会，成为调整农村经济社会发展、配置社会资源的主要规则，也将农村社会同外部社会紧密联系在一起。杨家大塆村落共同体之所以开始消解，根本原因在于土地经营制度改革。土地经营制度改革使村民在经济社会生活中的地位发生根本改变，村民从集体化时期对生产组织的依附逐渐走向独立，实现了生产上的自由、经济上的独立以及行为上的自主，同时，村落的边界也逐步模糊。这些情况表明村落共同体正在向城市化、现代化靠近，融入整个社会市场大环境中。从 20 世纪80 年代中期开始，村民经济活动的重心开始转移，由农业生产逐渐向村落外部发展，部分村民外出务工，村落的地域对于村民来说已经无足轻重，村民脱域现象明显。这些外出务工者主要通过付出劳动力以换取货币的方式来实现经济收入的进一步提高，劳动力商品化现象日益显现。对他们来说，城镇的劳动报酬更高，原先的土地生产活动所获得的收入不足以满足生活需求，乡村利益生产活动及社会交换关系网被打破。同时，在改革开放和市场经济大潮的冲击下，村落流动性增强，外出经商务工成为趋势，传统的保守思想被摒弃，村民逐渐进入更为广阔的社会分工之中，积极关注市场新态势，他们的收入与市场行情更紧密地联系起来，他们的视野和思维更加开阔和开放。在基层民主政治实践的洗礼下，村民开始学习认识权利、民主、法治、平等、公平、自由等现代公共精神，对政治权力和社会公平正义的追求日益增长。总的来看，利益分配格局的变化、市场经济的冲击和基层民主政治的洗礼，这些都意味着集体化时代具有强烈意识形态色彩的共同体意识不能适应市场经济和基层民主政治发展的需要，以现代公共精神为底色重塑村落的共同体意识成为迫切要求。土地的市场化，是市场经济在传统农村的一次全面的实践，市场利益最大化、乡村自利逻辑在征地、拆迁过程中得到了最好的体现。

从乡村社会内部演化来看，权力下乡和资本下乡加剧了乡村社会内部关系的消解与重建过程。"淮水东边旧时月，夜深还过女墙来。"杨家大塆这片土地历经岁月，穿梭历史，迁延至今，从传统时期封闭的宗族共同体变成集体化时期的社队共同体，又变成"两权分离"时期初步消解的共同体，而今随着土地市场化走向终结。可以看到的是共同体全方位的变化：村落的地域面积逐年缩小；从最初的共同生产生活到如今的各家自扫门前雪；从最初的亲密无间、守望相助到如今认同感和归属感的消失；从最初互动的亲密、封闭、孤立到如今的疏远、理性、功利；从最初文化的约束和教化到如今文化的缺失和难以为继；从最初的内部团结到如今的利益冲突不断。70 多年间，一个封闭、保守的共同体因土地制度变迁而导致的农民权利观念的转变、外界市场和经济的冲击而逐渐开放。最终，因土地经营权的市场化和政府的土地征收政策而导致土地价值迅速飙升，经济利益使得原本简单的村落内部关系变得错综复杂，旧的共同体濒临消解，新的共同体有待重构。

第三，村落共同体是中国传统社会的基本单元，社会转型的主要表现形式或主要内容就是传统村落共同体的解体和新的共同体的构建。一滴水见太阳，村落共同体的蝶变是中国社会转型的缩影，是中国社会转型这个宏大理论问题的微观表述。村落共同体的解体和新的共同体的构建是多种力量相互作用、共同推动的结果，追根溯源，起决定性作用的因素是土地制度。

其他因素对共同体的作用有时看起来是显性的、直接的，但这些显性的、直接的因素都建立在特定时期的土地制度基础之上，都以这一时期的土地制度为前提。比如，逐地而居的宗族共同体以家族对一定范围的土地开垦为前提；国营或集体农场（也是共同体的一种存在形式）以政府或集体对土地的所有权或使用权为前提；第五章所描述的城市规划、城市建设、土地征用、拆迁还建等外部因素，看似是村落共同体消解的直接原因，但是这些外部因素都产生于现行土地制度基础之上，以土地公有和"三权分置"为前提。在这里，村民只有土地的承包权、经营使用权，而没有土地所有权，必须接受国家和集体对土地的规划和征用。因此，村落共同体最终消解的决定性因素还是土地制度。

第四，近代中国开启了中国社会转型的大幕，中国社会转型以土地制度变革为起点，以村落共同体消解、工业化、城市化、市场化为进程，以经济社会全面现代化为前景。这一历史轨迹充分说明了土地制度和村落共同体变迁的内在联系。

社会转型的主要内容是工业化和城市化，其主要表现形式就是传统村落共同体的解体和新的共同体的产生，而这一进程的前提是土地制度的革命或变革。纵观中国近代史，每一次社会的变革，都与土地密不可分。中国共产党领导的中国革命实质是农村农民革命，革命的主要内容是土地革命。共产党领导的第一次国内革命战争又称作土地革命战争，当时一句响亮的口号就是"打土豪分田地"；抗日战争时期虽然不打土豪分田地，但是也实行了"减租减息"政策；中华人民共和国成立也伴随着土地改革。由此可见土地制度的变革在社会变革中的重要地位和作用。

中国社会是典型的传统农业社会，传统农业社会以家庭、家族为基础，传统的村落共同体作为一种扩大的家庭或家族共同体存在了几千年。近代中国经历了千年未有之大变局，这个变局首先是推翻封建帝制，打翻皇帝的"家天下"。辛亥革命虽然推翻了帝制，但旧有的基本经济制度或土地制度没有改变，因而出现"复辟"或换汤不换药的假革命。以毛泽东为代表的中国共产党人在深刻认识中国国情的基础上，在马克思主义理论的指导下，提出中国革命是农民革命，中国革命的根本问题是土地问题。邓小平领导的改革开放号称又一次革命，这次革命以土地的家庭承包为起点，开启了中国社会现代化、市场化进程，农民开始走出村落、务工经商，传统村落共同体也随之走向衰落，发生嬗变。中国改革开放的成果举世公认，但同时也出现一些问题，比如农业停滞落后、乡村衰落、郊区农村出现的一些强征强拆现象等。这些都与土地制度滞后相关。新时代，改革进一步深化，在家庭联产承包责任制基础上实行土地"三权分置"，传统村落共同体的蝶变进程加快，甚至解体。一些村落虽然保留了乡村共同体的外壳，但其内涵由以血缘关系为纽带的共同体蝶变为以市场关系为纽带的新型乡村共同体，这也就是我们在乡村振兴过程中要建设的新型、现代乡村共同体。

本研究所述杨家大塆的许多事例说明，共同体成员与土地关系的每一次变动，都直接影响着共同体的构成与内涵，决定着共同体的存在方式。因此，土地制度的合理安排是共同体有序变迁的必要前提，土地制度的任何不合理性，都有可能带来共同体变迁的无序和混乱。

新中国成立前，土地的私有制，形成建立在地域纽带之上的宗族共同体；人民公社时期，土地集体所有、农民共同使用，形成以生产队为主要形式的集中统一的共同体；改革开放后，农民拥有了土地承包权、经营使用权，同时也开辟了农业以外的更大的发展空间，传统村落共同体开始衰落；土地的"三权分置"，促进了土地经营使用权更大范围的流转，传统村落共同体蝶变进程加快。部分村民长期外出务工经商，甚至彻底脱离共同体，传统村落变得支离破碎，有些走向解体。这些变化，都以农民让渡土地使用权或放弃土地承包权为前提。一些新加入共同体的成员，也要取得对土地的实际占有或使用权，与共同体土地建立直接联系，才可被视为共同体的一分子（比如买一块地盖房子，或转租一块地从事生产经营活动），可见，共同体的每一点变化，都由土地关系的变动所引起。

纵观杨家大塆共同体变迁的历史，我们可以看到，土地作为一种不可再生的稀缺资源，在经济发展和社会进步中具有极其重要的作用。这就启示我们，在从农业社会向工业社会乃至后工业社会发展中、从宗法社会向现代社会转型中，我们要始终重视土地制度的安排，认识到土地制度对村落共同体的决定性作用，乃至对中国经济、文化、社会心理的重要影响，从而将其作为我们制定政策、推动社会变革的基本依据。

二　本研究的不足

一是本研究选择的研究视角和切入点可能忽略了研究对象的深刻性和复杂性，有简单化的倾向。从哲学角度来看，事物总有其产生、发展、变化和消亡的历史过程，充满了变与不变、量变与质变的辩证法艺术。不论是在自然界还是在人类社会，既有的事物因其存在条件的变化而呈现不断变化的趋势，而它的变化又成为其他事物变化演进的条件，这些因素相互促进、互为因果，演绎出错综复杂的社会关系，推动社会不断向前发展。从社会现象的产生和演变的内在规律来看，社会现象不是孤立的，总是处于同其他事物的相联系的过程中，置于特定时空条件下，其产生并不是单一原因的结果，其发展也不会只产生一种结果。社会现象往往是多因多果，是多种原因综合作用的结果。总的来看，乡村共同体的消解是多种因素相互影响的结果，而不是某个单一原因。在研究过程中，为了更好地切入这个问题，本研究从土地制度变革的角度，主要围绕土地制度变革与乡村共同体变迁这对矛盾开展讨论和研究，当然在论述过程中，本研究也从现代国家建构、基层民主政治发展、乡村共同体精神、社会资本等多维度对这个问题进行阐述，力图展示乡村经济社会变革的历史脉络和内在规律，不过出于突出研究主旨的缘故，其他角度可能展开不够，导致研究本身的分析可能存在一定的偏颇。这就类似于自然科学研究中单因素分析的实验研究方法，为了从根本上说明某一因和某一果的内在联系，暂时屏蔽了其他因素。这一研究方法虽然有助于更深刻地认识两者之间的内在联系，但也存在不能全面地反映复杂的客观现实的弊端。在第二章、第三章和第四章中，本研究讨论的更多是耕地制度的变化以及乡村治理结构的变化，第五章重点考察杨家大塆宅基地市场化的现状及其带来的问题。

二是杨家大塆个案的代表性问题。本研究最初的研究目的是试图通过细致入微的个案研究，解剖麻雀，以达到从局部以窥全局的目的，以杨家大塆共同体的消解去分析整个中国农村共同体变迁的同质性，而且侧重于耕地制度对共同体消解的影响。从研究实际情况来看，本研究的研究对象杨家大塆是城郊村，其最终消解不仅与耕地制度的变迁有关，而且与宅基地的市场化密不可分。在第五章可以看到，杨家大塆宅基地的市场化，把村民们逐"地"而居的老根儿连根拔起，从这个意义来说，宅基地的市场化对共同体的消解可能是最后的一击，也是最致命的一击。这个观点与研究初衷是有一定出入的。我们还认识到，尽管中国乡村所面临的形势具有相似性，但乡村之间的差异也是明显的，个案研究的局限性使得最后的结论不一定适用于中国所有的村庄。对此，笔者认为，本书的一些观点和结论对城郊村是非常有效的，对这一类型的村庄比较有解释力，因此本研究具有类型学的意义。虽然本研究不具有普遍性意义，与研究初衷有出入，但由于忠于个案事实，所得出的结论能够解释和回答城郊类村庄遇到的问题，因此研究者的目的还是得到部分实现。在今后的学术生涯中，再将研究计划扩展至更大范围的农村共同体问题研究。另外，对本书的研究对象来说，杨家大塆面临着已经消解并即将消失的结局，而本研究可以视作对这个行将消失村落的历史记录和一点怀念，并以此致意那些与杨家大塆面临同样命运，即将消失在历史演进中的村庄，同时也为后来者提供一些文字资料和历史记忆。

笔者同时认为，杨家大塆作为城乡接合部的乡村，虽然具有个案的特殊性，但它同时与其他非城乡接合部的乡村具有共性，在市场化大潮的冲击下，以血缘关系为纽带的传统乡村共同体必然走向消解，面临着涅槃与重建的命运，只不过杨家大塆的命运是城市化，而其他乡村共同体则蝶变为以市场关系为纽带的现代新型乡村共同体，这也是乡村振兴之路的奋斗目标和必然结果。

三 展望

（一）乡村共同体的困境

在杨家大塆共同体从逐步消解直至终结的整个过程中，构成共同体的六个维度在每一次土地制度发生变革时，都会出现相应的改变。虽然杨家大塆将不复存在，但可以从它变迁的过程中反思中国传统乡村共同体目前的困境，有助于为未来共同体的重构提供有依据的思索与建议。

1. 地域空间的消失

共同体的存在是以相应的地理承载和活动空间为物质基础的，共同体的形成和变化离不开一定地域范围。可以说，共同体存在的根本就是作为空间的土地，共同体地域意义上的消失，代表着共同体的彻底终结。土地的市场化，直接的表现就是耕地的流转、土地的被征用；而土地的被征用，直接导致共同体载体的逐渐消失。村落共同体，尤其是杨家大塆这样的城郊村落，面临的最大困境就是由城市化、工业化带来的共同体空间逐渐被挤压，甚至消失。

2. 人口的脱域

集体化生产的退出，家庭联产承包责任制的全面实施，使得农民开始逐渐脱离土地的束缚，走出传统地理边界所形成的封闭空间；20 世纪 90 年代沉重的税费负担，外出务工较高经济收入的诱惑，致使土地抛荒严重，外出务工人员越来越多；而随着农业税的取消，这种"出走"达到了顶峰。村落共同体成员，尤其是年轻成员的流失，也是共同体所面临的困境之一。鼓励吸纳外出务工人员和退休人员回乡创业，是共同体重构需要考虑的因素。

3. 利益纽带的断裂

经济活动及相关利益的生产分配是维系和巩固共同体不可替代的纽

带。家庭联产承包责任制的实施打破了集体化时期"公有公营"的利益纽带，市场经济制度逐渐取代计划经济制度。在广阔的市场经济体系下，农民可以在市场上购买到几乎所有自身需要的物质与服务。原来提供这些资源的社会网络承受着前所未有的冲击，逐渐浸没在经济体系之中，受市场环境支配。这一市场经济制度，使得农民的行为功利主义色彩浓重，以利益为中心，以获得金钱为目的，追逐利益的盲目获取。

随着集体所有制企业逐渐走向衰落，乡镇民营企业开始蓬勃发展。如果说集体化时期的利益纽带是非自愿形成的，那么民营企业这一业缘共同体的利益纽带则是农民自发构建的。和职业农民群体这个非正式的业缘共同体一样，它的存在是需要以土地为依托的。没有了土地，就无法修建厂房，无法开展生产经营活动。随着土地的市场化，很多城郊村庄有限的耕地和集体建设用地被征收，附着在土地上的民营企业要么转移，要么变卖，要么破产，由工人构成的业缘共同体在丧失利益纽带之后，被彻底消解。

共同利益纽带的断裂，带来的是农民行为功利色彩浓重、以自我利益为中心、凝聚力衰退、向心力弱化、团结力不强等一系列问题。共同体的存在必须有共同的经济生活，只有建立在共同的现实利益之上，共同体才有稳定可靠的现实基础。

4. 精神纽带的断裂

土地制度的变革带来的是农民流动性的增大，新的物质文明把城市的生活方式及物质文化通过外出务工者和市场经济手段渗透进农村社会，传统的社会价值观念受到冲击，宗族情感与集体身份认同逐步弱化，传统宗族权威日渐衰弱，宗族仪式逐渐消亡，集体记忆渐渐消失。

共同情感、价值取向和心理认同是共同体延续必不可少的因素和显著特征。共同体的重构，需要共同体成员对共同体予以认同、信任和依赖，不仅要重视人们对于共同体提供安全感的需求，还要看重共同体对个人的责任与保护。

5. 互动交往的减少

随着农民接触到更为广阔的外界社会，生活逐渐多元化，村民之间的异质性逐渐扩大，彼此的联系也随之越来越少；共同利益纽带的断裂，进一步促使共同体成员间互动交往的减少，熟人社会变为半熟人社会。农民之间的社会关系趋于理性和功利，以满足自身利益优先，对村庄事务不上心，逐渐成为村庄利益的获得者、村庄发展的旁观者，进而导致共同体难以形成足够强大的凝聚力。

6. 传统文化难以为继

在市场化与城市化的影响下，传统文化的生存土壤日益失去，农民对于传统文化的认同感逐渐缺失。随着社会的发展以及人们受教育程度的提高，有些传统风俗习惯和乡村文化甚至被冠上迷信的色彩，为年轻一辈所不认同甚至不屑，再加上老一辈人的相继离去，使得传统文化更加难以为继；同时，随着村落共同体的变迁，个体意识的增强，长期形成的、不成文的道德行为规范对村民的约束力不断弱化；人口流动频繁、共同体成员之间逐渐不熟悉，类似节日、庆典、祭祀这样的乡村风俗仪式的传承受到不同程度的中断。在重构共同体时，需要对传统文化进行创新性的发展和转化。

7. 内部团结的消解

农民权利观念的转变、市场经济制度的深化、土地市场化带来的土地升值，使得在土地"两权分离"时期和土地市场化时期，都出现了由经济利益引发的冲突，主要表现为干群冲突、邻里冲突、亲属冲突，而这些冲突，都是围绕土地和房屋展开，最直接的影响就是导致共同体内部团结的消解。因此，加强治理的有效性、保障村民权利也是在共同体重建中需要考量的问题。

（二）乡村共同体的重建

乡村共同体的消解与重建是农村经济社会变革中破与立的对立统一，是在构建城乡融合发展体制机制，完善农村现代治理体系，推进农业农村现代化过程中必然出现的现象，体现了事物新陈代谢、不断向前发展的内在规律。任何重要的社会变革都有其重要的经济社会背景，总是在一定的政治话语背景下展开的。当前乡村社会变迁是在决胜全面建成小康社会、开启全面建设社会主义现代化国家新征程的背景下展开的，乡村共同体的重建以中国特色社会主义进入新时代、社会主要矛盾转化和实施乡村振兴战略等为政治背景，乡村共同体的重建必须契合经济社会发展的新阶段、新形势以及党和国家对农村工作的最新决议和布局。党的十九大报告提出"产业兴旺、生态宜居、乡风文明、治理有效、生活富裕"的乡村振兴战略的二十字方针，并指出农村农业的现代化必须同城市发展统一起来，实施乡村振兴战略，形成城乡融合发展的体制机制，通过深化农村土地制度改革、构建现代农业生产经营体系、促进农村产业融合发展、推进乡村现代治理体系等重要措施，最终是要加快城乡融合发展，推进农村农业现代化。这既是实施乡村振兴战略的总要求，也为农业农村的现代化提出了总目标，还为乡村共同体的重建指出了方向和要求。乡村变迁的内在动力、演进路径、表现形式和作用机制非常复杂。一方面，全球化、信息化、市场经济等因素相互交织、深入发展，中国日益融入世界，同世界其他国家和地区发展息息相关；另一方面，经过改革开放四十多年的高速发展，我国社会主义发展进入新时代，社会主要矛盾转化，城乡之间发展不均衡、不可持续的状况更加突出，中国共产党做出开启决胜全面建成小康社会、城乡融合发展和实施乡村振兴等系列重大决策，昭示着农村经济社会发展的前景将十分广阔。在这样的背景下，乡村共同体不会完全消失和终结，相反，在未来很长一段时间内农村仍然担负着粮食生产、社会治理、民主实践、文化传承、生态环境等方面的重要功能，农村也仍然是很多人工作生活的主要场所。当然，农村经济社会发展也不会是静态的，在国家现代化过程中，农村社会发展必然要经历从传统向现代的转变，更多的现代元素和因子将融入乡村，在基础设施、物质条件、精神文化、生态环境、居住饮食等各方面改变乡村社会的传统面貌。因此，农村要适应经济社会发展的新形势，发挥在国家中的基础性地位和作用，就必须从统筹城乡发展的角度，在生产发展、社会组织、生态环境、精神文明、居民素质等方面不断提升，在全球化时代条件下，使乡村社会既坚持开放性，又注重本土特色，实现动态的发展，彰显自身独特的价值。

乡村变迁的根本动力和发展方向是现代性。在这里，现代性是作为一个基本发展趋势和大的历史潮流而提出的，在不同阶段具有不同的形式和内容。现代性最早是由西欧开启的以现代机器和工业化为基础的一系列经济、政治和文化变革，是一个与传统相对应的重要范畴。在中国近现代史上，不同政治群体和派别曾对现代化有过不同表述，做出过相应探索和实践。比较有代表性的如：地主阶级洋务派曾企图在封建社会肌体上发展现代工业，洋务运动后期代表人物张之洞提出"中学为内学，西学为外学"的中西调和论主张以推进中国的近代化，企图在保存中国既有制度前提下，学习西方先进科学技术，最终以失败告终；戊戌变法时期，维新派企图在中国自上而下通过建立君主立宪的近代政体来推动中国现代化；以孙中山为代表的资产阶级革命派提出"三民主义"和"五权宪法"为指导的建国施政纲领。还有一些著名学者，比如胡适曾说，"我们要建立一个治安的，普遍繁荣的，文明的，现代的统一国家"，并指出"'现代的'总括一切适应现代环境需要的政治制度，司法制度，经济制度，教育制度，卫生制度，学术研究，文化设备等等"（胡适，1983：180）。中华人民共和国成立后，我国先是提出"四个现代化"的奋斗目标，改革开放后，邓小平提出要在20世纪末把中国建设成一个富强民主文明的现代化强国。在当前的语境下，"现代化国家"具体表述为"富强民主文明和谐美丽的社会主义现代化强国"。乡村共同体的重建以这种现代化潮流为大的历史背景，具体表现为现代国家政权、市场经济以及乡村自身演变机制相互作用的结果。这三种力量相互作用，彼此互动，共同推动了乡村社会的变迁。当然，在不同历史时段，对乡村社会变迁产生的影响也不同。总的来说，现代性对于乡村共同体具有解构和重建的双重作用。

一般认为，传统乡村是一个由乡绅主导的自治型社会，主要依靠社会自身的力量，而不是政府的介入，来解决村庄的日常管理、社会秩序与公共服务等问题。如徐勇教授认为，传统中国以家户为基本单元，历来有"皇权不下县"的传统，县是国家最低基层政权组织，广大的乡村社会主要依靠乡绅和宗族来进行自我管理，而乡绅和宗族的这种管理得到国家权力的认可和赋权，乡村自治和国家治理在权力运行、文化精神、价值取向上具有一致性（徐勇，2013）。美国学者杜赞奇认为，近代国家政权对乡村的介入和资源汲取是造成农村混乱和衰败的重要原因，而乡村士绅是介于国家和乡村之间的力量，一般倾向于维护农村利益，是一种保护性经纪人（杜赞奇，1994）。当然，由于经济社会发展水平和社会管理水平较低，乡绅和宗族所组织和提供的社会服务难以与现代国家公共服务相提并论，但乡绅和宗族的管理和服务为农村经济社会发展提供了基本保障，为稳定农村社会秩序奠定了基础。因此，乡绅是介于国家和农民之间的关键性角色，乡绅们掌握着地方权威，主导着乡村社会治理，在中国传统社会中具有承上启下的重要作用，他们植根于乡村，是乡村社会的领导者和组织者，同时在政治认同和价值归属上从属于统治阶级，许多乡绅都具有国家赋予的功名，因此乡绅治理与宗族管理在政治认同上同政治国家具有共同的哲学基础，乡绅阶层也是维护传统乡村社会稳定的重要力量。但近代以来，随着近代化（现代化）的推进，城市工商业不断发展并逐步成为国家强盛的关键，城市和工业、资本成为国家重点关注和发展的对象。而在实现国家现代化的社会动员和资源整合中，必须从农村汲取资源以进行现代化建设。国家要顺利地从农村汲取资源，就必须有相应的制度和机构安排，国家的正式机构和制度安排就必然要向乡村延伸，从而打破传统乡村社会治理结构，使得乡绅从保护性经纪人转变为营利性经纪人，这是近代以来乡村社会秩序发生的重大变化。在国家现代化过程中，原有乡村治理秩序逐步消解，国家与乡村双向互动关系演变为单向度关系，乡村逐步纳入现代国家构建体系中，从而提出了传统乡村共同体的消解与新的乡村共同体重构的重大问题。这也是自近代以来，国家现代化、城乡关系、乡村社会建设等诸多重大问题中的一个基本问题。

在新中国成立以前，传统乡村共同体就趋于消解，在国家政权、国外势力、城市资本以及战争、自然灾害等诸多因素作用下，农村地区普遍陷入贫困饥饿的萧条状态，传统社会关系网趋于消解，乡村变革同国家振兴和民族富强具有相同属性的历史意义。1949 年后，乡村共同体经历了从生活共同体向经济生产、社会生活和政治组织共同体的重大转变。如果说新中国成立前，许多地方还保留有部分传统的血缘、宗族和士绅等民间社会自治因素，新中国成立后，随着在广大农村地区普遍推行互助组、初级社、高级社以至于人民公社，尤其是执政党的乡村基层组织的普遍建立，标志着国家政权、政策和法律全面下乡，深入基层并发挥主导作用，传统的村社单元被村小组、生产大队以及范围更大的人民公社取代，以血缘和地缘为基础的乡村自治体系迅速瓦解，党的领导代替士绅和族老的权威，社会主义代替传统道德律令成为新的价值取向，法律和政策代替了传统习俗和乡规民约。不论在组织形式、地域范围、价值导向、行为规范还是主导力量等方面，传统乡村社会被以乡村基层党政组织为核心的新的乡村共同体所取代。同传统的乡村共同体最大的不同在于，这种新的乡村共同体以土地集体所有为基础，由国家权力深度干预和介入而形成，是国家建构的产物，而不是自然或自发形成的社会生活共同体，集政治、生产、生活、娱乐、教育等诸多功能于一身。

改革开放以来，在农村推进以家庭联产承包责任制为核心的土地制度改革，建立在集体经济和统一劳动、统一分配基础上的集多功能于一身的人民公社也逐渐消解。人民公社制度消解的关键是土地经营制度的改革。家庭联产承包责任制在土地集体所有制前提下，将所有权与承包经营权分离，以家庭为单位进行独立劳动、自负盈亏，赋予农民以有限土地产权，鼓励农民的积极性和主动性。从一定意义上说，以家庭为单元的独立自主、自负盈亏的经营模式是对传统小农生产生活方式的某种程度的恢复。同家庭联产承包责任制相对应的乡村社会治理方式是村民自治制度。村民自治制度改变了此前国家对乡村社会高度集中的管理模式，可以视作国家对乡村社会治理的放权，也是推进基层民主政治的一次重要尝试。建立适应社会主义市场经济和基层民主政治的乡村社会治理模式，是改革开放以来乡村社会治理的主题，这种探索是对管理过度集中的人民公社体制的反思。村民自治制度以社会主义市场经济为背景，建立在土地的使用权和承包经营权"两权分离"的基础上，市场经济的迅速发展和独立自主、自负盈亏的经营模式，使村庄迅速分化，利益来源和思想观念也日渐多元化，并形成大量流动人口和"两地社会"现象。这些情况的存在，一方面，削弱村委会的组织动员能力，导致以村委会为基本结构的农村社会治理体系的衰落，许多村委会难以胜任组织领导村民生产、维持农村社会秩序、开展农村精神文化活动的任务，仅扮演着维持村庄最低限度秩序的角色，这种情况在农村税费改革后尤其明显；另一方面，市场经济规则深入乡村的每一个角落，农民收入主要通过市场交易方式来实现，市场化的交易实践和交易规则发挥着教育和改变人们思维习惯和行为方式的重要作用，农村人际关系更多地体现理性经济人的特征，村民的认同感、合作精神和集体行动能力减弱了，人与人之间的信任感、人情味也大大减弱。因此，农村共同体当前面临着两个亟待解决的重要问题，一是以村民委员会为核心的社会治理体系的有效性问题，二是市场经济深入乡村后人与人之间的关系问题。

1. 利益相关

马克思认为："人们奋斗所争取的一切，都同他们的利益有关。"（《马克思恩格斯全集》第2卷，1957：103）很多社会现象和社会行为，都可以通过利益这个核心概念来展开分析，从利益关系的分析中得到有益的启示。在诸多利益关系中，物质利益是利益关系的核心，它是一种人与人之间的经济关系，反映人在经济社会关系中所处的地位和作用。利益相关是共同体赖以存在的根基，利益关系的紧密程度决定不同类型的共同体，乡村共同体的不同发展阶段充分说明了内部利益相关性对不同类别共同体的重要作用。对乡村共同体来说，最重要的利益问题是土地制度问题，以土地集体所有为基础的土地制度将集体成员联系在一起。而当前大多数村是以村民小组，也就是自然村为基本单位对土地行使集体所有权，因而是村民小组而不是行政村，更多地体现出利益共同体的特征，在村民小组内部，其成员之间联系更加频繁，关系更为紧密，相互之间更为熟悉和友好，这主要是基于当前土地集体所有的实现形式。同时，中国农村土地集体所有的产权结构从根本上决定了乡村共同体的治理形式是村民自治，而不是基层政府的行政管理。从利益视角来看，加强和巩固乡村共同体，就必须从深化农村土地制度改革，构建现代农业生产经营体系，建立合作交往平台等方面着手。

一是深化农村土地制度改革。深化农村土地制度改革的根本目的在于保障农民财产权益，而要更好地保障农民的财产权益，就必须完善新形势下的土地制度。根据党的十九大报告，深化农村土地制度改革，是在坚持农村基本经营制度下，继续保持土地承包关系稳定并长久不变，完善承包地"三权分置"制度。在坚持土地集体所有权的前提下，明确并保障农民对土地承包的资格，承包权也是基于集体成员的资格确认，同时，考虑到农民外出务工经商等人口流动和土地规模化经营、现代农业科技推广等变化因素，允许和鼓励通过土地流转的方式，将经营权转让给其他个人或组织，这种土地制度安排兼顾了集体所有、农民权益和经济效益等方面的需要，适应了新形势下全面深化农村改革的实践需要。深化农村改革，除了继续根据各地实际情况推进土地流转，鼓励规模农业有序发展，同时还要大力支持农民合作，保障农业合作社在土地流转中的优先权，将土地流转同加强农村内部合作结合起来，使土地制度改革真正增进农民利益。同时，还要建立更多的配套制度，如合作金融和农村社会保障，使农民的这种承包经营权得到有效制度保障，从而落到实处，发挥保障农民生产经营权益的作用。

二是构建现代农业生产经营体系。构建现代农业生产体系的过程，必须处理好农业生产与资本下乡之间的关系。农村农业要发展，就必须有足够的资本投入，否则农村发展就没有动力来源和资源支撑。针对这个问题，学术界有不同的意见。一种意见持肯定态度，认为资本下乡可以有效缓解农村经济发展、劳动就业等问题，应当从制度和政策上予以鼓励和支持。另一种意见认为，要防止资本下乡后对农民的盘剥和奴役，会出现许多不可预计的风险。在现实中，确实出现了资本为了追逐利益而出现吞没小农，忽视长远利益而追求短期效应等问题，一些地方还出现了新的圈地运动。对资本下乡这一现象，既不必过度警惕，认为"狼"来了，也不能放任不管，听之任之，而是要在实践中根据实际情况不断完善资本下乡的各项管理制度，充分发挥资本巨大的逐利和驱动效应，在基础设施建设、培育新型农业经营主体、发展农业规模经营、提高农业经营效益等方面，使资本为繁荣农村经济社会发展和提高农民生活水平服务。同时，还要通过建立和扩大农村合作社，增强农村社会内部合作意识和合作能力，不断增强农民市场生存能力和博弈本领。

三是构建各种利益联系平台。重建乡村共同体，还必须建立各种形式的利益联系平台和纽带。这些利益平台和纽带越多，就越能将村民以各种形式组织起来，越能提高和增强村民之间的互动频率和合作能力，从而增强同外界交往和讨论还价的能力。利用市场机制组织建立民间合作组织，增强村民的合作能力，也是激发和培育村民公共精神和共同体意识的有效途径。在实践中，必须根据村庄的自然和社会禀赋，探索村庄利益联系平台。比如，有些村庄有传统优势产业，就可以组织专业合作社，政府部门可以牵头组织专家有针对性地对成员进行培训和教育，增强和提高他们的现代经营理念和科学技术水平。比如，有些地方农民为解决生产和生活中带有共性的问题而组织起来，形成利益联系组织。再比如，农村许多地区出现了大量基于共同爱好和兴趣而组成的腰鼓队、乐队、棋牌协会等组织，基层党委政府就必须对这种农民健康的娱乐方式进行鼓励和引导，可以采取培训、经费支持和比赛等方式予以支持，促进其发展壮大。这些都说明，搭载各种利益平台，是巩固乡村共同体的重要方式和途径。

2. 精神认同与价值导向

当前，广大农村地区在基础设施建设、居住条件、人均收入和生活水平等方面得到了较大改善和提升，人们在衣食住行等基本物质方面有了更多选择和自主权，很多大件商品，比如家用轿车等也越来越多地飞入寻常百姓家，极大地提高了人们的生活品质，农村温饱问题已经不是普遍问题，许多地区正在向更高水平小康生活奋斗。正因如此，党的十九大报告指出，中国特色社会主义进入新时代，我国社会主要矛盾已经转化为人民日益增长的美好生活需要和不平衡不充分的发展之间的矛盾。农民的美好生活需求也是此中应有之义，农民不仅要求更为丰富和稳定的物质享受，也更加需要有内涵有品质的精神文化生活。在农民的物质需要逐步得到满足和农村基础设施建设普遍提升的同时，必须加强农村的精神文化生活建设，使农民的精神世界与物质财富相匹配和平衡，使他们有平和的心态去驾驭迅速累积起来的财富，而不是相反。事实上，许多农民富起来后，在道德伦理和精神文化方面暴露出许多亟待解决的问题，比如拜金主义、享乐主义、物质主义和消费主义等在不少地区开始泛滥，许多人不能适应和驾驭鼓起来的钱包，以至于忘乎所以、为所欲为，还有些人为了追求物质财富，利欲熏心、不择手段，以致走上违法犯罪的道路。农村还普遍面临着"原子化"或"个体化"趋势，人际关系逐步冷漠化、工具化、疏离化，道德信任面临全面瓦解，乡村社会正在经历从治理性危机到伦理性危机的转变。因此，必须思考如何确保农民在物质上富起来的同时，避免农村成为精神文化上的荒芜废墟，使物质财富和精神文化之间保持合理的张力。实现中华民族伟大复兴的中国梦，物质财富要极大丰富，精神财富也要极大丰富。

一是重建共同体精神纽带。共同认同和价值取向既是社会组织形成的文化维度，也是共同体成员进行合作的认识基础。没有共同的价值认同和奋斗目标，社会合作和社会交往就会出现诸多矛盾和摩擦。当前，农村地区社会分化是不争的事实，利益差异、精神多元、价值多元等社会现象正在凸显，农村地区正在由熟人社会转变为半熟人社会，尤其是常年在外工作生活的年轻一辈，同乡土的联系和认同被削弱，而农村人际关系纽带更多地体现利益交换和商品货币的特征，尽管血缘和地缘仍在发挥调节社会关系的作用，但利益取舍和价值衡量则是更为普遍和主要的力量。因此，重建乡村共同体精神纽带，必须尊重建立在市场经济基础上的个人权利和自由、利益差异、价值多元等背景，同时，必须引入更多的现代社会因素，包括民主、法治、自由、公正、平等等重要社会价值，尤其是要重视社会主义核心价值观在农村精神文化建设中的解释和应用。党的十九大报告指出："把社会主义核心价值观融入社会发展各个方面，转化为人们的情感认同和行为习惯。"在农村地区贯彻和践行社会主义核心价值观尤其如此，要用接地气的方式和语言，将社会主义核心价值观同农民经济社会生活联系起来，使社会主义核心价值观的贯彻做到"百姓日用而不自知"，如春风化雨而润物无声，使主流社会价值观成为每个人的行为习惯和基本遵循。

二是处理好传统乡村伦理与现代公共精神之间的关系。传统乡村伦理与现代公共精神之间的关系实际上是传统与现代这对范畴的延伸和细化。对传统文化的解读和认知会因经济社会发展的阶段和程度而有所不同，比如在近现代史上，就曾出现过反传统和全盘西化等激烈主张，把中国的贫弱和落后完全归咎于深厚沉重的文化传统，这在"欧风美雨驰而东"的最初时期是可以理解的，由于历史进程和走势还未完全展开，还没有提供足够丰富的史实和素材，这限制和局限了人们的历史视野，当时的人们没有完全认清或适应中西文化碰撞带来的震撼和波动，一时手忙脚乱，显得无所适从。实际上，乡村属于国家整体的一部分，而近代以来中国历史主题就是通过民族解放和国家自决，建设一个富强民主文明和谐美丽的现代化国家，进而实现中华民族伟大复兴。不论是革命还是改革，都指向国家现代化进程和民族复兴。乡村建设以及乡村传统伦理发展都要适应国家现代化的发展目的。党的十九大报告明确指出，要结合时代要求，对中华优秀传统文化进行继承创新。这意味着，对传统文化继承和发展是立足于新时代经济社会发展的实际需要，要对优秀传统文化进行创造性转化和创新性发展，从而丰富和扩展当前发展所需要的文化资源和思想资源。传统乡村伦理与现代公共精神之间既存在相互冲突、不能兼容的一面，也存在创造性转化、创新性发展的可能。传统乡村共同体以血缘和地缘为纽带，在相对封闭的环境下，形成以守望相助、相互扶持、邻里和睦为伦理义务和"出入为友、疾病相扶"的民间传统，强调人伦关系、人际和谐和道德操守，折射出一幅温情脉脉的田园风景，"肯与邻翁相对饮，隔篱呼取尽馀杯"，既满足人际交往的情感需要，也有抱团取暖的现实驱动。当前，我们发展现代乡村伦理，是在中国特色社会主义进入新时代，市场经济规则和意识深入乡村，商品货币关系成为社会资源配置主要方式，大力发展基层民主政治，推进基层治理法治化，实施乡村振兴战略的大背景下展开的，因此新时代乡村伦理具有全新的内涵和要求，明确村民的公民权利和法律地位，不断推进基层治理法治化，充分保障村民的经济社会权益，强调权利本位基础上的自治和合作。因此，要充分继承传统乡村伦理中的合理部分，将之与现代伦理有机结合起来，要用社会主义核心价值体系引导村民形成现代价值观，从传统人格向现代人格转型。从根本上说，就是要实现传统伦理道德的现代性转换。新型乡村伦理共同体的重建要以乡村公共空间和公共生活的培育为基础，让村民在公共空间和公共生活中学习新的与人相处之道，培养以公共理性精神为核心的现代性道德。

三是对乡村文化进行创造性转化。中国在绵延几千年的历史中，创造了以农耕文明为底色灿烂辉煌的中华文化，而源自中华民族五千多年文明历史所孕育的中华优秀传统文化，则是当前中国特色社会主义文化的重要来源之一。乡土中国曾经孕育和产生了诸多优秀传统文化，也是当前许多民间文化和非物质文化遗产的栖息地，仍然担负着文化传承和文化传播的历史使命。充分挖掘和发扬蕴藏在民间的各种形式的优秀传统文化，结合时代要求进行继承和创新，使它们在新时代焕发出新生命，向世人展示深厚乡土文化的独特魅力和时代价值。对乡村文化进行创造性转化，一方面，要尊重乡村历史传统，延续历史记忆和共同价值，体现乡村前后相续的历史发展过程，比如各种民俗活动和节日仪式，民间祭祀和杂耍，特色手工业和食物，民间曲艺和独特技艺等，都是承载乡村历史记忆的有效载体，不管以什么形式进行传承，都凝聚着一代又一代乡村人的努力和汗水，遗留并继承下来，就成为乡村共同的文化财富，展示着人们的情感世界和精神世界，在很大程度上赋予生活以意义，成为人们安身立命必不可少的精神寄托。这些都是在建设乡村文化中需要继承并创新发展的重要部分。另一方面，乡村文化又需要立足本来、吸收外来、面向未来，不能故步自封、抱残守缺，而是要以开放的心态和思维，发展乡村文化的新形势和新内容，从根本上说，要以民主、法治、自由、平等、公正等现代公共价值为发展乡村文化的底色，克服传统文化中官本位、等级制人身依附、公私界限不明等弊端。

3. 治理有效

中国共产党基层组织领导下的村民自治是当前乡村治理的基本格局，党的村级基层组织和村民委员会是组织村民开展生产、进行社会管理、调解社会矛盾等的领导力量。当前，在乡村治理中存在一些不可忽视的问题。在发展村级民主政治、推进乡村治理现代化过程中，也出现了一些问题，比如基层选举中的贿选、宗族操纵和黑恶势力介入等，在一些地区造成了村庄政治社会秩序的混乱。在一些地方，村"两委"不能为村庄长远发展正确引导村民，如一些村庄在获得大额征地补偿款后，往往在村民的强烈要求下对补偿款一分了之，忽视了村庄公共建设和长远发展，村庄公共产品和服务难以形成一个长期有效的运转机制。还有一些资源缺乏的乡村，由于缺乏必要的经济社会资源，村级自治组织难以开展管理和服务工作，不能及时回应和满足村民的需要，村"两委"缺乏号召力和行动力，村民与村"两委"之间联系非常松散。这些变化中的情况说明，必须采取有效措施避免乡村治理危机。

一是注重农民权利保护。新乡村共同体的核心在于农民权利的尊重和保护。这不仅是因为在发展社会主义法治文明过程中，农民权利意识增强，更重要的是对个体权利的重视和保护，体现了国家对个体的尊重，同时也有利于以权利相互关系为纽带，形成联系紧密的乡村权利共同体。在农民诸多权利中，对土地的占有、使用、收益等权利具有首要和突出的地位。土地作为农村最重要的生产资料和社会资源，具有基础性和关键性地位。因此，农村土地制度改革是新型乡村共同体产生和发展的核心问题。土地制度改革涉及执政党、各级政府、市场资本和农民等各方面切身利益，土地制度的变革具有决定性意义。当前，考虑到我国的社会主义经济基础和制度，在坚持农村土地集体所有制的前提下，必须增强农民对土地的话语权和支配权，使土地征收与流转真正建立在农民的意愿基础上，充分反映农民的利益和诉求，而不是基层政府或村干部等少数人以公共利益或集体利益的名义说了算，使集体所有名副其实。同时，还要注意到，除市场组织和市场手段介入外，黑恶势力等也可能介入农村土地转让的过程中，扰乱土地流转的正常工作，妨碍以土地权利为核心的农民权利的落实。必须在完善落实党的政策的同时，加强法治化保障手段，以法治保障权利救济。

二是加强法治保障。党的十八届四中全会指出，要推进基层治理法治化。基层治理法治化是现代国家构建中进行资源整合和社会动员必然出现的现象，其基本要求是在党的领导下，按照法律来进行社会管理，加强法律普及教育，严肃法律执行，培养人们的法律意识和应用法律维护自身权益的能力，使经济社会发展的各个方面都纳入法律轨道。在长期封建专制统治中，重权威、轻法律，重人情、轻法治，重惩罚、轻保护，诸法合体、刑名不分等造成我国法治文化的诸多缺陷，尤其是缺乏独立的法律人格、清晰明确的责任观和契约精神等，因此培养人的法治观念和法治素养，是支撑基层治理法治化、推进乡村治理共同体建设的主体承载。推进基层治理法治化，首先，要从健全基层法治机构、加强法治队伍建设、增强经费物质保障、严肃执法监督等方面，增强基层法治机关的执法工作能力。基层人民法院、检察院、公安局和派出所要加强对农村法治网络建设的指导和监督，建立完善县、乡、村三级联动的法治网络。其次，要建立重心下移、力量下沉的法治工作机制。创新农村社会治理方式，关键是提升矛盾预防和化解能力，加强源头治理、动态管理和综合施策，建立健全矛盾纠纷排查调处机制，变事后处置为事先预防，变治标管理为治本管理，掌握矛盾处理的主动权。还要通过完善听证、评议、监督等制度，保障村民的知情权，构建民意表达和利益诉求的制度化渠道，从根本上消除矛盾滋生的土壤。最后，推进司法干部和法律工作者下农村活动。要积极引导、推荐优秀法治干部到农村地区挂职或指导工作，组织法官、检察官、律师、教师等法律援助队伍，深入农村开展法律援助活动，建立便民法律服务机制和渠道，加强法律援助工作站的建设，扩大法律援助范围，提高法律援助质量。

三是继续加强村级民主政治建设。村级民主政治建设的关键是，培养大量具有现代理性和公共精神的乡村公民。要引导村民通过自我管理、自我服务、自我教育、自我发展的方式，加强民主选举、民主决策、民主管理和民主监督，继续加强和完善村民自治，为村民按照其意愿和内在需求参与村庄的日常事务管理提供制度性平台。通过这种民主政治实践平台，让村民在相互讨论、交往博弈、让渡妥协中，学习民主技能、议事能力、妥协精神和合作习惯，从而更好地认识自己权利与他人权利关系、个体自由与共同体秩序关系、权利与责任关系等重要范畴。民主治理还要尊重和回应乡村社会利益分化和利益多元化的基本格局，民主政治的展开就是以社会分化为基础，核心是在尊重彼此权利的基础上，通过民主议事和决定的方式，达成共识，减少分歧，解决公共事务。因此，民主实际上是始于差异和分化，而成于共识和认同，最终是为了满足公共需求。在乡村共同体建设过程中，就必须在尊重差异基础上，扩大最大公约数，寻求共识，在基层政府、村级自治组织、村民、社会组织之间寻找利益共同点，整合力量，做大蛋糕，以村庄民主政治治理推进村庄经济社会发展。同时，考虑到转型社会中可能出现的各种失衡现象和已经出现的治理混乱的问题，党委领导和政府负责在乡村治理中负有特别重要责任，在政治和政策上负有指导和监督责任，保证村庄发展的社会主义方向，对干扰村庄民主治理的各种黑恶势力必须依法打击和惩治。总之，党委政府放手而不甩手，主要从政策、方向上介入，而不是从具体事务上介入村庄治理活动。

参考文献

档案类

《1959 年全县诉苦运动资料汇编——横店公社》，1960 年 2 月 1 日，武汉市黄陂区档案馆。

《鄂 0116 民初 3498 号民事判决书》，2017，武汉市黄陂区人民法院。

《鄂 01 民终 6759 号民事判决书》，2017，武汉市中级人民法院。

《关于启动幸福村片区改造项目的请示》，2017，横店街道办事处，横政字（2017）42 号。

《关于稳定完善联产承包制推广情况及八二年农口工作总结》，1983 年 2 月 1 日，武汉市黄陂区档案馆。

《关于执行基本口粮、基本工分、基本肥料的调查研究》，1959 年 3 月 1 日，武汉市黄陂区档案馆。

《横店镇农村党支部换届选举办法》，1987 年 2 月 23 日，武汉市黄陂区档案馆。

《横店镇农村党支部换届选举工作实施方案》，1987 年 2 月 23 日，武汉市黄陂区档案馆。

《横店镇志》，1988 年 5 月，黄陂县横店镇志编纂委员会。

《黄陂区学习毛主席著作积极分子经验交流会材料》，1967 年 3 月 5 日，武汉市黄陂区档案馆。

《黄陂通志》（第二卷），2008 年 11 月第一版，武汉市黄陂县县志编纂委员会。

《黄陂通志》（第一卷），1992 年 12 月第一版，武汉市黄陂县县志编纂委员会。

《黄陂统计年鉴 2016》，2017 年 2 月，武汉市黄陂区统计局、国家统计局黄陂调查队。

《黄陂县除害灭病领导小组关于黄陂县今冬明春除害灭病规划》，1958 年 11 月 14 日，武汉市黄陂区档案馆。

《生产情况统计表及横店镇两项基本建设完成情况统计表》，1983 年 2 月 1 日，武汉市黄陂区档案馆。

《省委关于坚决响应林彪同志号召把活学活用毛主席著作的群众运动推向新的阶段的通知》，1966 年 10 月 13 日，武汉市黄陂区档案馆。

《县农委关于农业结构调整、各种经营、科教兴农、引资开发、能源水产建设的总结、通知、意见》，1997 年 12 月 23 日，武汉市黄陂区档案馆。

《县农委关于土地承包、减轻农民负担、技术推广等情况调查》，1997 年 5 月 11 日，武汉市黄陂区档案馆。

《县委关于贯彻〈省委关于坚决响应林彪同志号召把活学活用毛主席著作的群众运动推向新的阶段的通知〉的通知》，1966 年 10 月 18 日，武汉市黄陂区档案馆。

《县委关于兴修农田水利、经营管理、收益分配和多种经营（包括耕牛、猪、渔、副业等）问题的通知》，1960 年 3 月 25 日，武汉市黄陂区档案馆。

《县委批转县委公交部〈关于制止工程队、农民盲目流入城市承包工程的几项通知〉》，1957 年 10 月 11 日，武汉市黄陂区档案馆。

《县委批转县委宣传部〈关于改进电影队管理和收费问题的意见〉》，1957 年 9 月 9 日，武汉市黄陂区档案馆。

《县委批转县文化局党支部〈关于加强农村文化工作若干问题的请示报告〉》，1964 年 1 月 30 日，武汉市黄陂区档案馆。

《县委批准联合大队试行以生产队为基本核算单位推动秋播生产的初步总结》，1961 年 11 月 18 日，武汉市黄陂区档案馆。

《县委批准县委宣传部关于当前农村开展文化宣传工作意见的报告》，1965 年 1 月 6 日，武汉市黄陂区档案馆。

《县委县政府关于大力开展诉苦运动把公社事业推向高潮的通知》，1958 年 11 月 22 日，武汉市黄陂区档案馆。

《县政府、财政局关于取消和调整部分收费项目及标准的通知、意见、汇报》，1995 年 1 月 12 日，武汉市黄陂区档案馆。

《杨氏宗谱·清白堂第二卷》，2006 年 2 月，武汉市黄陂区杨氏清白堂第六次续谱委员会。

《中共黄陂县委关于下发大办钢铁工业标语口号的通知》，1958 年 9 月 26 日，武汉市黄陂区档案馆。

《中共黄陂县委关于在春季期间大力开展以除四害为中心的爱国卫生运动的意见》，1958 年 2 月 15 日，武汉市黄陂区档案馆。

《中共黄陂县委宣传部关于下发人民公社标语口号的通知》，1958 年 11 月 4 日，武汉市黄陂区档案馆。

《中共黄陂县委宣传部关于下发人民公社优越性口号的通知》，1958 年 8 月 30 日，武汉市黄陂区档案馆。

《中共黄陂县委宣传部、文教部关于大力收集民歌的通知》，1958 年 5 月 21 日，武汉市黄陂区档案馆。

《中共黄陂县文化局支委会关于农村业余剧团亟待要解决的几个问题》，1964 年 12 月 20 日，武汉市黄陂区档案馆。

《中共孝感地方委员会宣传部关于下发除四害讲卫生宣传口号的通知》，1958 年 2 月 16 日，武汉市黄陂区档案馆。

《中共孝感地方委员会宣传部关于下发共产主义教育标语口号的通知》，1958 年 10 月 28 日，武汉市黄陂区档案馆。

《中国共产党黄陂县委员会宣传部关于下发破四旧口号的通知》，1966 年 6 月 26 日，武汉市黄陂区档案馆。

《中国共产党黄陂县委员会宣传部（通知）》，1958 年 8 月 30 日，武汉市黄陂区档案馆。

著作类

阿尔弗雷德·舒茨，2017，《社会世界的意义建构：理解的社会学引论》，霍桂桓译，北京师范大学出版社。

《阿奎那政治著作选》，1963，马清槐译，商务印书馆。

艾伦·莱瑟姆、德里克·麦考马克、金·麦克纳马拉、唐纳德·麦克尼尔，2013，《城市地理学核心概念》，邵文实译，江苏教育出版社。

艾伦·麦克法兰，2013，《现代世界的诞生》，清华大学国学研究院编，刘北成译，上海人民出版社。

安东尼·吉登斯，2011，《现代性的后果》，田禾译，译林出版社。

安东尼·唐斯，2006，《官僚制内幕》，郭小聪等译，中国人民大学出版社。

奥古斯丁，2006a，《上帝之城》（上卷），王晓朝译，人民出版社。

奥古斯丁，2006b，《上帝之城》（下卷），王晓朝译，人民出版社。

柏拉图，1986，《理想国》，郭斌和、张竹明译，商务印书馆。

本尼迪克特·安德森，2016，《想象的共同体——民族主义的起源与散布》，吴叡人译，上海人民出版社。

波里比阿，2013，《罗马帝国的崛起》，翁嘉声译，社会科学文献出版社。

大冢久雄，1999，《共同体的理论基础》，于嘉云译，联经出版事业公司。

《党的十九大报告辅导读本》，2017，人民出版社。

《邓小平文选》（第3卷），1993，人民出版社。

杜赞奇，1994，《文化、权力与国家：1900—1942年的华北农村》，江苏人民出版社。

杜赞奇，2010，《文化、权力与国家：1900—1942年的华北农村》，王福明译，江苏人民出版社。

斐迪南·滕尼斯，1999，《共同体与社会——纯粹社会学的基本概念》，林荣远译，商务印书馆。

费孝通，1998，《乡土中国　生育制度》，北京大学出版社。

费孝通，2006，《江村经济》，上海人民出版社。

费孝通，2009a，《个人·群体·社会——一生学术历程的自我反思》，载《文化的生与死》，上海人民出版。

费孝通，2009b，《文化的生与死》，上海人民出版社。

冯天瑜，2013，《中国文化生成史》，武汉大学出版社。

冯天瑜、何晓明、周积明，2015，《中华文化史》，上海人民出版社。

富永健一，1992，《社会学原理》，严立贤等译，社会科学文献出版社。

哈布瓦赫，2002，《论集体记忆》，毕然、郭金华译，上海人民出版社。

贺雪峰，2017，《治村》，北京大学出版社。

黑格尔，1961，《法哲学原理》，范扬、张企泰译，商务印书馆。

黑格尔，2008，《黑格尔政治著作选》，薛华译，中国法制出版社。

亨廷顿，2008，《变化社会中的政治秩序》，王冠华等译，上海人民出版社。

胡适，1983，《我们走那条路?》，载蔡尚思、姜义华等编《中国现代思想史资料简编》（第三卷），浙江人民出版社。

霍布斯，1985，《利维坦》，黎思复、黎廷弼译，商务印书馆。

贾雷德·戴蒙德，2011，《崩溃：社会如何选择成败兴亡》，江滢、叶臻译，上海译文出版社。

康德，2003，《单纯理性限度内的宗教》，李秋零译，中国人民大学出版社。

李泽厚，2008a，《历史本体论·乙卯五说》，生活·读书·新知三联书店。

李泽厚，2008b，《中国古代思想史论》，生活·读书·新知三联书店。

《列宁全集》（第38卷），1986，人民出版社。

林恩·休谟、简·穆拉克，2010，《人类学家在田野》，龙菲译，上海译文出版社。

林毅夫，2012，《中国经济专题》（第二版），北京大学出版社。

卢梭，1962，《论人类不平等的起源和基础》，李常山译，商务印书馆。

卢梭，2003，《社会契约论》，何兆武译，商务印书馆。

卢现祥，1996，《西方新制度经济学》，中国发展出版社。

《论语·述而》。

罗伯特·达尔、爱德华·塔夫特，2013，《规模与民主》，唐皇凤、刘晔译，上海人民出版社。

洛克，1964，《政府论》（下），叶启芳、瞿菊农译，商务印书馆。

马基雅维里，1985，《君主论》，潘汉典译，商务印书馆。

《马克思恩格斯文集》（第10卷），2009，人民出版社。

《马克思恩格斯文集》（第1卷），2009，人民出版社。

《马克思恩格斯文集》（第 2 卷），1995，人民出版社。

《马克思恩格斯文集》（第 30 卷），1995，人民出版社。

《马克思恩格斯文集》（第 3 卷），2009，人民出版社。

《马克思恩格斯文集》（第 4 卷），2012，人民出版社。

《马克思恩格斯文集》（第 8 卷），2009，人民出版社。

《马克思恩格斯文集》（第 9 卷），2009，人民出版社。

马克斯·韦伯，2008，《经济与社会》，杭聪译，北京文化出版社。

马克斯·韦伯，2011，《社会学的基本概念》，顾中华译，广西师范大学出版社。

《毛泽东选集》（第 1 卷），1991，人民出版社。

孟德斯鸠，1959，《论法的精神》（上册），张雁深译，商务印书馆。

米格代尔，1996，《农民、政治与革命》，李玉琪等译，中央编译出版社。

帕克、伯吉斯、麦肯齐，1987，《城市社会学——芝加哥学派城市研究文集》，宋俊岭等译，华夏出版社。

配杰威齐、菲吕博顿，1994，《产权与经济理论：近期文献的一个综述》，载科斯、阿尔钦等《财产权利与制度变迁——产权学派与新制度学派译文集》，上海三联书店、上海人民出版社。

皮埃尔·布迪厄，2004，《实践与反思——反思社会学导论》，李猛、李康译，中央编译出版社。

齐格蒙特·鲍曼，2003，《共同体》，欧阳景根译，江苏人民出版社。

乔治·萨拜因，2015a，《政治学说史：城邦与世界社会》，托马斯·索尔森修订，邓正来译，上海人民出版社。

乔治·萨拜因，2015b，《政治学说史：民族国家》（上），托马斯·索尔森修订，邓正来译，上海人民出版社。

塞缪尔·亨廷顿，2008，《变化社会中的政治秩序》，王冠华等译，上海世纪出版社。

桑德尔，2001，《自由主义与正义的局限》，万俊人等译，译林出版社。

施坚雅，1998，《中国农村的市场和社会结构》，史建云、徐秀丽译，中国社会科学出版社。

《十八大报告辅导读本》，2012，人民出版社。

《十八大以来重要文献选编》（中），2016，人民出版社。

《十七大报告辅导读本》，2006，人民出版社。

史蒂芬·斯密什，2015，《政治哲学》，贺晴川译，北京联合出版公司。

唐正芒等，2009，《新中国粮食工作六十年》，湘潭大学出版社。

涂尔干，2013，《社会分工论》，渠东译，生活·读书·新知三联书店。

托克维尔，1989，《论美国的民主》（上卷），董果良译，商务印书馆。

王铭铭，2016，《人类学是什么》，北京大学出版社。

王亚南，2007，《中国地主经济封建制度论纲》，中国社会科学出版社。

威尔·杜特兰，2013，《哲学的故事》，蒋剑锋、张程程译，新星出版社。

温铁军，2009，《"三农"问题与制度变迁》，中国经济出版社。

西塞罗，1999，《国家篇 法律篇》，沈叔平、苏力译，商务印书馆。

《习近平关于社会主义文化建设论述摘编》，2017，人民出版社。

徐勇，1997，《中国农村村民自治》，华中师范大学出版社。

亚里士多德，1965，《政治学》，吴寿彭译，商务印书馆。

阎云翔，2017，《礼物的流动——一个中国村庄的互惠原则与社会网络》，上海人民出版社。

余英时，1994，《钱穆与中国文化》，上海远东出版社。

张光直，1995，《考古人类学随笔》，台湾联经出版公司。

张静，2000，《基层政权：乡村制度诸问题》，浙江人民出版社。

张康之、张乾友，2012，《共同体的进化》，中国社会科学出版社。

张乐天，2005，《告别理想：人民公社制度研究》，上海人民出版社。

《〈中共中央关于构建社会主义和谐社会若干重大问题的决定〉辅导读本》，2006，人民出版社。

《中共中央关于全面深化改革若干重大问题的决定》，2013，人民出版社。

论文类

边燕杰，2004，《城市居民社会资本的来源及作用：网络观点与调查发现》，《中国社会科学》第 3 期。

陈锡文，2014，《关于农村土地制度改革的两点思考》，《经济研究》第 1 期。

陈益元，2016，《诉苦、斗争和阶级划分：革命走入乡村实证研究——以湖南省土地改革运动为中心的考察》，《史林》第 4 期。

程民选，2007，《论社会资本的性质与类型》，《学术月刊》第 10 期。

池上新，2013，《村落共同体社会资本的构成及其相互作用》，《中国农村观察》第 4 期。

丁文，2015，《论土地承包权与土地承包经营权的分离》，《中国法学》第 3 期。

窦祥铭，2013，《现代中国农村土地产权制度的实证研究》，博士学位论文，南京师范大学。

杜靖，2005，《闵氏宗族及其文化的再生产——一项历史结构主义的民族志实践》，博士学位论文，中央民族大学。

方亚琴、夏建中，2014，《城市社区社会资本测量》，《城市问题》第 4 期。

费孝通，2002，《对上海社区建设的一点思考——在"组织与体制：上海社区发展理论研讨会"上的讲话》，《社会学研究》第 4 期。

冯平等，2013，《"复杂性现代性"框架下的核心价值观构建》，《中国社会科学》第 7 期。

冯玉华、张文方，1992，《论农村土地的"三权分置"》，《经济纵横》第 9 期。

龚春明，2015，《精致的利己主义者：干部角色及"无为之治"——以赣东 D 镇乡村为例》，《南京农业大学学报》（社会科学版）第 3 期。

桂华，2018，《城镇化进程中的农村土地低效利用与改进——基于武汉、上海等市郊农业政策的比较分析》，《经济学家》第 3 期。

桂勇、黄荣贵，2008，《社区社会资本测量：一项基于经验数据的研究》，《社会学研究》第 3 期。

郭继严，1982，《马克思社会资本再生产理论的建立过程》，《社会科学战线》第 3 期。

郭思俊，2008，《麻雀的劫难》，《文史月刊》第 10 期。

郭晓鸣，2011，《中国农村土地制度改革：需求、困境与发展态势》，《中国农村经济》第 4 期。

郭于华，1994，《农村现代化过程中的传统亲缘关系》，《社会学研究》第 4 期。

海云志，2011，《"关系型"强制动员——城市拆迁中私人关系网络的反向利用机制》，《青年研究》第 5 期。

韩康、肖钢，2008，《积极探索建立有中国特色的农村宅基地市场——启动农村宅基地市场化改革研究》，《理论前沿》第 13 期。

何煦，2014，《村落还是共同体吗？》，博士学位论文，复旦大学。

贺雪峰，2000，《论半熟人社会——理解村委会选举的一个视角》，《政治学研究》第 3 期。

贺雪峰，2012，《论中国农村的区域差异：村庄社会结构的视角》，《开放时代》第 10 期。

贺雪峰，2018，《为什么说中国土地制度是全世界最先进的——答黄小虎先生》，《湖南科技大学学报》（社会科学版）第 5 期。

胡荣，2006，《社会资本与中国农村居民的地域性自主参与——影响村民在村级选举中参与的各因素分析》，《社会学研究》第 2 期。

胡振红、叶桦，2018，《农村宅基地转让制度改革目标及总体方案研究》，《贵州社会科学》第 4 期。

胡中应，2018，《社会资本视角下的乡村振兴战略研究》，《经济问题》第 5 期。

黄家亮，2015，《当前中国农村社会变迁与基层治理转型新趋势——基于若干地方经验的一个论纲》，《社会建设》第 6 期。

季丽新、张晓东，2014，《我国农村民主协商治理机制的实际运行及优化路径分析——以山东、山西、广东省三个村庄的个案考察为基础》，《中国行政管理》第 9 期。

贾康、梁季，2015，《市场化、城镇化联袂演绎的"土地财政"与土地制度变革》，《改革》第 5 期。

姜晓丽、唐明勇，2011，《情感认同：中共处理危机事件的法宝——以抗美援朝期间的诉苦运动为例》，《天中学刊》第 3 期。

姜振华，2005，《社会资本视角下的社区治理》，《河南社会科学》第4期。

郎友兴，2016a，《村落共同体、农民道义与中国乡村协商民主》，《浙江社会科学》第9期。

郎友兴，2016b，《让农民的协商民主有效地运行起来：浙江省临海基层协商民主研究》，《中共浙江省委党校学报》第5期。

李国庆，2005，《关于中国村落共同体的论战——以"戒能－平野论战"为核心》，《社会学研究》第6期。

李汉宗，2013，《血缘、地缘、业缘：新市民的社会关系转型》，《深圳大学学报》（人文社会科学版）第4期。

李怀、贺灵敏，2009，《集体行动的内部动员过程——硬强制动员与软强制动员》，《华中科技大学学报》（社会科学版）第5期。

李杰、张光宏，2013，《农村土地制度与城镇化进程：制度变迁下的历史分析》，《农业技术经济》第2期。

李洁瑾、黄荣贵、冯艾，2007，《城市社区异质性与邻里社会资本研究》，《复旦学报》（社会科学版）第5期。

李利宏，2016，《资源型地区集体产权个体化后的村庄治理》，《江西社会科学》第5期。

李培林，2002，《巨变：村落的终结——都市里的村庄研究》，《中国社会科学》第1期。

李培林，2004，《村落终结的社会逻辑——羊城村的故事》，《江苏社会科学》第1期。

李培林，2012，《从"农民的终结"到"村落的终结"》，《传承》第15期。

李倩，2014，《消失的村落，存在的农民》，博士学位论文，中国农业大学。

李容芳、李雪萍，2017，《一致与偏离：仪式民俗与村里共同体的变迁——基于山地白族B村落的个案》，《中央民族大学学报》（哲学社会科学版）第1期。

刘浩林，2012，《论井冈山红色标语的历史作用和启示》，《福建党史月刊》第 18 期。

刘金菊、孙健敏，2011，《社会资本的测量》，《学习与实践》第 9 期。

刘梦琴，2011，《中国城市化进程中村落终结的路径选择》，《农村经济》第 2 期。

刘倩，2018，《社会资本测量理论方法探讨：农户社会资本的测量》，《财经理论与实践》第 4 期。

刘庆乐、施青军，2017，《风险防范、市场嵌入与政策演进：基于中国集体建设用地市场化的进程分析》，《中国行政管理》第 12 期。

刘善玖、黄保华，2002，《论中央苏区革命标语宣传的特点与作用》，《井冈山师范学院学报》第 4 期。

刘守英，2014，《中国城乡二元土地制度的特征、问题与改革》，《国际经济评论》第 3 期。

刘守英、蒋省三，2005，《土地融资与财政和金融风险——来自东部一个发达地区的个案》，《中国土地科学》第 5 期。

刘新卫、赵崔莉，2017，《农村土地整治的工程化及其成因》，《中国农村经济》第 7 期。

刘玉照，2002，《村落共同体、基层市场共同体与基层生产共同体——中国乡村社会结构及其变迁》，《社会科学战线》第 5 期。

陆保良，2012，《村落共同体的边界变迁与村落转型》，博士学位论文，浙江大学。

马朝琦，2007，《孟子"恒产论"对解决"三农"问题的启示》，《郑州大学学报》（哲学社会科学版）第 5 期。

马红梅、陈柳钦，2012，《农村社会资本理论及其分析框架》，《河北经贸大学学报》第 2 期。

毛丹，2010，《村落共同体的当代命运：四个观察维度》，《社会学研究》第 1 期。

潘泽泉，2008，《社会资本与社区建设》，《社会科学》第 7 期。

平野义太郎，2005/1945，《大亚洲主义的历史基础》，转引自李国庆《关于中国村落共同体的论战——以"戒能－平野论战"为核心》，《社会学研究》第 6 期。

秦晖，1998，《"大共同体本位"与传统中国社会》（上），《社会学研究》第 5 期。

秦晖，1999a，《"大共同体本位"与传统中国社会》（中），《社会学研究》第 3 期。

秦晖，1999b，《"大共同体本位"与传统中国社会》（下），《社会学研究》第 4 期。

秦晖，2000，《共同体·社会·大共同体——评滕尼斯〈共同体与社会〉》，《书屋》第 2 期。

任福民，1992，《国有土地的市场化与出让运作机制》，中国土地学会 1992 年学术年会论文。

申鲁菁、陈荣卓，2018，《现代乡村共同体与公共伦理文化诉求》，《甘肃社会科学》第 2 期。

石发勇，2008，《社会资本的属性及其在集体行动中的运作逻辑——以一个维权运动个案为例》，《学海》第 3 期。

孙成武，1994，《诉苦运动——解放战争时期东北战场重要的建军经验》，《黑龙江史志》第 4 期。

孙敬良，2016，《经纪选择："城中村"拆迁过程中的委托代理关系研究》，博士学位论文，华中师范大学。

孙立平，1996，《"关系"、社会关系与社会结构》，《社会学研究》第 5 期。

孙立平、郭于华，2000，《"软硬兼施"：正式权力非正式运作的过程分析——华北 B 镇定购粮收购的个案研究》，载《清华社会学评论》（特辑 1），鹭江出版社。

唐茂林、郝云宏等，2014，《农村工业化对村落共同体的冲击和农民的反应》，《商业经济与管理》第 7 期。

陶然、袁飞、曹广忠，2007，《区域竞争、土地出让与地方财政效应：基于 1999—2003 年中国地级城市面板数据的分析》，《世界经济》第 10 期。

田毅鹏，2012，《"村落终结"与农民的再组织化》，《人文杂志》第 1 期。

田毅鹏、韩丹，2011，《城市化与"村落终结"》，《吉林大学社会科学学报》第 2 期。

涂晓芳、汪双凤，2008，《社会资本视域下的社区居民参与研究》，《政治学研究》第 3 期。

汪芳、孙瑞敏，2015，《传统村落的集体记忆研究——对纪录片〈记住乡愁〉进行内容分析为例》，《地理研究》第 12 期。

王春娟，2015，《农民社会资本的缺失与重构》，《中州学刊》第 4 期。

王晶，2013，《农村市场化、社会资本与农民家庭收入机制》，《社会学研究》第 3 期。

王露璐，2015，《乡村伦理共同体的重建：从机械结合走向有机团结》，《伦理学研究》第 3 期。

王廷湘，1982，《怎样研究社会资本的再生产》，《理论学习》第 3 期。

王文普，2005，《征地拆迁中的政府行为分析》，《广西财政高等专科学校学报》第 3 期。

王亚华、高瑞、孟庆国，2016，《中国农村公共事务治理的危机与响应》，《清华大学学报》（哲学社会科学版）第 2 期。

王烨，2018，《农村土地综合整治中的相关问题思考——以江苏省为例》，《中国土地》第 1 期。

魏鲁彬，2018，《农村土地所有权共享的理论逻辑——从"两权分离"到"三权分置"》，《财经科学》第 4 期。

温铁军，2013，《农民专业合作社发展的困境与出路》，《湖南农业大学学报》（社会科学版）第 4 期。

温铁军，2015，《我国为什么不能实行农村土地私有化》，《财经界》第 7 期。

吴东民，2012，《突破社区治理困境：社区 NGO——社会资本视角的阐释》，《山东科技大学学报》（哲学社会科学版）第 2 期。

吴群、李永乐，2010，《财政分权、地方政府竞争与土地财政》，《财贸经济》第 7 期。

吴亚卓，2002，《当代中国农村土地制度变革研究》，博士学位论文，西北农林科技大学。

向德平、李光勇，2010，《城市社区建设中社会资本的缺失与重构——以东部 D 市为例》，《兰州学刊》第 2 期。

项继权，2009，《中国农村社区及共同体的转型与重建》，《华中师范大学学报》（人文社会科学版）第 3 期。

谢安民、薛晓婧、余恺、齐高雯，2017，《重建乡村共同体：从村民自治到社区自治》，《浙江社会科学》第 9 期。

徐晓军、程星，2017，《制度设置、权力协调与资源分配：社区治理体系和治理能力现代化的三个基本向度——社区治理的"百步亭经验"研究》，《江汉大学学报》（社会科学版）第 6 期。

徐勇，2006，《现代国家的建构与村民自治的成长——对中国村民自治发生与发展的一种阐释》，《学习与探索》第 6 期。

徐勇，2007a，《"行政下乡"：动员、任务与命令——现代国家向乡土社会渗透的行政机制》，《华中师范大学学报》（人文社会科学版）第 5 期。

徐勇，2007b，《"政党下乡"：现代国家对乡土的整合》，《学术月刊》第 8 期。

徐勇，2007c，《政权下乡：现代国家对乡土社会的整合》，《贵州社会科学》第 11 期。

徐勇，2008a，《"法律下乡"：乡土社会的双重法律制度整合》，《东南学术》第 3 期。

徐勇，2008b，《"政策下乡"及对乡土社会的政策整合》，《当代世界与社会主义》第 1 期。

徐勇，2009，《"服务下乡"：国家对乡村社会的服务性渗透——兼论乡镇体制改革的走向》，《东南学术》第 1 期。

徐勇，2010，《"宣传下乡"：中国共产党对乡土社会的动员与整合》，《中共党史研究》第 10 期。

徐勇，2013，《中国家户制传统与农村发展道路——以俄国、印度的村社传统为参照》，《中国社会科学》第 8 期。

徐勇，2017，《两种依赖关系视角下中国的"以文治理"——"以文化人"的乡村治理的阶段性特征》，《学习与探索》第 11 期。

许精德，1981，《研究社会资本扩大再生产应如何计算积累和消费》，

《江汉论坛》第 3 期。

许远旺、卢璐，2015，《中国乡村共同体的历史变迁与现实走向》，《西北农林科技大学学报》（社会科学版）第 2 期。

颜清阳，2011，《井冈山革命根据地红色标语宣传及其历史作用》，《中国井冈山干部学院学报》第 3 期。

杨善华、苏红，2002，《从"代理型政权经营者"到"谋利型政权经营者"——向市场经济转型背景下的乡镇政权》，《社会学研究》第 1 期。

余碧艺，2016，《山区村庄共同体的衰落与变迁——基于江西省 H 村的个案调查》，《华中师范大学研究生学报》第 2 期。

袁泉，2013，《基层治理中的二重合法性——"非正式权力运作"的一种解释》，《浙江社会科学》第 2 期。

张素罗、赵兰香，2016，《农村社会资本存量及其对农民合作的影响——基于对河北省 720 个农户的调查》，《经济论坛》第 1 期。

张晓山，2015，《新常态下农业和农村发展面临的机遇和挑战》，《学习与探索》第 3 期。

张艳国、刘小钧，2013，《我国社区建设的困境与出路》，《当代世界社会主义问题》第 3 期。

张永，2010，《解放战争中以诉苦会为中心的新式整军运动》，《中共党史研究》第 6 期。

张云昊，2006，《从前现代到现代——共同体变迁的内在逻辑及其启示》，《北京航空航天大学学报》（社会科学版）第 2 期。

周大鸣、詹虚致，2013，《祭祀圈与村落共同体——以潮州所城为中心的研究》，《中国农业大学学报》（社会科学版）第 4 期。

周飞舟，2007，《生财有道：土地开发和转让中的政府和农民》，《社会学研究》第 1 期。

周黎安，2004，《晋升博弈中政府官员的激励与合作》，《经济研究》第 6 期。

周瑞波、闫小培，2009，《集体经济：村落终结前的再组织纽带——以深圳"城中村"为例》，《经济地理》第 4 期。

周雪光、艾云，2010，《多重逻辑下的制度变迁：一个分析框架》，

《中国社会科学》第 4 期。

周永康、陆林，2014，《乡村共同体重建的社会学思考》，《西南大学学报》（社会科学版）第 2 期。

祝小宁、于付秀，2005，《论"圈地"现象背后地方政府的利益追求》，《行政与法》第 5 期。

报纸类

邓大才，2016，《村落、家族与村庄治理——日本"满铁"农村惯行调查第一卷导读》，《文汇报》7 月 15 日，第 W10 版。

冯天瑜，2012，《中国路径与"文化自觉"》，《光明日报》1 月 16 日，第 15 版。

贺雪峰，2015，《在保护农民的情况下实现农业现代化》，《第一财经日报》10 月 28 日，第 A16 版。

黄家亮，2010，《社区文化建设与社会生活共同体构建》，《中国文化报》7 月 23 日，第 3 版。

《人民日报》，2016，《习近平在中国文联十大、中国作协九大开幕式上的讲话》12 月 1 日，第 1 版。

《人民日报》，2018，《中共中央国务院关于实施乡村振兴战略的意见》2 月 5 日，第 1 版。

易中天，2007，《文化传承的目标是现代化》，《人民日报》1 月 9 日，第 11 版。

易中天，2011，《我们从儒家那里继承什么，又该怎样继承》，《南方周末》1 月 20 日，第 E31 版。

卓尚进，2014，《农村土地"三权分置"改革将极大解放生产力》，《金融时报》10 月 9 日，第 3 版。

英文类

Bloch，M. 1990. *Feudal Society Vol. 2：Social Classes and Political Organization.* London：Routledge.

Bourdieu，P. and Wacquant，L. 1992. *An Invitation to Reflexive Sociology.*

Chicago: University of Chicago Press.

Brien, K. J. and Han, Rongbin. 2009. "Path to Democracy? Path to Democracy? Assessing Village Elections in China." *Journal of Contemporary China* 18.

Coleman, J. 1990. *Foundations of Social Theory.* Cambridge: The Belknap Press of Harvard University Press.

Collette, J. 1974. "Urban Migration and Selective Acculturation: The Case of the Maori." *Human Organization* 33 (2).

Dryzek, J. S. 2009. "Democratization as Deliberative Capacity - Building." *Comparative Politics Studies* 42 (11).

Foster, G. M. 1960. "Interpersonal Relations in Peasant Society." *Human Organization* 19 (4).

Freedman, M. 1966. *Chinese Lineage and Society: Fukien and Kwangtung.* London: The Athlone Press.

Friedman, E., Pickowicz, P., and Selden, M. 1991. *Chinese Village.* New Haven: Yale University Press.

Fukuyama, F. 2001. "Social Capital, Civic Society and Development." *Third World Quarterly* 22 (1).

Furnivall, J. S. 1945. *Netherlands India: A Study of Plural Economy.* Cambridge: Cambridge University Press.

Grubbs, J. E. 1999. *Law and Family in Late Antiquity: The Emperor Constantine's Marriage Legislation.* Oxford: Oxford University Press.

Halbwachs, M. 1992. *On Collective Memory.* Chicago: University of Chicago Press.

Handy, J. 2009. "Almost Idiotic Wretchedness: A Long History of Blaming Peasants." *Journal of Peasant Studies* 26 (2).

Hillery, G. A. 1955. "Definitions of Community: Areas of Agreement." *Rural Sociology* 20.

Huang, Philip C. C. 1991. "The Paradigmatic Crisis in Chinese Studies: Paradoxes in Social and Economic History." *Modern China* 17 (3).

James, M. 1974. *Family, Lineage and Civil Society: Study of Society, Politics and Mentality in the Durham Region.* Oxford: Oxford University Press.

Lamont, M. and Moolnar, V. 2002. "The Study of Boundaries in the Sciences." *Annual Review of Sociology* 28 (2).

Lei, Guang. 2003. *Rural Taste, Urban Fashions: The Cultural Politics of Rural/Urban Difference in Contemporary China.* Durham: Duke University Press.

Leonard, R. and Onyx, J. 2003. "Networking Through Loose and Strong Ties: An Australian Qualitative Study." *International Journal of Voluntary and Nonprofit Organizations* 143.

Li, Hongbin and Zhou, Li – An. 2004. "Political Turnover and Economic Performance: The Incentive Role of Personnel Control in China." *Journal of Public Economics* 89 (9).

Li, Tania Murray. 2011. "Centering Labor in the Land Grab Debate." *Journal of Peasant Studies* 8 (2).

Lobao, L. and Meyer, K. 2001. "The Great Agricultural Transition: Crisis, Change, and Social Consequences od Twentieth Century US Farming." *Annual Review of Sociology* 27.

Lynch, K. 2005. *Rural – urban Interaction in the Developing World.* London: Routledge.

Marriott, M. 1955. *Village India: Studies in the Little Community.* Chicago: University of Chicago Press.

Nugent, J. B. and Sanchez, N. 1993. "Tribess, Chiefs and Transhumance: A Comparative Institutional Analysis." *Economic Development and Cultural Change* 42 (1).

Oberg, K. 1960. "Cultural Shock: Adjustment to New Cultural Environments." *Practical Anthropology* 7 (3).

Obolensky, D. 1971. *The Byzantine Commonwealth: Eastern Europe.* London: Weidenfeld and Nicolson.

Ostrom, E. 2005. *Understanding Institutional Diversity.* Princeton: Princeton University Press.

Ploeg, J. and Ye, Jingzhong. 2010. "Multiple Job Holding in Rural Villages and the Chinese Road to Development. ” *Journal of Peasant Studies* 37 （3）.

Pollak, R. A. 1985. “ A Transaction Cost Approach to Families and Households. ” *Journal of Economic Literature* 23 （4）.

Popkin, S. 1979. *The Rational Peasant, the Political Economy, of Rural Society in Vietnam.* Berkeley: University of California Press.

Powelson, J. P. and Solow, A. A. 1965. “Urban and Rural Development in Latin America. ” *Annals of the American Academy of Political and Social Science* 360.

Putnam, R. , Leonardi, R. , and Nanetti, R. 1993. *Making Democracy Work: Civic Traditions in Modern Italy.* Princeton: Princeton University Press.

Redfield, R. 1955. *The Little Community.* Chicago: University of Chicago Press.

Redfield, R. 1956. *Peasant Society and Culture.* Chicago: University of Chicago Press.

Sanders, J. M. 2002. “Ethnic Boundaries and Identity in Plural Societies. ” *Annual Review of Sociology* 28.

Scott, J. C. 1976. *The Moral Economy of the Peasant: Rebellion and Subsistence in Southeast Asia.* New Haven: Yale University Press.

Shanin, T. 1973. “The Nature and Logic of the Peasant Economy. ” *Journal of Peasant Studies* 1 （1）.

Shanin, T. 1987. *Peasants and Peasant Societies.* Hoboken: Wiley – Blackwell.

Skinner, G. W. 1971. “Chinese Peasants and the Closed Community: An Open and Shut Case. ” *Comparative Studies in Society and History* 13 （3）.

Skinner, G. W. 1977. “Cities and the Hierarchy of Local Systems. ” In Skinner, G. W. （ed. ）, *The City in Late Imperial China.* Palo Alto: Standford University Press.

Skinner, G. W. 1977. “Marketing and Social Structure in Rural China. ” *The Journal of Asian Studies* 24: 211 – 249.

Takeshi, I. 2011. “Historicizing the Power of Civil Society: A Perspective from Decentralization in Indonesia. ” *Journal of Peasant Studies* 38 （2）.

Treadgold, W. 1997. *A History of the Byzantine State and Society.* Palo Alto:

Stanford University Press.

Wellman, B. 1979. "The Community Question: The Intimate Networks of East Yorkers." *American Journal of Sociology* 84 (1).

Willems, E. 1970. "Peasantry and City: Cultural Persistence and Change in Historical Perspective, A European Case." *American Anthropologist* 72 (3).

Wilson, W. J. 1987. *The Truly Disadvantaged: The Inner City, the Underclass, and Public Policy.* Chicago: University of Chicago Press.

Zoomers, A. 2002. "Rural Development Policy in Latin America: The Future of the Countryside." *Social Scientist* 30.

图书在版编目（CIP）数据

土地制度与村落共同体的变迁：杨家大塆的历史表
述 / 杨柳著. -- 北京：社会科学文献出版社，2020.6
ISBN 978 - 7 - 5201 - 6664 - 5

Ⅰ. ①土… Ⅱ. ①杨… Ⅲ. ①农村 - 土地制度 - 研究
- 武汉 ②村落 - 社会变迁 - 研究 - 武汉 Ⅳ. ①F321.1
②C912.82

中国版本图书馆 CIP 数据核字（2020）第 083873 号

土地制度与村落共同体的变迁

杨家大塆的历史表述

著　　者 / 杨　柳

出 版 人 / 谢寿光
责任编辑 / 张小菲
文稿编辑 / 张真真

出　　版 / 社会科学文献出版社·群学出版分社（010）59366453
　　　　　　地址：北京市北三环中路甲 29 号院华龙大厦　邮编：100029
　　　　　　网址：www.ssap.com.cn
发　　行 / 市场营销中心（010）59367081　59367083
印　　装 / 三河市龙林印务有限公司

规　　格 / 开　本：787mm × 1092mm　1/16
　　　　　　印　张：18.5　字　数：286 千字
版　　次 / 2020 年 6 月第 1 版　2020 年 6 月第 1 次印刷
书　　号 / ISBN 978 - 7 - 5201 - 6664 - 5
定　　价 / 128.00 元